DONGBEI SHIFAN DAXUE JIAOYU KEXUE
BOSHI LUNWEN WENKU

东北师范大学教育科学
博士论文文库

回归生活世界的教育学省察
——兼论教育与生活的关系样态

● 牛利华 ∥ 著

HUIGUI SHENGHUO SHIJIE DE
JIAOYUXUE XINGCHA
JIANLUN JIAOYU YU
SHENGHUO DE
GUANXI YANGTAI

东北师范大学出版社
长　春

图书在版编目（CIP）数据

回归生活世界的教育学省察：兼论教育与生活的关系样态/牛利华著. —2版. —长春：东北师范大学出版社，2015.3（2025.4重印）

ISBN 978-7-5681-0291-9

Ⅰ.①回… Ⅱ.①牛… Ⅲ.①教育学—研究 Ⅳ.①G40

中国版本图书馆CIP数据核字（2015）第267372号

□责任编辑：张正吉　　□封面设计：李冰彬
□责任校对：钟再红　　□责任印制：栾喜湖

东北师范大学出版社出版发行
长春净月经济开发区金宝街118号（邮政编码：130117）
网址：http://www.nenup.com
东北师范大学出版社激光照排中心制版
河北省廊坊市永清县晔盛亚胶印有限公司
河北省廊坊市永清县燃气工业园榕花路3号（065600）
2015年3月第2版　2025年4月第3次印刷
幅面尺寸：170 mm×227 mm　印张：11.5　字数：197千

定价：34.00元

目　　录

引　言 …………………………………………………………………… 1
　一、关于基本概念及研究范围的厘定与说明 ………………………… 1
　二、关于研究动机及研究意义的说明 ………………………………… 14
　三、关于研究目标的说明 ……………………………………………… 19

第一章　功利主义教育的危机与生活世界话语的彰显 ……………… 22
　一、走入泥淖的教育现实：功利主义教育的现代危机 ……………… 23
　二、陷入异化的教育主体：人的教育危机 …………………………… 31
　三、价值观的变迁：教育的拯救之途 ………………………………… 38
　四、后现代理论的助势：生活世界话语的引入 ……………………… 44

第二章　生活世界的多重命意 ………………………………………… 52
　一、从胡塞尔到马克思：生活世界的不同意蕴 ……………………… 52
　二、生活世界理论的要旨：人本思想的表征 ………………………… 58
　三、生活世界观的确立：向生活世界的回归 ………………………… 62
　四、生活世界理论视野下人的形象的重新确认 ……………………… 64

第三章　生活世界思潮的教育学困限 ………………………………… 73
　一、生活世界：一个未竟的话题 ……………………………………… 73
　二、生活世界思潮的教育学困限 ……………………………………… 78
　三、"教育回归生活世界"思潮的澄明与超越 ………………………… 91

第四章　教育与生活关系的历史流变与理论探源 …………………… 103
　一、源流的追溯：教育与生活关系的历史流变 ……………………… 103
　二、理论的探源：关于教育与生活关系的理论梳理 ………………… 111

第五章　教育与生活关系的教育学建构 ……………………………… 133
　一、教育与生活世界本真样态之澄明 ………………………………… 133

二、在处理教育与生活的关系时应当谨防的几个倾向 …………… 143
三、教育在生活世界视野下的提升与改造 ………………………… 146

结　语 ………………………………………………………………… 162
参考文献 ……………………………………………………………… 165
后　记 ………………………………………………………………… 172
学术成果 ……………………………………………………………… 173

摘　　要

　　教育与生活的关系问题看似常识化，却无时无刻不在影响着我们的教育观和教育视角。任何时期的教育现象和教育问题都无一例外地被纳入教育与生活关系的视野加以审视。而且，当任何一个时期的教育陷入大家公认的误区时，人们也往往从教育与生活的关系入手来寻找破解教育问题的答案。

　　教育回归生活世界的理念，正是针对人们面对当下较为普遍的教育现实问题所提出的解决方案。

　　由于当下教育问题存在普遍性及解决难度的增大，人们对"教育回归生活世界"寄予厚望，希望它来肩负拯救教育的使命。在这样的场景下，"回归"话语越来越流行，近年来更成为经常被论及的命题。"教育回归生活世界"俨然成了教育理论中占支配地位的思想，在新课程改革条件下得到了极大的关注与阐发。似乎眨眼之间，"教育回归生活世界"、"教育走入生活世界"、"教育贴近生活世界"、"教育要走近人的生活世界"、"教育要关注儿童的生活世界"等命题在教育领域大量涌出，形成了一片令人惊异的繁荣景象。

　　本文即是站在教育理论思维的角度，以"教育回归生活世界"的出现与彰显作为切入点，就新时期教育与生活的合理关系问题努力作一些思考的尝试。全文的思维路径与构架主要围绕下面五个问题来进行：

　　1."教育回归生活世界"提出的社会背景及教育背景是什么？

　　"教育回归生活世界"绝不是突兀地发生于现时代的。简略地讲，"教育回归生活世界"的现实动因有如下两个方向：其一，功利化的教育追求使人牺牲了当下的教育生活质量，人的教育生活成为了功利化教育的牺牲品，人也在教育中由目的变为了手段。人们对分数的膜拜，使现实的具体的个人反而处于低卑的位置。其二，教育不关注教育与现实生活的联系，漠视人的主体地位和生命意义，导致了学生难以适应当下及未来的生活，难以做生活的主人。在这种形势下，教育引进了西方哲学界的生活世界概念，试图借助一个全新的理论框架来诊治现代教育的病症。于是，20世纪90年代后期，"教育回归生活世界"的呼声越来越高。在一些教育工作者看来，教育之所以出现这样或那样的问题，是因为和生活世界产生了脱离。因此，只要教育回归了生活世界，一些教育问题就会迎刃而解。"教育回归生活世界"俨然成为解决教育问题的万能良药，成为当下教育发展的重要理论基础。

2. 教育界对"生活世界"存在着多重解读方式，教育要回归的到底是何种意义上的生活世界？

从总体上看，目前学界对"生活世界"意涵的理解主要有如下四个向度：

（1）把生活世界等同于理念化、语言化的世界。持这一理解的主要是后现代主义及存在主义的一些学者。在他们的视野中，生活世界是一个抽象的符号和指称，从根本上说还是一种虚无的、非现实性的世界。

（2）把生活世界等同于日常生活世界，即是与体制或系统（各种社会制度和组织）相对的私人的或公共的空间。当下，为数不少的教育工作者对生活世界的理解滞留于日常层面。

（3）把生活世界看做与人有关的一切活动的总和，即人的现实生活。而人的现实生活是一个无所不包的范畴，它涵盖了人的一切活动：物质生活和精神生活、日常生活和非日常生活、个人生活和公共生活，等等。按照这种理解，生活世界不仅仅局限于日常生活，政治、经济等有人参与的、有组织的社会生活以及精神生活都是生活世界的组成部分。这是马克思主义关于生活世界的总体看法。

（4）为数不少的学者在不十分严密的学术意义上使用生活世界概念。他们借用这个词汇仅仅是为了表达一种教育倾向——力图使人从被奴役的异化状态中解放出来，倡导关注人的生命成长，关注人的主体性与创造精神，关注教育与生活实践的连接，关注教育的生活意义。

显然，在不同人眼中，"生活世界"的所指是不同的。那么，教育要回归的到底是何种意义上的生活世界呢？教育与生活可以简单化为"回归"的关系吗？本文反思了该思潮的合理性，分析了它在当下所产生的理论与实践影响，提出了有限度地使用生活世界话语的主张。因为该思潮本身的理论混沌性，注定了它无法成为我国教育发展的理念支撑。

3. 教育与生活关系的"回归说"在理论与实践上引发了哪些教育后果？

"教育回归生活世界"倡导对教育主体存在状况的关注，其理论本身也是对新的教育存在形态可能性的探讨。这无疑给教育界带来了一个新的兴奋点。向生活世界的回归反对把人当做实现某种目的的手段的权力异化，它其实是对近代以来的启蒙理性文化的反叛，其积极意义是显而易见的。这一思潮的开启与彰显在一定程度上引起了人们对教育异化现象的关注和对应试教育的批判，在新课程改革的背景下发挥了一定的正面的、积极的作用。

教育回归生活世界从现在来看，其初衷无非是基于教育与生活相脱离所导致的一系列问题和困境，倡导教育能够与生活相融通；同时，站在人的立场上经营教育，使人们在当下过一种令人愉悦的教育生活。但是，将这种教育诉求用"回归"的话语呈现出来，将教育与生活简单地理解为"回归"的关系，使很多教育工作者对它的理解流于表面化、笼统化。由于理论呈现方式的晦涩和故弄玄虚，实践中出现了很多似是而非的解读方式。遵循"教育回归生活世界"的宗旨，出现了很多面目各异、形式多样的教育实践。这一混沌的思潮不仅无助于优质教育的生成，还对实践产生了一些消极的、负面的影响。教育与生活的关系亟待作出清晰的梳理。

4. 教育与生活关系经历了怎样的历史流变？前人对于二者的关系是如何认定的？

既然"教育回归生活世界"无法概括教育与生活的关系，更加无法从根本上承担改造教育的使命，那么，如何确证教育与生活的合理关系，使二者相互融通、互相促动呢？为了站在教育理论思维的角度寻找答案，就要对教育与生活的关系作历时态的梳理，并对有关二者关系的已有理论（回归说、预备说、工具说、微缩论等）作出追溯，进而把握教育与生活关系演变的内在规律。

5. 教育与生活世界到底应当呈现何种关系样态？

第一，教育并不仅仅是一种技术性、工具性的科学活动，也是人类寻求自我完善与发展的基本方式和基本途径。它不是游离于生活之外的活动，而是生活的一种形式。

第二，学校生活是人整体生活的一部分，占据了人生很大一部分生活时空，对人的生存状态与方式、生存质量都有着很重大的影响。但教育生活不是一般的生活，而是一种独特的生活形态，其独特性表现在：教育是精心组织的生活世界，全面发展的人是教育生活的终极指向与目的，教育是科学化、逻辑化与审美化、艺术化相统一的生活，教育生活是以求知为主要活动的共同体生活。

第三，外部生活是教育活动进行的背景。外部生活对好的教育作出了品质规定，任何教育总是包含着外部生活给予的某些隐蔽的前提。良好的教育相对于外部生活而言，不仅是顺应性的，更应当是超越性的。其顺应性主要表现在赋予受教育者以知识和理性，以适应当下的社会生活环境；其超越性则表现在培养人的创新精神与独立的人格，使其在适应外部生活的同时永远存有对外部生活的批判态度，进而产生对理想生活的无限向往与不懈追求。

第四，教育内在承载着生活功能，但"美好生活"无法构成教育的目的。当下很多人沿用"生活世界"这一时髦词汇置换了教育的根本问题，将"幸福生活"作为教育追求的终极目标，错误地理解了教育本身应当担负的职责和任务。教育和生活具有天然的姻亲关系，二者的关系虽然密不可分，但教育并不直接为了生活，而是直接为了人的素质发展。

教育为了更好地实现与生活的互动，首先要从根本上肯认儿童的独特性和儿童生活的价值，要培养学生了解生活的意义。教育一旦无助于身在其中的人感受到生活的价值与意义，无助于激发人参与生活的热情，那么，这样的教育无论如何都是失败的。另外，教育要在校内与校外、课内与课外建立连接，使学校在文化意义上向社会敞开，使生活向学生敞开。最后，从大的视阈而言，任何时期的教育，其发展与变革必须建立在适宜的生活土壤之上，否则将流于虚妄，甚至会造成不良的教育后果。

关键词：生活世界；教育异化；教育回归生活世界

Abstract

　　Now in the education field, "education regress to the life-world" was a regularly mentioned proposition. It seemed to be a dominant opinion and attract much attention under the curriculum reform. 'Education regress / approach/ draw near /pay attention to the life-world' came forth rapidly and looked so flourishing. This paper tried to ponder the educational proposition of "education regress to the life-world" on the side of educational academic thinking. The framework was built up by the following quentions:

　　1. "Education regress to the life-world" was not occur abruptly. What was the social and educational backdrop when this opinion had been brought forward ? The students were difficult to adapt themselves to the current or future life because of examination-dominant education disregarding human-beings' master station and ignoring the contact of education and life. Education followed the science and knowledge like sheep, students were the lowclass colony. And then the concept of "life-world" which was thought to cure the educational infirmity was absorbed in education field. So opinion of "education regress to the life-world" was boomed. It became to be one of the dominant viewpoint in education.

　　2. Which life world was the education regressing to ? "life-world " had different comprehensions. As a whole, it had the following four explaination in educational field:

　　The first comprehension was considering "life-world" as the idealistic and lingual life. In the postmodernist and existentialist's view, life-world was a unpractical world at all, it's a pure inexistence.

　　The second comprehension was considering "life-world" as the daily life which opposites to social system and form. Now some educational staff adopt this meaning.

　　The third comprehension was considering "life-world" as the human-being's whole life namely the realistic life. And the realistic life was a bulky realm which includes the human-being's all activity, such as physical and psychic action, daily and institutional life, personal and public life, ect. This was the Marxist's primary attitude.

　　The fourth comprehension was considering "life-world" as a educational tendency. This point of view claimed that liberating education masters from bondage and paying attention to students' daily life.

3. Could education regress to the life-world?

Firstly, education coudn't regress to the life-world of the postmodernist and existentialist's view. Because in their standpoint, life-world was a unpractical world. Education was a practical and idiographic activity, it couldn't be equal to inexistence such as the idealistic and lingual life.

Secondly, education couldn't regress to the life-world of daily life. Though education roots in daily life, but daily life itself was not education which surmounted the front. Today education was far from the desultory and daily life, it functioned according to immobile rule . It had the uniform regulation of recruiting students and establishment. Education was an organic and scheming action, it should care and work for students'daily life. It could't regress to daily life.

Thirdly, education couldn't regress to the life-world of Marxism. In Marxian's view, life was the human-being's all activity for existence and development. As an organic and scheming action, education was a member of life, it was inside the life. So it is useless for education to regress to life.

Now education regress to life-world was one of the dominant opinion in edbiz. It had been bring on good impact in practice, but it also had much limitation. This opinion had optional comprehension: "learning by playing" and "learning by doing" were regarded as an affirmation, the essentiality of classroom-teaching was desalted. The authority of teacher was weaken, all administer and bandage were regarded as crime……regressing to life couldn't make for fine education. So it was essential to gave an rational elusion the life-world and to avoid abuse and misapplication.

4. Since education couldn't regress to life, what was the connection of life and education? Education was an especial life which surpasses daily life. It was the essence of life and should be apart from hypocrisy. It was an example of eximious life which had the faction of helping the students to adapt to life, to choose good life, to differentiate different life and enjoy their lives.

Key words: life-world; educational dissimilation; education regress to life-world

引　言

一、关于基本概念及研究范围的厘定与说明

我们当下身处的是一个主体凸现、个性张扬、标准多元的时代，教育在这个特殊的时代面临着许多特殊的问题。功利化的应试教育理念逐渐被颠覆和破解，而新的教育观念尚未站稳脚跟。人类对教育价值的确立和教育标准的抉择从未像当下这样如此惶惑，这样的现状充分彰显了这个多元化时代的教育特征。

从教育的内部生长环境来看，多元价值尺度的冲突使教育手足无措，教育理念逐渐走向多元化，教育规律、教育常识及教育标准都面临着被颠覆的窘境，人们在很多教育问题的看法和应答上左右徘徊。教育至今有几千年的历史，即使历史如此漫长，人们仍然常常被曾经认为的常识问题所困扰。比如：教育无规律的说法，颠覆了长久以来人们头脑中深信不疑的教育"真理"；教育回归生活世界，颠覆了"教育来源于生活，又高于生活"的教育常识；衡量教育好坏的标准，从分数崇拜到抽象意义的"全面发展"，再到生命成长；……似乎人们对于这些最根本的教育问题不是越来越清晰，而是越来越困惑。好的教育是什么样的？教师和学生在教育中到底应当处于什么位置？诸如此类对教育发展来说最根本的问题，教育界一直以来争论不休，答案各一，理解各异。这些现象不断向人类提出这样的问题：良好的教育应该呈现何种图景？好的教育的标准应当是什么？教育应该如何处理与周围世界的关系？这些都是对教育的存在状况与前景的困惑与疑问。

本文试图从反思生活世界理论的视角来省思教育。在现在的学术圈里，似乎不谈"生活世界"是不时尚的。近现代的许多学者认为，人类的危机层出不穷，归根结底在于人的生活世界被高度异化。唯科学主义贬低了人的地位，骄傲地、旁若无人地面对着世界，人成了宇宙之外渺小的旁观者。人类的存在失去了真实的根基，人类越来越被工具化、虚无化，不断地遭遇着生存困境和发展危机。生活世界理论的缘起正是企图为这些问题找出化解的道路，为人从困境中解脱寻找答案。胡塞尔、哈贝马斯、海德格尔等人关于生活世界理论的建构，使生活世界理论在哲学领域中得到关注与发扬。他们的

学术努力使得生活世界理论成为哲学领域备受注目的显性学说，不少近现代的学者都对这一理论进行过认真的追捧和阐释。20世纪90年代，教育界在相关学科的助势下也介入了生活世界这一话语，并借助实施新课程改革的机缘，使它在教育理论与实践领域迅速得到彰显。但问题在于：教育要回归的究竟是何种意义上的生活世界？生活世界思潮是否可以作为指导教育活动的基本理念和原则？生活世界思潮是否有助于我们对理想教育的追寻？教育与生活的关系能否理解为"回归"的关系？如何建构教育与生活间的合理关系？本文试图索解上述问题的答案，在教育学视阈下对目前大行其道的生活世界思潮作出冷静的思考和检视，并重新确证教育与生活的关系。

教育与生活的关系问题看似常识化，却无时无刻不在影响着我们的教育观和教育视角。任何时期的教育现象和教育问题都无一例外地被纳入教育与生活关系的视野加以审视。而且，任何一个时期的教育陷入大家公认的误区，基本上是由于教育与生活的关系出现了问题，因此，伊壁鸠鲁、斯宾塞、杜威、杨贤江、陶行知等教育家也往往不约而同地从教育与生活的关系入手来寻找破解教育问题的答案。可见，教育与生活的关系构成教育发展最根本的问题之一，对二者关系的论证和澄清理应成为教育学的重要任务。

论文将以生活世界思潮的缘起、该思潮对教育实践的影响以及该思潮的学理依据与正当性等问题为切入点，反思"教育回归生活世界"这一教育思潮，肯定其合理成分，廓清其含混的一面及其对教育实践的消极影响，从而为教育实践活动的顺利开展扫清理论上的误读与障碍。在此基础之上，论文将梳理教育与生活关系的历史流变，站在历史的视角寻找教育与生活关系演变的内在机理与规律，并分析关于二者关系的已有研究理论，进而建构教育与生活的合理关系。应该说，在无主体观、去本质化、各种名词和观念大行其道的条件下，追根究底、谈论晦涩的教育理论问题注定是费力不讨好的，但教育若想少走弯路，就必须对这些最基本的教育问题加以澄清与说明。

基本概念的厘定与说明是学术研究的起点。现将行文中将要涉及的几个基本概念及其内涵论证如下：

（一）生活、生活世界

1. 生活及生活世界的内蕴

"生活"看起来似乎是一个有日常口语意义的词汇，但仔细考量，发现它是一个人们熟知而非真知的概念，对它的理解一直以来都存在很大的矛盾性和歧异性。在黑格尔看来，生活指的是精神或观念的运动过程，而"世界历史进程就是自由生活的实现过程"[1]。在费尔巴哈视野中的生活是一个非常抽象的概念，指的是人的内在本能的展开。杜威使用"生活"这一词汇来表示"个体的和种族的全部经验……'生活'包括习惯、制度、信仰、胜利和失败、休闲和工作"[2]"生活是指一种机能，一种无所不包的活动，其中既包括机体，也包括环境"[3]。按照陶行知先生的看法，"有生命的东西，在一个环境里生生不已的就是生活"[4]。梁漱溟先生把生活等同于生命，"说生活就是说人，就是说具有灵动生命的主体人"[5]。他说："生命与生活，在我说实际上是纯然一回事；一为表体，一为表用而已，'生'与'活'二字，意义相同，生即活，活亦即生。唯'活'与'动'则有别。所谓'生活'者，就是自动的意思。""生命是什么？就是活的延续。"[6]这种生活是一个无所不包的范畴，指的是生命的成长过程。当下一些理论工作者对生活的解释更是呈现了多元的面貌。有学者指出，作为人的生活（life），"至少有以下五层含义：（1）它必然与个体的生存状态相连；（2）它是一种过程，不是静止的；（3）它离不开个体的意识与自我意识，没有意识与自我意识不能称为人，也不能去享受生活，享受人生；（4）它需要足够的自由，离开了一定的自由，人完全成了不可选择性的机器，就谈不上作为人自己的生活；（5）它与个体的发展相关联，人总是在生活中发展，在发展中生活。[7]

综合从古到今人们对于"生活"一词的阐释，虽然人们对此理解各不相同，但有几点可以肯定：生活不是静止的，而是一个动态的过程；生活总是和"人"联系在一起的，没有人就无所谓生活；人总是在生活中实现生存和发展，脱离了生活，人们就失去了发展的背景。

与"生活"一词的意义多元性相比，"生活世界"更是一个难以解释清楚的概念。因为"生活"与"世界"都是具有多重意义的词汇，两者组合在一起更呈现出意义的杂多性；另外，"生活世界"是一个舶来概念，在解读中也被无限延异，所以到目前为止对于生活世界还没有一个能在学术界达成共识的定义。① 胡塞尔的生活世界是前科学的、直观的、可被人的经验感觉到的人的存在领域，这一领域没有被科学笼罩，因而是一个保持着意义与价值的世界；海德格尔针对主客二分的世界，主张回到更为自在的、更为本真的主客体未分裂的原初世界，这即是他眼中的生活世界；哈贝马斯的生活世界是以交往行动为基础，又作为交往行动之背景的、前逻辑性、前根据性

---

① 现代从事生活世界理论研究的学者较为一致地指出了"生活世界"概念的复杂性，以致于很容易把人们的注意力带进一个复杂的概念谱系中，因此，这些学者主张澄清"生活世界"的歧义性理解，还原生活世界的真实意蕴。

的、非确定的本体论世界[8];……对生活世界作出明确论述的思想家很多,他们虽然使用同一概念,所指涉的内容却各不相同。

由于"生活世界"在原初意义上就具有很强的不确定性,生活世界理论的后继者并没有从根本上沿用胡塞尔最初赋予生活世界的含义,而是各自赋予了对"生活世界"的理解。对生活世界进行解读的思想家,都在自己所理解的意义上使用这一词汇,导致它在迄今为止的学术研究场域仍是一个难以阐释清楚的概念。有的学者认为,由生活对象及生活本身所构成的世界便是人的生活世界;也有的学者认为,所谓的生活世界就是我们的衣食住行等日常生活过程。①

在教育领域,对生活及生活世界作出界定与论述的学者也大有人在,如:"生活是精神有目的和有价值的创造过程"[9];"'生活世界'一方面是指对人生有意义的、且人生在其中的世界,生活着的心物统一的世界;另一方面是指人生的过程、人的生成与发展的过程"[10];……综合古今中外不同学科领域对生活世界错综复杂的定义,人们对生活世界内涵的理解可大致归结为如下三种视角②。

(1) 意识化、语言化的生活世界。"生活世界"一词是德国哲学家胡塞尔(E. Husserl)在其晚年的著作《欧洲科学危机与超验现象学》中提出的,是胡塞尔首先创制的哲学概念。它后来受到学术界广泛的关注,但与胡塞尔赋予的原意大相径庭。胡塞尔晚年面对欧洲日益加剧的诸如环境污染、战争频仍、社会贫富差距不断扩大等社会危机,以及信仰危机、人格扭曲、家园感破碎等人的生存发展危机,感到科技进步和社会发展并没有给人类带来普遍的福祉,反而加大了人类的生存困境,使人类处于无所依托、无"家"可归的局面。在为上述社会问题寻找原因时,他认为,是科学世界的滥觞遮蔽了人们生存于其中的自在世界,致使人类的精神失去了家园,生存意义逐渐丧失。于是,他开出了"回归生活世界"的药方。在胡塞尔那里,生活世界是一个直观的、相对的、主观的世界,他承认生活世界有经验性的一面,是能被经验到、感觉到的世界。因此,胡塞尔在很多时候常用"日常

---

① 参见:晏辉. 当代生活世界的价值哲学批判[J]. 江海学刊, 2004 (1): 5—10. 作者认为,当代生活世界具有了新的结构和特点,当下人类生存于其中的生活世界更具人文性和终极性。生活世界具有价值二重性,简约与复杂,去魅与返魅,建构与解构的并存与悖论成了一种常见的现象与特征。

② 现代的一些生活世界思潮的研究者都对生活世界的内涵问题进行过具体解析,如衣俊卿、李文阁、邹诗鹏、杨楹等。这里列出的三种视角集中和归纳了如上学者的观点。

生活世界"来替代"生活世界"的称谓。但从总体上来看,"生活世界"在胡塞尔那里主要是一个命题性、超验性的概念,它不是一个现实具体的世界,而是精神领域内的意识活动。[11]

将生活世界作语言化理解的学者是英国哲学家维特根斯坦（Ludwig Wittgenstein）。在他的语言哲学中,他用"生活形式"这一词汇来表征他对生活世界的理解。在 1936—1949 年间写成的《哲学研究》中,维特根斯坦指出,人们的日常语言日益被理想的人工语言取代,并对这一现象表示忧虑。他由此开始主张人们放弃对科学语言或人工语言的追求,回到色彩纷呈的日常语言,以日常语言的分析代替人工语言的逻辑分析。这种由理想的人工语言向日常语言的转向,导致他对"生活形式"即生活世界的回归。他对"生活形式"及"日常语言"的回归实际上就是在寻找被实证主义所遗忘的人的世界和生活世界。[12]

（2）日常化的生活世界。胡塞尔的后继者如海德格尔（Martin Heidegger）、舒茨（Carl Schurz）、哈贝马斯（J. Habermas）等人大多都采用了"生活世界"词汇,而舍弃了胡塞尔生活世界的超验基础,将生活世界理解为处于有组织的社会活动之外的人的日常生活。无论是海德格尔存在主义的"日常共在的世界",还是哈贝马斯的日常交往的世界,以及列菲伏尔西方马克思主义视野中的"现代世界的日常生活",虽然他们对生活世界的称谓各不相同,但从他们的论述中不难发现,这些哲学家所谈论的生活世界指的都是"处于有组织的社会活动和自觉的精神活动之外的个体的日常生活,即每个人都在从事的衣食住行、饮食男女、婚丧嫁娶、言谈交往等自在的、重复性的日常生活"[13],他们均把"生活世界"等同于"日常生活世界",即是与体制或系统（各种社会制度和组织）相对的私人和公共空间,而诸如政治、经济、文化、教育等有组织的、自觉的非日常生活并不含涉在他们的生活世界视野之内。

（3）马克思的生活世界——具体个人的现实生活过程。自胡塞尔以来的有关生活世界的研究与论述,为后人确立马克思的生活世界场景提供了前置性语境。①生活世界的创始者胡塞尔将生活世界推向了彼岸世界,其后继者

---

① 后人对于马克思"生活世界"理论的阐发有着相当的特殊性。各个时代的研究者,从各自的立场出发,不断地与马克思文本对话,赋予它各种不同的时代意义。我们现在提到的"马克思的生活世界理论"更多地是后人对马克思文本的一种个性化解读。而实际上,马克思本人并未提出"生活世界"概念,他对于"现实世界"的论述也是基于他自身的理论体系而自然衍生的。

眼中的生活世界所表征的也是理念的世界、语言的世界及日常化的世界。马克思虽然没有明确地提出过生活世界的概念，但从其思想的考证中，可以认为其"现实世界"即是与"生活世界"同一的话语。马克思把现实世界看做"人生活于其中、与人发生着千丝万缕的联系、对人有价值和意义的价值世界或意义世界"[14]。马克思眼中的生活世界并不存在于现实社会的彼岸，它是与此岸世界相通的。他的生活世界是物质生活与精神生活相统一的世界，是以人为中心和主体的真实的现存世界，是与人有关的一切活动的总和，即人的现实生活。而人的现实生活是一个无所不包的范畴，它涵盖了人的一切活动：物质的和精神的，日常的和非日常的，理想的和现实的，等等。按照这种理解，生活世界不仅仅局限于日常生活，政治、经济等有人参与的有组织的社会生活以及精神生活都是生活世界的组成部分。马克思对生活世界的理解，摈弃了将生活于其中的人抽象化、实体化、碎片化的思维方式，将生活世界看做活生生的人的世界，并且将生活世界的主体看做处于生成和发展过程中的现实的个人。所以，马克思的"生活世界"其实是个一无所不包的概念范畴，是和"生活"同一的概念。

马克思主义视野下的生活世界与其他形态的生活世界观念相比，有很大的不同。第一，确定了生活世界的客观性与实践性。马克思摈弃了把生活世界理念化、抽象化的路向，强调现实生活的客观性与历史性特征。同时，他站在唯物主义的立场上，把生活世界当做人的实践去理解，将生活世界从彼岸世界拉回到人人正在经历着的此岸世界。第二，确定了生活世界的主体——处于特定历史阶段的具体个人。生活世界不是虚空的，它是人正在进行的生存、发展活动，人是生活世界的主体。第三，确立了科学的整体生活观。① 与其他生活世界的倡导者不同的是，马克思的现实生活是一个无所不包的范畴，是物质世界与精神世界、日常世界与非日常世界相统一的广袤领域。而语言化、日常化、精神化的生活世界仅仅是生活世界的组成部分，把这些生活形式同广袤的生活世界相等同，无疑等于管中窥豹，割裂和曲解了生活世界。[15]语言化、日常化、精神化的生活无法来代替生活的整体。基于如上规定性，马克思的"现实生活"与其他学者所主张的形而上学的唯心主

---

① 杨楹. 生活与自由 [J]. 学术研究，2006（1）：5—12. 马克思有别于以往生活世界的主张者，他强调现实生活具有第一性，从而确立了生活的唯物主义原则；他强调生活是现实活生生的人的生活，从而确立了生活的主体原则；强调生活的感性与物质特征，从而确立了生活的现实原则；马克思眼中的生活是一个无所不包的广袤领域，从而确立了生活的整体原则。

义生活观划清了界限。

另外，马克思站在其历史唯物主义的立场上，对人与生活的关系问题也提出了辩证的看法。他认为人与生活之间存在着两种互为依靠、彼此关联的关系。其一，生活对人的发展具有基础性和奠基性作用，是人生存和发展的背景世界。这种基础性和奠基性体现在它具有促进人发展和阻滞人、异化人的双重力量。一方面，人的自由、发展与个性解放都是在生活之中进行的，人创造着生活，生活的过程象征着人本身。另一方面，生活中的一些因素又可能作为人的背景和环境，无可避免地限制着个体的存在与发展，演变成为一种异化的力量。也就是说，生活对人而言，构成人发展的背景，处在特定历史时期的人的发展要受特定的生活世界的制约。其二，人类主导着自己的生活，是生活的主体。生活的发展只能以人的需要、人的发展作为主导。因此，人对于生活的角色也是两重的：一方面，人类的生存和发展需要依赖、适应生活，另一方面，在适应生活的同时，也在参与着对生活的改造。

可以看出，在上述哲学家和学者眼中，"生活世界"虽是同一能指，所指却不同。不同的人在提及"生活世界"时，都有可能在表征着不同的含义。就我国当下的学术领域来看，有人对生活世界坚持日常化的理解，也有人持马克思的理解方式，目前还无法达致统一，但无论哪种生活世界理论，都强调了生活世界的开放性、意义性、与人关系的内在性。[16]

可以肯定的是，生活世界是一个具有极大的歧义性的概念。因此，每一个试图讨论生活世界问题的人都应当首先明确规定自己使用的这一概念的含义。在本篇论文中，作者坚持马克思对生活世界的诠释，将其看做人的现实生活，即与人有关的一切活动的总和。生活世界是人生存和发展的背景世界，又是人身处其中的、正在经历着的生存和发展活动；生活世界是个广袤的领域，不仅包括物质生产生活，还包括精神生活；不仅包括政治、经济、文化、教育等社会生活，还包括衣食住行、婚丧嫁娶等日常生活；不仅包括个人生活，还包括公共生活；不仅包括人们的现世生活，还包括虚拟生活。

在"生活"与"生活世界"关系的处理上，从教育领域中的使用场景来看，二者可以被看做同一的、可以统一使用的概念。"生活世界"在教育领域中的缘起是由于我国学术界对"生活"词汇产生了厌倦，因而借用了西方一个时髦的、歧义丛生的"生活世界"的概念①。从较为概括的意义上说,"生活"是一个日常语言性质的词汇,而"生活世界"的提出虽然有其特殊的语境和问题针对性,但其内涵与外延与生活是同一的。应该说,正是由于"生活世界"这一看似深奥玄虚的词汇的提出,使与其内涵统一的"生活"被赋予了一种"学术身份",使它由日常词汇演变为严格意义上的学术用语。

2. 生活世界的分类

由于对生活世界的理解不同,人们站在不同的角度对生活世界的类型进行了划分。在费尔巴哈的视野里,人具有双重生活:个体生活(外在生活)和类生活(内在生活)。人与别人交往的生活是外在生活,人与自己的本质发生关系的生活是内在生活。马克思在一定程度上继承了费尔巴哈对于生活的合理分析,将生活划分为个人生活和类生活。个人生活指的是处于特定历史阶段的具体个人的生活,而类生活则是人类作为一个整体的生活样态。个人生活是类生活的特殊方式,而类生活是较为普遍的个人生活。[17]尽管费尔巴哈和马克思对于"生活"的划分有很大的相似之处,但他们所指涉的"生活"的意蕴已大不相同。也有为数不少的学者将"生活世界"划分为日常生活世界与非日常生活世界。虽然不同的学者对生活世界有不同的划分,但我们可以明确的是生活是一个无所不包的范畴,站在不同的角度,它可以相应地划分为现实生活与理想生活,物质生活与精神生活,社会生活与日常生活,等等。

同时,由于生活世界是一个现实的、历史的范畴,随着社会的发展,生活会生发出很多新的形式,生活的范围也在不断拓展。例如,随着网络技术的发生与发展,虚拟生活已经成为当下人们重要的生活方式,成为我们当下生活世界的新的组成形式。

(二)人的生活与教育

教育本身是人的生活的一种特殊形式,人的生活需要教育。教育不是抽象化的、自存的世界,不是外在于人的、自我封闭的系统,而是处于当下历史进程中的,随着社会发展而不断生成与改变着的人的生活领域。学校生活时期是人的一生中最重要的时期,"德性之涵养,知识之启发,身体之发育,均于此短促十余年中,培其根,建其基"。[18]教育生活之所以特殊,是因为

---

① 邹诗鹏. 生活世界话语的困限与生存论的自觉[J]. 教学与研究,2000(5):19—24. 人们直接使用"生活世界"而不是"生活"、"实践",实际上隐含着对80年代以来频繁出现的"生活"话语的厌倦,但是,仅仅只是话语的转换并不意味着思想的深化。

较之于其他形式生活，呈现出许多不同的特点。第一，生活世界以感性认识为主，教育生活以理性认识为主；生活世界依赖生活资料，而教育生活依赖教材等学习资料。第二，教育生活的最直接、最根本的任务是求知，是教人获得知识，认识世界；其他生活的任务则直接为了生存、发展或享受而进行。第三，教育生活中的主体是教师和学生，二者有明确的分工，在教育中处于不同的位置。教师处于主导地位，起主导作用，而学生是受教者，常常需要在学校中学会服从；而生活的主体是处于现实活动中的个体，每个人在生活中都处于同样的主体地位，都有权利支配、感受和创造自己的生活。第四，教育生活是一种群生活，在学校这个特定的场所中，师生间、生生间有一种天然的联系，须要经常通过有意识的交流和互动来完成教育任务；而社会生活可以是集体的，但更多的时候是个人为生存和发展而进行的活动。[19]

教育首先要适应人的生活。在不同性质的社会以及社会发展的不同阶段，教育的内涵、目的及教育产生作用的方式都有所不同，都带着时代的鲜明印记。社会生活的变迁不断改变着教育赖以发展的社会根基，教育的内涵和活动方式都在发生拓延和改变，如此方可与外部世界的发展相一致。以当下我们生活的时代为例，教育必须以这个生活世界为背景，不断调整自身的内容和形式，以具备对时代生活的适应性：在学习方式上，由教师有目的、有计划、有组织的，以掌握系统的科学知识、形成良好的思想品德为基本目标的学习活动已无法继续垄断学校教育，情境性学习成为人类重要的学习方式；在这个信息爆炸的时代，教育的职能不仅仅局限于向学生传授信息，更重要的是在大量的信息中筛选出有益于学生发展的信息，并使学生自己具备筛选信息、收集信息、利用信息的能力；从教学过程来看，虚拟技术的发展对传统的单向传递的教学方式提出了挑战，教师传播知识与学生积极主动地探索知识、寻求答案同样重要，这使学习过程本身就包含了创造的成分；网络技术的发展使教育的形式也发生了变化，"虚拟学校"、"空中课堂"可以提供很多的学习机会，生发出很多新的教育形式，也大大降低了办学的经费；衡量教育的标准也发生了变化，好的教育除了传统意义上的标准外，还要看其是否具有现代信息的各种设备，学校能否指导学生利用现代信息技术获取学习资源；……简言之，为了保持与外部生活的协调一致，我们的教育在不断作出变革。

除了适应人的生活之外，教育还内在承担着改善人的生活的职责。教育是人类在理想的维度上追求自我保护、自我发展从而增加更多的生存机遇的一种手段。在这个意义上，可以说是生命活动选择了教育活动。教育的内涵、形态与功能随时代发展又因教育学者理论旨趣的不同而不同。但从教育的根本使命而言，它总是或应该是关注人类生活和人类命运的，它总是应该与人的发展、人的未来和人的解放这一理想联结在一起的。教育是人的生活需要，教育在人的生活中，是人的生活的一部分，是为了生活需要而建构的一种生活样式。

（三）教育异化与人的异化

异化，有疏远、脱离之意，也表示异己的、别人的、敌对的。作为一个学术词汇，异化指的是人或事物受"跟自己的本性不相符合的异己势力"[20]支配，变成了自己的对立面。1982年，《不列颠百科全书》设定了"异化"的六种意义：（1）无能力决定自身命运；（2）无意义，没有生活目的；（3）无准则；（4）对文明教化的疏远；（5）社会孤立；（6）自我疏远。

在西方近现代社会，由于科学中心主义、工具理性主义的挤压，人的独立人格、自由精神和创造本性被降解，成就了大量异化了的人的形象——大众化、平均型的人，千人一面的标准人，样品人，理性人，自然人，物欲化的人……人类的这种异化状态被康德、海德格尔等西方许多学者所关注和批判。这些被异化的、千人一面的同质化的人内心隔绝，被客观化、事实化、外在化、单面化、碎片化，缺少了自主意识和能力，失去了创新和超越的向度，处于康德所提及的未成年状态："不经别人的引导，就对运用自己的理智无能为力"[21]，他们是顺从的人，缺乏自主意识，常常放弃对自己行动的自主权并把它交给他人，特别是领袖人物和群体；他们又是海德格尔哲学世界中的"常人"：平均状态的"常人"把一切存在的可能性都抹平，不敢表达自身意愿，或以鹦鹉学舌的方式表达自身。"常人处处都在场，而又处处无'此人'，凡是在挺身出来决断之处，凡是在公开承担责任之处，常人都已溜走了。"[22]按照海德格尔的明确说明，"常人"这种存在方式是此在的非自立、非本真的存在方式，是一种典型的异化状态。西方马克思主义者弗洛姆也曾对异化问题作出过明确论述。他认为异化是一种内心体验和感受，"在这种体验方式中，人觉得自己是一个外人，或如人们所说的他变得和自己疏远起来，他体验不到自己是自我世界的中心、自己行动的创造者——而他的行动和行动的结果变成他的主人，他要服从它们，甚至要崇拜他们。异化了的人和自己相脱离就像和其他的人相脱离一样。他和其他人一样，像体验物品一样体验着自己，他有着感觉和常识，但同时感觉不到自己和自己的、自己和外在世界的密切联系"[23]。

另外，黑格尔、费尔巴哈等近现代以来的许多学者都论述过异化问题。

黑格尔视野中的异化指的是人的精神的异化，使精神变成他物。而精神异化的扬弃是随着认识过程的深化完成的。可以说，黑格尔所论述的异化完全是意识和精神领域的现象，异化的发生和扬弃也都是在精神领域内完成的。费尔巴哈则从宗教意识领域来理解异化，直接将异化引向了彼岸世界。①

异化是不可避免的人类发展阶段。在异化的扬弃上，近现代学者提出了各种各样的主张。卢梭和黑格尔都将教化作为扬弃异化的首要方法，主张"用教化的方法，用获得和传播识见的方法来弥合人的本质的异化"[24]。

马克思批判地吸收了黑格尔的自我意识异化论和费尔巴哈的宗教异化论，将异化理论引向现实生活领域，并从异化的角度来构建其社会批判理论，分析各种社会问题。马克思在《1844年经济学哲学手稿》中从异化的角度分析了资本主义制度下人的劳动现状。在马克思看来，人的劳动本来是一种自由发挥体力和智力的自由的生命活动，是一种自由自觉的活动，而不应该是被动的、被胁迫的。"'自由'是区别于受到限制、受到强制而言，意指人的活动包含了自主性和选择性；'自觉'是区别于自发、盲目而言，意指人的活动包含了目的性和计划性。"[25]在这种自由自觉的活动中，人可以获得愉快的精神体验，并不断获得素质与生活质量的提升与拓展，最终达到自我实现。但在资本主义制度下，劳动对劳动者来说变成了"外在的东西"，变成了异化的、强迫的力量，而人的主体价值被剥夺，其丰富的情感和需要因变成微不足道的东西而遭到蔑视与离弃。人不仅与外在的自然、社会、他人对立，还与自身的内在自然相对立。在论述了资本主义制度条件下的种种异化现实之后，马克思提出扬弃异化的方法在于通过社会实践不断改造客观现实，而异化的扬弃是一个长期的社会历史的过程。

本篇论文将涉及教育的异化和人的异化。

首先是教育的异化问题。教育内在地具有如下三种最基本的特质：①以现实的人为活动中心和主体，高度关注生活在教育中的人的生存现状和校园生活质量，教育能够让人让身在其中的人感到安全，感到愉悦和幸福，并且能够使人远离伤害和压迫；②以促进人的素质的良性发展为活动宗旨，教育内容的选择，教育目标的确定，教育活动方式的选择都以人的素质的良性发展为依归；③以人的全面发展为最高目标，任何形式、任何阶段的教育，虽然有其阶段性目标，但是就长远来看，其着眼点始终放在人的全面发展上。

---

① 夏之放. 异化的扬弃："1844年经济学哲学手稿"的当代诠释［M］. 广州：花城出版社，2000：110—124.

而教育的异化即是由于各种历史的社会的原因而使教育失去了上述三种特质，在活动目标、手段和任务上发生了偏移。例如：教育手段上的技术化，教育沦落成技术控制的仆役，教学变成了技术手段的应用，而丧失了一个活生生的生活过程所应具有的人本性、灵活性和多样性；教育目标的片面化，教育目标发生偏移，教育被窄化为单纯的知识授—受的活动，教育生活的每一个细节只服务于一个目标——升学率；人的空场，漠视教育活动中的人的需要和愿望，甚至敌视人的需要和主动性，把人对象化、符号化、对立化，对人的生存状况和内心感受漠不关心；等等。这些都是教育异化的表现。

教育中人的异化即是使人非人化，是人在教育中由本真状态向非本真状态的沦落，人失去了人性的某些特征，变得虚伪、冷峻，成了长眼睛的机器；是自主性、个性、独立性等自我维度的丧失，人不知道自己的真实需要，漠视自身感受，缺乏自主行动的能力；是创造精神的湮灭与匮乏，人变得因循守旧，只会鹦鹉学舌；……这些都是教育中人的异化的外在表征。

异化的教育是人的异化不可忽视的重大因变力量，异化了的教育会直接导致人的素质的异化发展。教育作为社会的子系统，受到具体的历史文化语境的直接规约，异化的社会环境直接导致教育的生存与运作方式的变异，而变异了的教育不仅不能使人实现完整和谐的发展，而且会使受过教育的人脱离了人性而被赋予诸如动物性、宗教性等各种非人性的属性。教育本应当培养富有人性的个体，但是异化了的教育失去了这一本体功能，它培养出的是只具有片面的人性特征，甚至是完全丧失了人性特征的人。

教育的异化有其自身观念与运作方式的原因，但最根本的原因并不在教育本身。与马克思所论述的劳动异化类似，由教育异化所导致的人的异化现象是人类的社会发展到一定阶段的产物，是一种必然的、不可避免的社会现象，而教育异化的扬弃是一个漫长的历史过程。

（四）"回归"与"教育回归生活世界"

20世纪90年代中后期，虽然素质教育已经成为教育领域中的显性话语，素质教育的实践也已经全面铺开，但是功利化的应试教育仍然在很多地区顽固地存在着，其引发的各种教育问题仍然没有在多大程度上得到改观。对分数的膜拜牺牲着人的教育生活质量，并且应试教育培养出来的人才常常被曝出缺乏社会适应性，不善于与人合作、沟通，甚至连日常生活都难以自理。顽固的教育问题重新彰显了教育与生活的疏离，重新建立二者的联系与融通在当时显得尤为必要和紧迫。

针对上述在教育与生活之间建立联系的现实诉求，有学者借用了哲学中

"回归生活世界"的药方,于是,歧义丛生、理解各异的生活世界话语进入了教育学领域。生活世界话语的引入,其初衷在很大程度上是出于对教育脱离甚至背离生活的反思,是对教育成为异化人的力量的现实予以批判和反省。在90年代"生存"、"生活"、"生长"、"生成"及"主体"复兴的大背景下,生活世界话语的引入无疑迎合了教育的发展趋向,从这个向度来看,"教育回归生活世界"的彰显有其必然性。

生活世界话语的引入除了建立教育与生活的连接的客观诉求,也不可否认,"生活世界"进入教育学领域在一定程度上是由于教育界的炒作心理。在教育理论领域,"生活"与"生活世界"其实可以看做意义同一的词汇,教育向生活世界的回归即是强调教育与生活的联系与融通,而对于这一问题的关注自古代就开始了。例如:孔子提倡在日常的教学生活中训练学生的思维方法,并提出学、思、行结合,主张学生通过在生活中汲取经验,以巩固知识,运用知识;扬雄继承了孔子关于学、思、行关系的论述,认为行的地位在三者中最为重要,他说"学,行之,上也;言之,次也。教人,又其次也。咸无焉,为众人"(《法言·学行》);中国近现代教育家更是主张教育与生活的连接和融通。[26]当代由"生活"走向"生活世界"的转变,除了在理论旨趣上对人本性的强调之外,也有故弄玄虚之嫌,即教育理论界厌倦了"教育要与生活相联系"这一命题,想借用"生活世界"这一晦涩的哲学术语来装点目前的教育理论。

但问题在于:"教育回归生活世界"真的可以恰切地概括教育与生活的关系吗?由于各种客观的、非客观的原因,事物或活动离开了原有的样貌和性质,变成了另外一种非本真的形态。由非本真的形态恢复到原有样貌和性质的过程,被称做"回归"。"教育回归生活世界",顾名思义,指的是教育原本应当是生活世界的一种形式或组成部分,而由于各种历史的和现实的原因,教育离生活世界越来越远,甚至脱离了生活世界,变成了另外一种样貌和活动形态。而教育回复到生活世界的性质和特征的过程就是回归生活世界的过程。"教育回归生活世界"暗含着一个前提,那就是教育脱离了生活世界,因此需要回归。但是教育脱离过生活世界吗?从严格意义上来说,人类的教育从未脱离过人的生活,即使宗教教育、封闭的象牙塔教育也是人类生活方式的一种,只是这些教育联系的不是整体生活,而是生活的某一部分,如宗教生活、科学生活。可以说,从严格意义上讲"脱离生活"的教育根本不存在,只是随着教育科学化程度的加深,教育离人的日常生活越来越远,逐渐脱离了日常生活性质,成为了一种高度科学化的生活,并且逐渐变得闭塞，与外部生活之间缺乏主动的联系与沟通。但就教育本身来说，它仍是生活世界的一部分，其本身即是一种特殊的生活形态，它具有生活的个体性、历史性等特质。

教育是人的生活需要，是为了生活需要而建构的一种生活样式。因此，将教育与生活的关系简单地理解为"回归"的关系，是笼统的、表浅化的、不恰切的，极易形成对教育实践的误导。因为教育本身即是生活的一部分，它有严密的计划性、组织性和特殊的运行规则，教育不可能回归到无组织、无计划的自在的日常生活状态，不可能与其他形态的生活完全等同。

二、关于研究动机及研究意义的说明

（一）廓清理论混乱，整合教育与生活关系的多元局面

自从上帝之死，人的主体性空前张扬，价值的多元化已经成为客观存在的事实。反映在教育中，各种观念、思潮纷纷登台亮相，甚至看起来相悖的观念也可以同时被教育界接受，如挫折教育、成功教育、赏识教育、愉快教育、叙事研究、研究性学习。这些思潮和主张在教育领域风行一段时间后就归于沉寂。教育界这种思想产生的方式已经相当普遍，至今尚无示微的迹象。"多元"在表征思想自由、观念开放和教育实践的繁荣之外，也无可避免地隐含着教育观念和教育实践的混乱与无序。对于这样一种复杂的状况，教育界在积极吸纳各种优秀的思想资源、捍卫教育多元价值选择的同时，也应当对多元的价值观念加以整合，以保证教育活动的正确方向，使教育实践不至于面对理论的狂欢而手足无措。

本文要做的即是这样的理论清理工作。在目前的教育领域，前现代的价值体系、现代性的价值体系和后现代主义的价值体系纷繁杂陈。教育中有对前现代价值体系的推崇，如坚持教育以社会为本位，教育着眼于社会发展的需求，人的需求和价值居于其次；也有对现代性的价值体系的尊奉，如教育中极力地倡导文艺复兴后确立的理性、科学和民主的价值观，认为科学知识对人的发展和社会的进步最具价值，教育就是要向学生传授客观的知识和真理，发扬人的理性精神；除上述教育价值观外，后现代主义的价值体系于上世纪末开始在教育中大肆流行，具体表现为在教育中贬低理性的作用和地位，否认教育中有规律的存在，否认知识的客观性等。

教育界面对各种各样的思潮和价值观，常常奉行拿来主义的原则，极易跟风，缺乏必要的教育立场和必要的分析。教育学在引进各种名词、概念、

观念与思潮时常常自觉自愿地充当注脚,而未对理论的合理合法性质疑,在对待生活世界思潮的态度上亦是如此。20世纪90年代后,回归生活世界成了哲学、社会学、历史学等领域竞相讨论的主题。身处如此浓厚的生活世界话语之下,教育学者自然也难以不走入这一逻辑,有些学者甚至还没来得及反思"回归生活世界"到底意味着什么,便匆忙地引进这一新的思潮。走入生活世界话语之后的教育学,开始试图更新所有的教育框架、课程、教学、教材……生活世界思潮的引入对实践的变迁起到了显而易见的影响。

虽然生活世界话语的引入有一定的实践动因和问题针对性,但从根本而言,教育界是通过话语平移的方式引入生活世界话语的。从此种意义上讲,生活世界在教育学领域中的滥觞是对相关学科研究问题的回应和重复。目前在教育领域不谈生活世界是不时尚的,各式各样的回归生活世界的主张充斥着教育理论与实践领域,但我们对这一思潮缺乏必要的理解、体认与阐发。不可否认,教育回归生活世界是对教育脱离社会生活、成为异化人的力量的一种反省。但按照常识,一个命题被绝对化后,肯定就是出现了问题。作为一个移植过来的且在西方学术中就不是很明确的概念,生活世界思潮如何作为教育的理念基础和支撑?教育要回归的究竟是何种意义上的生活世界?教育与生活世界的关系用简单的"回归"来概括是否恰切和客观?受相关学科理论发展的助势,教育学界只是在熟知而非真知的意义上使用这一概念,以致生活世界概念人言人殊。在理念层面,"生活世界"成了一个人们熟知而非真知的经验性词汇,谁都可以拿来在任何场合使用。从这个意义上讲,不断强化的生活世界话语反倒加重了人们在理论和实践上的困惑与焦虑,在许多场景下引发了思想和实践上的无序状态。含混不明的生活世界思潮如果不加以清理,非但不能成为抵抗教育异化的最佳方法,非但不能在教育与生活之间建立起恰当的关系,反而会引起新的教育异化。因此,对生活世界思潮做教育学视阈下的澄明,并重新确证教育与生活的合理关系,是当下必须要做的理论工作。本文通过对生活世界思潮的描述与分析,希望在澄清学术混乱的同时,能够对实践中的一些偏执和极端的教育行为起到揭示与警示的作用,同时,通过对教育与生活理合关系的建构,希望能够建立教育与生活关系的合理样态。

(二)走出对相关学科的单向依附,形成对教育与生活关系的教育学理解

教育学是通过话语平移的方式从相关学科引入生活世界概念的。生活世界理论肯定人的价值、需要和生成性的本质,这与我国当下的教育发展趋势

是相契合的，可以在当下的教育条件下发挥一定的积极效用。但是，面对当下人的教育生活质量欠佳、教育与生活脱离联系的问题，简单的一句"教育回归生活世界"恐怕难以解决所有问题。在此过程中，始终困扰着教育界的问题是：我们要回归的究竟是何种意义上的生活世界？在充分肯定生活与人的价值的同时，如何确立教育与生活之间的合理关系？这些问题都有待作进一步的考量。

一直以来教育学对相关学科有着自觉的继承态度，面对教育问题时，往往不从教育本身寻找答案，而是想方设法从其他学科领域搜寻教育问题的答案，或者干脆以国外的已有理论来治疗我国的教育病症。时下出现的大量回归生活世界的话语，并未对"生活世界"的所指作一番明晰的考察，仿佛生活世界是一个无须考量的自明概念。因而，生活与教育的关系都被推向了混乱和无序，每一位教育工作者都可以按照自己的方式，想当然地去随意理解教育与生活世界的关系。造成这样的局面，最根本的原因还在于：教育学界对生活世界的研究往往较多地受到哲学或其他学科的影响，没有形成教育学对生活世界性质及其教育意义的独特认识。如此一来，"教育回归生活世界"在教育领域中的畅行缺乏话语合法化的学术根基，也缺乏相应的论证与学理支撑，最终必然使生活世界话语口号化、泡沫化。教育回归生活世界变成了一句响亮的教育口号，虽然也引起了人们对教育脱离生活这一现象的关注，但就目前来看，人们更多地停留于对口号本身的热衷，而缺乏对教育与生活合理关系的进一步建构。人们关注的似乎已经不是教育如何与生活相联系，而更多地将注意力集中于这句时髦的教育口号上，教育反倒成为了生活世界思潮的陪衬和注脚。

（三）基于教育理论思维，澄清教育与生活的合理关系样态

教育到底应当贴近科学还是贴近生活，这始终是现代教育无法规避的矛盾选择。在原始时期，教育就是人的日常生活，口耳相传是教育的基本形式，教育的进行是为了直接满足当时人类的生活需要。教育在生活中进行，为了生活而进行，这时的教育与人的日常生活是完全统一的，教育的目的是为了使人类的生活得以继承和延续。

古代社会的教育脱离了大众的日常生活基础，是记诵和死记硬背的代名词。这个时期的教育有一定的组织性和计划性，常常以封建道德训诫和统治阶级价值观的宣扬为主要内容，以维护统治阶级的特殊地位为目的。此时的教育逐步脱离了日常生活，初步形成了理性生活的样式。

人类进入近现代社会后，科学知识显得空前重要，理性生活比以往任何

时候都得到推崇。在这种情势下，教育推崇理性与科学的力量，变成了客观知识的授受过程，追求知识传授的高效率成了教育的主要目标。教育在成就与科学的亲缘关系的同时，也日益远离了其生活本性，披上了"科学"的外衣。教育与人的日常生活和外部生活划清界限，自成目的，获得了一种独立的存在形式。教育越来越强调培养学生的理性、逻辑性，越来越漠视外部生活，尤其贬低日常生活的重要性和意义。"教育是科学的活动"，"教育是一门科学"，"学校重地、闲人莫入"……类似的口号曾经那么响亮，向世人宣示着脱离日常生活和外部生活的教育是多么尊贵和骄傲。

工具理性对整个生活世界的渗透，导致人的贬值和人文价值的失落。此时的教育日趋功利化，与人的现实生活相隔离，并且不关心人在教育中的生活质量和生存感受，人的校园生活质量严重恶化。教育生活的异化性质，致使相当长的一段时期内的教育与社会生活的疏离，最后的结果便是人与人自身的疏离，不可避免地导致了人的内在异化。现代人的异化状态已被确证为一种事实，在教育中体现为：人被教育所驯服，被迫直至甘愿堕落为手段，丧失了其内在的价值与尊严，缺失了自主和创造的维度；在现实生活中，功利化的教育追求置换了教育"培养人"的精神内核。丢失生活特质、与外部生活相疏离的教育之所以是失败的，这是因为教育的过程不合乎人的本性，漠视甚至扭曲了人在教育中的合理需要，最终使人逃离教育的现场……这些问题都无一例外地昭示了功利主义教育所导致的问题，并且全方位地呈现了现代教育的危象。

今天，"数字时代"、"网络生活"、"虚拟现实"、"赛博空间"等词语频频地出现于我们的生活之中。电子社区、网络企业、虚拟合作等潜移默化地改变着我们的生活方式、思维方式和思想观念，成为人类的第二自然，它重建了人的感觉方式和精神生活，成为人们生活环境的组成部分。人类更为积极地发挥着主体地位和创造作用，在改造生活世界、提高生活质量方面作出了较以往更多的努力。这样全新的生活世界场景，为人类的进一步自由敞开了更为充分的可能。因此，破除功利主义教育对人的存在及人的生活的遮蔽，绽出教育作为自由生活的性质，使教育获得一种合乎人性的存在形式，是当下应当着力研究的问题。不少教育工作者已经认识到教育与生活关系的重要性，认识到了教育是生活世界的组成部分，是一种特殊的生活形式。因此，对于学校教育生活中存在的漠视生命的现象逐渐有了警惕性的认识，也逐步认识到了教育与生活所应具有的内在关联，并作出相关的理论和实践努力。在这一情势下,有学者主张通过建立一种"富有生命气息的学校教育生活"① 来消除以往教育中人的空场的现象。

教育本身一方面即是一种生活形态,应当保持其生活特质,关注生活于其中的人的需要与幸福,另一方面,它也应当处理好与外部生活的关系,这也是教育学应当予以理清的问题。正如康德认为的那样,"人只有依靠教育才能成为人,人完全是教育的结果"[27]。虽然他的看法有宣扬"教育万能论"之嫌,但可以肯定的是,教育作为一种特殊的生活形式,由于其担当了育人这一特殊的社会功能,使它在提高整个社会生活质量方面起到了重要作用。可以说,现实生活是否需要教育,是一个不需要再确证的问题,但需要什么类型的教育,则是一个有待确证和探索的问题。

对于教育与外部生活的关系,目前存在两种观点和思想倾向:一种是美化现实生活,为现存的社会现象做注脚,强调人对现实的认同,单纯强调教育对现实生活的适应,丢失了批判与超越现存世界的精神向度;另一种是教育自成目的,漠视现实,局促于自己的空间,与社会生活相隔绝,将自身构筑成与世隔绝的世外桃源。这两种倾向都无益于整体的人的生成,因此都亟须作出变革。

在今天这样全新的生活世界场景之下,我们须要郑重并且重新思考教育与生活的关系。而且,当前的教育形势已经为我们重新厘清教育与生活的关系提供了历史契机。现在的问题是:我们应当如何经营好教育生活,提升教育主体的教育生活质量?教育与它之外的生活应当呈现何种关系样态?生活需要什么样的教育?如何构建这样的教育?教育如何在科学形态与生活形态之间寻得平衡以保持其特有的生活性质?这些都是在当下铺天盖地的生活世界话语下必须加以反思与追问的系列问题。这些问题是如此关键,如果不加以解决将会不可避免地影响教育的价值选择与未来走向。而本文即是以对教育回归生活思潮的阐释和反思为切入点,试图索解上述问题的答案。

本文希望通过运用教育理论思维,通过梳理教育与生活关系的历史流变,分析已有的关于教育与生活关系的理论,达成对教育与生活关系的教育学理解。

---

① 李家成. 走向"关怀生命"的学校教育 [J]. 人民教育,2004 (11):2—5. 作者认为,当代学校的变革,需要重新思考学校教育的价值取向,那就是优化生命存在,提升生命质量。这意味着当代学校教育要直面生命存在的事实,以整体的、深层次的眼光进行自我改造,以建设性的方式促进生命成长。

三、关于研究目标的说明

（一）本文试图对教育实践领域中流行的非理性主义进行指证

面对当下流行的"教育回归生活世界"的呼声，虽然有一些学者能够理性地看待这一思潮，认为对生活与关系的理解不能够简单化，并对生活与教育的关系作了梳理；但从全局来看，对于将教育与生活理解为"回归"的关系这一观点，教育界在整体上还处于无反思的状态。不仅如此，由于"教育回归生活世界"本身理论基础的含混性，极容易引发人们的误解，不少教育工作者对教育与生活关系的认识发生了偏差：由于不少学者在日常化的意义上来理解生活世界，因此，"回归生活世界"就可以被理解为让教育回到经验的、自在的日常生活中去。在不加以任何教育导向的前提下，为数不少的教育实践工作者秉承回归生活世界的基本主题，让学生"独立思考"、"自主选择"、"亲身体验"，力图使教育活动回到完全自由的、自我主导的日常生活世界。无疑，这背离了基本的教育常识，不仅无益于实现教育对人发展的促动作用，从长远来看，还会引发新一轮的学校消亡论。

不可否认的是，教育从日常生活中分离出来是教育史上的重大进步。虽然目前我们的学校教育存在着这样或那样的问题，但是，让教育回归日常生活并不是解决教育与生活脱离的根本办法。就犹如一台机器在运转中某个部位出了问题，最简单也是最不可行的办法是丢弃它，而最理性的方法不过于积极寻找问题来源，并采取修正措施。尤其在现代科技昌明的历史条件下，主张让教育重新回归原始的、与人的日常生活同一的状态下，无疑这种意义上的"回归"是以牺牲教育的独立性为代价的非理性主张。

基于目前的教育现状，本文试图站在教育学的学术立场上对大行其道的生活世界思潮进行冷静的反思与追问，质询与求证该思潮的合法性。本文将目前对生活世界内涵的理解划分为四类，并揭示了当下教育领域对生活世界思潮的理解误区。希冀这些看法能够站在学理角度，为我们的教育带来哪怕是一点点的启发。

（二）本文试图对教育与生活的关系将提出一些新的理解

首先，教育本就属于一种特殊的生活形式，它具有生活的个体性与感性丰富性、生成性、创造性等特质。在教育中，人不仅是学习者和教育者，更重要的是生活者。学校生活是人整体生活的一部分，占据了人生很大一部分生活时空，它对人的生存状态、生存方式、生存质量都有着很重大的影响。但生活不一定都是教育，因为教育是一种独特的生活形态。这种独特性表现在：教育是生活，但是按照科学规律运行的生活。因此，教育要超越生活的常态。

其次，就教育与外部生活的关系来说，教育是以生活的整体为背景的。教育是人的生活需要，教育只有倚重生活才能成为真正的教育，教育不是游离于生活之外的活动。从一定意义上说，好的教育往往是与好的生活一致的。但不可否认的是，当下我们的教育中仍然存在着假教育、伪教育、错误的教育畅行的状况，更为严重的问题是教育对人及人的现实生活产生了极端有害的影响，导致教育难以与人及人的现实生活需要相匹配，相照应，相互推动，造成了教育与生活的脱节。

不能关照人的现实生活的教育绝不会是好教育，这样的教育会在社会发展中逐渐被离弃，这是教育自身发展的内在规定与命运。但应当指出的是，教育虽然没有理由漠视生活世界，但也不是生活世界的附属和臣民。因为教育有其自身的生命节律，它来源于生活，但又高于生活；它承担着关怀人的使命，但又以教化人、促进人的素质的良性发展作为教育活动的最终旨趣。

再次，教育可以提高人的生活质量。教育的最终目的并非为了培养科学家、工程师、医生等专家、学者。过去的教育常常为了这样的目的，对人进行高强度的训练，使人在教育中变得卑躬屈膝，变得机械化，失去了独立思考的能力。这样，我们培养出来的人常常内心残缺，思想空洞，缺乏获得美好生活的能力。这是一批"无知"的人，有的是学问，但对自身缺乏了解，对自己要过什么样的生活不甚明了。他们只知道依赖书本，依赖专家和权威，唯独忘记了自己的想法和需求。这样的教育不仅无助于提高人的生活质量，反而毁灭了人的生活，因为"一颗仅仅被训练来接受知识的心，无法面对生活中的种种变化与奥妙，以及生活中的深渊与峻岭"[28]。因而，正确的教育应当通过适当的手段，通过付出耐心和爱，使人明了什么是生活的意义，使他们思考应当过一种什么样的生活，并且教会他们如何体验生活，享用生活。简言之，教育虽然无法为儿童承诺未来的美好生活，但是，通过教育可以为他们创造美好生活出力。

在明确教育与生活的关系的基础之上，接下来要做的是：教育为了实现帮助人营造幸福生活的功能，须要作出哪些努力？同时，作为一种特殊的生活形式，教育如何改善教育活动主体的教育生活质量？这些将是论文最后一部分论述的问题。

在本文中,作者主张教育在处理与生活的关系上应当做到如下三个方面:首先,教育应当关注时代精神,紧跟时代步伐;其次,教育应当关注生活的主体——现实的具体个人,关注人的需求与理想,消除人在教育中的异化形态。再次,良性优质教育的本体功能在于帮助学生学会适应生活,鉴别生活,选择生活,改造生活,享用生活。教育应当关注未来生活的走向,为人类实现美好生活引领航向。这将在下文中有集中论述。

第一章

功利主义教育的危机与生活世界话语的彰显

> 如果我们受教育仅是为了出名,找到一份更好的工作,变得更能支配他人,那么,我们的生活将是肤浅而空洞的。如果我们受教育只是为了成为科学家,成为死守书本的学者,或成为沉迷某种知识的专家,那么,我们将助长世界上的毁灭与不幸。
>
> ——[印度]克里希那穆提

20 世纪 80 年代,随着我国社会经济文化的发展,人的主体性和独立性逐渐被发现,创新精神逐渐得到凸显和张扬,并日益受到社会的鼓励。在经历长期的以应试为导向的教育后,人们逐渐发现这样的功利主义教育存在着根深蒂固的问题,其中最根本的是忽视人,教育变成了人的空场。对分数的崇拜使人变得非常渺小,不值一提。人的需要、自我意识、创造力都被这种功利化的教育抹杀,人的教育生活也变得痛苦不堪,如同炼狱。教育与外在的社会生活相隔离,变成了"世外桃源",它的内容、方法、目标都日益脱离社会生活,自成目的。教育精心培养出来的人也缺乏生活意识和感受,缺乏驾驭和享用生活的能力。这些问题逐渐使人们警醒:教育与生活的关系何时变得如此糟糕?如何提高人的校园生活质量?教育如何培养人对社会生活的适应能力?在大量教育现实问题的促动下,教育与生活的关系又被推向前台,重新受到人们的审视和关注。

20 世纪 90 年代,生活世界这一晦涩的、歧义丛生的哲学概念进入教育领域并迅速得到关注与彰显,尤其在新一轮课程改革中得到了极大的张扬。"教育向生活世界的回归"一跃成为新课程改革的理念支撑之一。为何"教育向生活世界的回归"成为当下饱受推崇的教育理念？生活世界在教育领域中的引入有何特殊的文化语境？这些都是本章试图理清的问题。

一、走入泥淖的教育现实：功利主义教育的现代危机

自19世纪近代资本主义工业化兴起以来，科学成为人类社会新的图腾。科学日益变得伟大，而相比之下，人越来越渺小不堪，这成为了现代社会的价值影射。科学主义和工具理性的价值观不可阻遏地统御了包括教育在内的一切社会领域，成为现代社会的主宰。人们将社会发展的进程片面归结为经济发展和物质财富的增长，如亚当·斯密把工业化的过程理解为物质财富增加的过程。这种片面的发展观使现代性具备了两个突出的特征："一方面是征服、支配、控制的强力倾向，一方面是理性、效用、功利的谋划倾向。"[29]在这种片面发展观的引领下，一方面人类的物质文明和经济发展获得了巨大的进步，另一方面人的主体地位、情感和价值被忽视了，人成为经济增长和社会发展的手段。到了现代社会，技术更是显示了无所不能的魔力，它在促进经济飞速发展的同时，也导致了全球性的危机，使人—人关系、人—自然关系时刻处于紧张之中：人际关系商品化、功利化，情感纽带松弛，人的灵魂无家可归；不可再生资源枯竭，生态环境恶化，嗜血杀戮，战争肆虐；……在人类认为正在利用物质文明越来越多地控制世界的时候，我们已经不可避免地把自己置于现代文明的控制之下，精神流浪和价值迷茫是现代人无法回避的宿命。人类的物质文明日新月异，人类却与自己的幸福生活渐行渐远，心理危机和精神困惑始终困扰着现代的人们。人们崇尚科学，信服真理，却唯独丢失了存在和生活的意义，面临着无可逃避的心灵危机。

以这样的现代世界为背景，现代化的教育也凸显出相应的发展困境。在科学中心主义支配下，教育当中工具理性无限膨胀，全方位地笼罩了教育中的一切领域，致使教育成了一个全面异化的领域。主要表现在：

（一）被技术支配的教育过程，使教育中的情感维度被无限降低

在现代社会条件下，教育中对科技和效率的膜拜不仅改变了教育自身的形貌，而且不可避免地形成了对人的支配。教育成为合理技术的应用，成为高效率运转的机器，而人只是这个生产线上有待加工塑造的产品，是被改造的客体。为了追求人才生产的高效率，教育中充满了技术手段的泛滥与攀

比，发明了各种各样的教学程序、课堂教学模式、教育技巧，教育变成了受技术推动和支配的活动。

教育中的情感维度被无限降低，教师对学生的爱及学生对教师的尊重都蜕变为职业技艺。教育者过于注重对方法的寻求，一直在寻求教育人的"最佳方法"，专注于对人的塑造、雕刻，殊不知人性的世界越是数字化、客观化，就越无法展示生命的丰富多彩。教育逐渐堕落成技术控制的仆役，而忽视了更重要的问题——人的问题，这才是教育的真正内核。

教育把人作为客观的对象加以研究和规训，使学生和教师的发展都受制于各种技术。"这种'技术'包含了对感情和习惯的摒弃，而体现为运用一定的方法论程序将教师客观化，从而使之成为可以观察和研究的对象。"[30] 由技术至上的教育追求导致的压抑的教学气氛、沉闷的课堂空间，使人向畸形、不和谐的方向发展。如此强劲的技术力量全面地驯服了生活于教育中的人，使他们都按照预先设定的方向发展，并严格遵循着某种统一的规则。结果便是教师苦，学生累，学生厌学厌师，教师厌生厌教，人成为无情感、无感动的动物。在教育中，"个人真正的实现与他们的幸福依然是异己的和外在的，他们必须做出牺牲"[31]。这可以在基础教育一线教师的如下生活片段中得到充分体现：

"为了迎接全区的教学改革优质课的评选，学校的某位教师可谓使出浑身解数，提前一个月就开始精心准备，设计教案时，几乎用上了他知道的所有新教法。学校的校长、主任及有经验的老教师也常常聚在一起，对这节课的讲授进行研讨，因为这节课不是某一个人的事情，而是代表整个学校。准备一番之后，还要请负责本学科的教研员来指点，因为人家是评委，不合人家的胃口是不可以的。

从未摸过计算机的他还要请人做这节课的课件，要到讲课的地点学习投影仪的调试，并要在别人的帮助下，学会机械的操作。

这些都准备就绪后，这位教师在学校的协调下，在同一年级连续上了4遍，全体骨干教师都来听、评，然后修改。最后还要安排学生，把本班的'不合格'学生用其他班级的好学生来代替，还特意买了一套衣服。

课堂上，教师面带微笑，从容自然，充满了激情，教学环节把握得体，学生回答问题自然流畅，教师的'下课'声刚说完，铃声即响，时间把握得分秒不差……"

然而，教育的过程不是合理技术的应用，而是在复杂的情境中生命之间的交流、对话与感动。教育失去了丰富的情感维度和生活内容,变成了单纯的技术手段,这无疑将为人带来精神上的奴役和贫困。

(二) 功利化的教育追求,导致高强度的教育训练

在现代社会,教育成了就业和收入的关键因素。在"学习好=工作好=生活好"这一公式的支配下,为了不让孩子输在起跑线上,从幼儿开始就纷纷加入补课大军,竞相参加各种"特长班"、"兴趣班",为以后的竞争增加砝码。可以说,激烈的教育竞争和教育训练从幼儿园起就已经拉开序幕。对此,社会上有一种戏谑的说法:穿着纸尿裤奔教育。

在基础教育阶段,学生在校时间长、家庭作业多已经构成了一个严重的社会问题。不仅如此,在课外,学生还要忙于应付各种培训班、加强班,教育负荷之大,超乎成人的想象,功利主义的教育追求使学生不堪重负。

有调查显示:"有52%的城市小学生在校学习时间超过了国家规定的'扣除课间休息时间不超过7小时',56%的城市初中生在校时间超过了国家规定的9小时标准,54%的城市高中生每天在校学习时间超过10个小时以上。就算是放学回家,孩子们也不会轻松。从小学一年级到高中三年级,近一半的学生每天写作业时间超过国家标准,其中22%的初三学生,48%的高三学生每天要写作业4小时以上。除了老师留的作业以外,相当数量的家长还留'父母作业',举行家庭考试。"

"甚至在节假日,孩子们依然不能'睡到自然醒'。除了正常的教学时间,各学校都不同程度地存在节假日补课的情况。调查显示,50%的学生曾在节假日到校上课,而初三和高三节假日补课的比例分别为78%和89%。此外,19%的中小学生有请家教情况,77%的小学生、46%的中学生参加各种课外培训班。"(唐勇林,黄岚兰. 中小学生成为特"困"人群 [N]. 中国青年报,2004-10-20.)

下面是我国一所"素质教育省级示范学校"的作息时间表:

早上5:00　起床。

5:20　1500米长跑。

早上6:00—7:00　早自习。

7:00　早餐。

7:30　开始上午第一节课。高三学生要在课前宣誓:"我们是喷薄的旭日,我们是奔腾的激流……我要用辛勤的汗水播种希望,我要让父母的微笑在家乡绽放……我坚信,奋力拼搏,金榜题名,笑傲六月,铸就辉煌。"

上午9：20　课间操。

中午12：00　上午5节课上完后，高一、高二的学生可以在午饭后进寝室休息，高三的学生回教室上自习。

14：10—18：20　下午5节课。其中17：40后的第五节课为课外活动时间，高一、高二学生可以外出活动，高三学生则在班里上自习。

晚饭之后就是晚自习，一直持续到23：00。加上早操和简短的吃饭时间，该校高三学生每天近18个小时都处在紧张的学习状态中，真正能用来休息的时间仅有6个小时左右。

作为一所全封闭的高中，该校学生每月只有两天的假期。寒假高一、高二放假10天，高三放假7天，暑假放假20天。（揭秘高三女生跳楼一天学18小时考试繁多［N］．中国青年报，2009-04-07．）

相信这样紧张的应试训练不仅只出现在这所"素质教育省级示范性学校"，在某些省份乃至全国的很多中学，应试教育的做法不仅毫不避讳，甚至可以说是大张旗鼓。这样的教育是在塑造人，还是在毁灭人？！这样周而复始的生活，使受教育者在童年时代就失去了梦想，生活中只有考试竞争和升学。人接受教育的结果便是一小部分通过考试竞争的人成为"人上人"，而其他人统统变成失败者。难怪现实中有那么多人总在想方设法逃离教育生活。

看到这样的时间表，不难想象，教育生活对于师生来说，可能只能用一个字来形容：累！"达标学校"、"示范学校"、"重点学校"都将衡量教育的标准定在一些可测量的客观指标上，人均多少图书，多少仪器设备，有无塑胶跑道，甚至"见报率"，等等。经这样的示范学校培养出来的学生虽然进入了大学，但有些连基本生活都不能自理，不善于和他人交流和合作，难以融入集体生活。经过训练培养出这样的人，难道这样的教育可以称得上是成功的吗？

我们的教育给孩子的生活带来了什么？学校成为"另类的监狱"，学生人生三分之二的青春囚禁在这里，如同炼狱。我们的教育以无所不在的纪律和秩序来教化、管理学生，但很多时候没有以维护学生的人格尊严为底线。于是，面对这样的教育，有的学生发出"我实在太累，宁愿做个差生"的嗟叹。教育怀着善良的目的对学生进行堂而皇之的身心摧残，身在这样的教育之中，儿童对生活的感受全部被考试训练代替，逐渐变得麻木不仁，感受不到教育生活的乐趣。这样的教育对学生的健康成长蛮不在乎，为了升学率这一硬指标不惜牺牲学生的休息时间，使身在其中的学生珍惜每一秒时间为分数拼命。难怪有儿童用"起得比鸡早，睡得比狗晚"来戏谑自己的学校生活，还有孩子说，在他们的生活中只有三件事：一是吃饭，二是睡觉，三是学习。这样的功利化教育不仅无助于美好生活的营造，更容易最后带人走进地狱。我们常见受过多年教育并成绩优异的人，在面临生活挫折时一蹶不振，对生活全是负面的感受，最终失去了继续生活的勇气，甚至选择放弃自己的生命；我们又经常见到，很多人面临生活中的不如意，选择忍气吞声和顺应，变成了庸常化的生活的顺民，没有能力做生活强大的主人；……缺乏对生活的正面感受和体验的人，如何去赢得一个好的生活？

在功利主义的教育价值导向下，现代社会的教育成了一台巨大的生产证书和资格的考试机器，升学率成为评判教育效用的唯一标准。教育退化为零星知识的传授，其结果便是以知识的传授掩盖了人的全面发展问题。以应试为导向的竞争性的考试制度，使教育变成了一个名副其实的没有硝烟的战场。在这个战场上，只有考上和没考上、通过与没通过的区别，而没有真正的胜利者。因为即使在考试中获得胜利的受教育者也为这个应试教育体制付出了相当惨痛的代价：将近十年的时间被囚禁在书山题海之中，失去了内心自由，创造力匮乏，对生活缺乏感受力。人要么适应这个教育机制，要么成为体制正常运转的代价。有些人不堪忍受教育的运作方式，以各种方式与之相抗争，甚至不惜牺牲生命对功利化的教育作出反抗。

浮躁、功利化的教育取向使人将教育降格为生存的工具，其自身也被工具化，把决定自己生活、规划生活的权利让渡给主体之外的力量。难怪有人说，中国学生为了一张成绩单和几张证书，其投入堪称世界之最。美国的一位学者曾经这样来描述中国新一代的年轻人及孩子：

"在幼年，这些孩子通常被一个人关在家里，反复地练习钢琴或做功课，以便将来可以成为强者。对于不少孩子来说，他们接受到的不是一种人的自然成长，而是一种类似工具的积累进化。作为工具，冷漠是相当正常的一种属性；至于孤独，因为这些活生生的孩子无法反抗这种工具的特性，只能习惯性地把自己隐藏起来，久而久之就会在内心产生出一个自我封闭的世界。"
[孙轶玮，周喆. 20年后让人担心的人. 瞭望东方周刊，2006（7）.]

用单调贫乏的升学考试去代替无比丰富的教育生活，必定是隐患丛生的。这一失误体现为它使教育变成了一个简单的、工具化的、受功利主义主宰的世界，人们已经不再追问深刻的意义问题，放弃了对美好生活和人生意义的寻求。在功利主义主宰下，教育被简单化为知识的积累，知识积累的途径又被窄化为容器型的知识获取，而获取知识的目的是为了获得尽可能高的成绩。这种做法损害了人的教育生活质量，恶化了人的校园生存状态。

（三）对理性的过分强调，使人的教育生活残缺不全

17世纪中后期到18世纪，启蒙运动以法国为中心，在整个人类社会迅速流行蔓延，它改变了人类认识世界和改变世界的方式，深刻影响着人类对待外部自然和内部自然的思维特征。从这种意义上讲，启蒙运动可以称得上是人类历史上最伟大的一场思想革命。之后，理性便成为现代社会的重要特征，并且成为支配人类社会进程的重要因素。随着现代科学技术的发展，理性获得了整个人类的顶礼膜拜，它控制着人类在所有领域的活动。人们认为，只有理性方可以准确把握事物的本质，而感性知识和经验是散在的、主观的、不确定的，因而也是微不足道的、不可信的。可以说现代社会以来，理性对非理性因素的排斥与压抑已经达到了前所未有的紧张状态，人们的感性认识和经验遭到强大的拒斥和贬低。"在理性与感性的对立中，如同在哲学发展中展现出来一样，感性日益具有人的低下的、卑劣的官能特征，它是一个真假是非依赖于感官的王国，是阴暗的混沌的本能领域。"[32]也就是说，理性主义的形成恰恰是以离弃人的感性的个人生存为前提的，是对感性生活的彻底抛弃。在现代社会，理性主义几乎统御了人类生活的每一个片段，教育自然也难以逃避被理性化的命运。

当理性主义成为教育的支配力量时，教育便以追求科学知识和真理为终极目的，教育的任务常常定位在教给学生客观的知识、真理和规律，以说教、布道的方式宣扬"真理"，并要求人无条件地接受。教育拒斥贬低人的感性认识和经验，不允许质询与怀疑。教育是由各种各样的规则、秩序、规范构成的世界，无所不在的规范和制度只是为了确保儿童按照教育设定的方式发展。教育不再是人性的表达，它不关心人的心理感受和情感体验，而更多地是在表达着技术、制度和规则。教育否定了人的各种可能生活，而仅仅允许人去过一种生活——科学的、理性的成人生活。教育变成了可以筹划的、确定不变的线性活动，遮蔽了各种教育变化的可能性，其中的人变成了理性的奴隶。教育对理性与确定性的过分追求，可从一份小学生考卷中窥得一斑：

1. 一个春天的夜晚，一个久别家乡的人，望着皎洁的月光不禁思念起

了故乡，于是吟起了一首诗：_____，_____。

这名小学生给出的答案是：举头望明月，低头思故乡。但后面是一大大的×。

标准答案是：春风又绿江南岸，明月何时照我还。

思念故乡，一千个人可以吟一千句不一样的诗，这个也可以有标准答案吗？

2.《匆匆》这篇课文是现代著名作家朱自清先生写的，同学们都很喜欢这篇散文，你能把自己最喜欢、印象最深刻的一句写下来吗？

这名小学生给出的答案：我的日子滴在时间的流里，没有声音，也没有影子。后面一把大大的×。

标准答案竟然是：但是，聪明的，你告诉我，我们的日子为什么一去不复返呢？

3. 请用一句话说明"π"的含义。

这位小学生回答的是：π的含义是圆周率。竟然打的是把X。

标准答案是：π是一个在数学及物理学领域普遍存在的数学常数。

多么奇怪的"标准答案"啊！一篇文章对于不同的人来说，可能经由不同的语言获得启发。难道连学生最喜欢的一句话也要作出规定吗？为什么"我的日子滴在时间的流里，没有声音，也没有影子"学生就不能喜欢，而一定要喜欢"但是，聪明的，你告诉我，我们的日子为什么一去不复返呢"？教育对确定性的过分追求，宰制了人自由思维的能力，湮灭了人的自主和创新意识，摈弃了人的主观意识和感受，难免会有那么多的学生想方设法逃离教育。

"高度程序化的现代性极其危险之处就在于用非惩罚性的方式（所以不太令人反感）去对人进行重新生产，把人标准化，使人变成产品，从而剥夺创造权而阻止自由真正成为现实。"[33]高度客观化、标准化的教育使一切都变得确定，失去了任何选择和变化的空间。教育生活被简单化为记忆活动，缺少愉快感，成了与幸福、快乐无关的活动，主体的思想不断遭到排斥，最终使人形成了"呆滞的思想"——"思想仅为大脑所接受却不加以利用，或不进行检验，或没有与其他新颖的思想有机地融为一体"[34]。

然而，儿童认识世界的方式恰恰是依赖直观的感性认识和体验的，儿童的生活也是丰富多彩的，他们对世界有着自己独特的解读方式。被理性主义主宰的教育偏偏忽视未成年人心理发展的阶段性特征，而给教育定型为一种固定化的、确定的样式。教育专注于向人传授确定不移的事实和"真理",而抛却了其背后隐藏的更深层的东西,那就是事物的价值和意义,漠视人对知识的感受和理解,也淡化了自主性的形成和创新意识的萌生。

这种教育与人的素质的全面发展相背离,使教育变成了冷硬无声、僵死沉闷的世界,一个量的世界,一个技术的世界,一个服从机械生产规律、生物进化规律、植物生长规律的世界,而失去了教育内在的丰富性与完整性。教育变成被理性主义充斥和支配的活动,而人的感性特征被排斥在教育之外。这种理性的迷狂是教育和人的发展中的异化状态,科学理性的无限度发展侵犯了教育中人的情感和价值领域,最终导致了"本真之我"的丢失,使人失去了自由自在的教育世界。

(四)对片面化教育目标的执著,造就了大量的单面人

在功利主义教育理念的统御下,教育目标逐渐走向片面化。"知识被扩张为人性的全部,人性中的其他部分,如伦理道德、审美情操等等则都被虚无化。"[35]

教育被窄化为知识的传授,这在教育的发展历史中有明显的印记。最早的教育学著作《大教学论》的宗旨是"阐述把一切事物都教给人类的全部艺术";布鲁纳、赞科夫、斯金纳追求的都是让学生在更短的时间内更好地掌握更多的知识,受教育者被当做接受知识的容器,是忠实的观摩者,教育者则被看做教育的技术人员;而赫尔巴特的"三中心"也是为了便于管理,使学生高效率地接受知识。

知识在人的发展中自然是非常重要的,这毋庸置疑。但是,当我们的教育就只剩下知识灌输的时候,它就出现了问题。教育中无休无止的补课、无穷尽的灌输式教学、无意义的全封闭管理……其目的无非是使校园生活的每一分钟都为提高成绩服务。人掌握知识为了什么,在不被教育指挥的情况下自己如何获得知识,诸如此类更为重要的问题教育却丝毫不对学生提及。以接受现成知识为主要取向的教学活动严重阻碍了创新意识的生发,甚至于人在受了多年的教育之后,却不知道如何学习,变成了有知识的功能性文盲,以至于有学者认为"现代教育失去了精神的培育性,越来越成为一种处置人、算计人的手段,它只是造就人的物性、扩张人作为物和工具的性能,使人更多地物性地面对世界,技术性地对待、处理生活和生活世界"[36]。

多少年来,应试教育的每一个细节只服务于一个目标——升学率。教育失去了丰富性、连续性和整体性,只关注人的外在行为而漠视人的内心世

界，只关注分数和升学率而忽视教育主体的校园生活感受和生活质量。教育将生活在其中的人看做一个被动的生命体，并且习惯于以上帝一般的口气为人制定各种法则和规范，人在教育中丧失了应有的地位，被放逐或自我放逐，成为各种计划和规则的被动执行者。在教育中，人的需要常常被片面化，甚至被扭曲、压抑、排斥和否定，并以异化的需要——成绩来作为教育活动运行的目标。

在教育这个"教人做人"的领域，我们却经常可以发现各种和人性相背的观念和做法，在相当程度上并不按"人的方式"来实施教育。教育排除了人的情感和价值判断，否定生命世界的丰富性与超越性，除了分数和考试竞争之外，其他一切诸如人的需要、尊严、独立意识等都被视为无关紧要的。人在教育中常常处于被漠视、被贬损甚至被遗忘的境地。这具体表现为：在日常教学活动中，教育对人缺乏足够的尊重，冷暴力甚至变相体罚仍然大量存在，课堂中教师的不文明用语和黑色批评在逐渐吞噬着人的自主与自尊；教育中充满围绕竞争和升学而进行的恶性淘汰式竞争，充满了言语暴力与话语专制；……片面化的教育目标造就了大量单面人，这些人某一方面的素质得到了单一的发展，而不能全面地占有自己的本质，不能完成对宇宙对人生的正确理解。

技术化、功利化、理性化、片面化都是教育异化的外在表征。教育中充满了对立：师生对立，二者之间呈现单纯的管束与被管束的关系；生生对立，主要表现形式是各种人为的比较与竞争；人与教育体制的对立，主要表现为教育主体对教育或积极或消极的抵抗。

在这种异化的教育活动中，人在教育中的生存处境空前恶化。这主要体现为人在教育中失去了本真的存在形式，陷入了被动生存、伦理生存、工具生存、角色生存、消极生存等异化的生存态势。这些现象以极大的说服力表现出教育本身的不完善。

二、陷入异化的教育主体：人的教育危机

当我们的学校像监狱，像工厂，像教管所，却唯独不像育人场所的时候，异化的教育就产生了。从长远来看，异化的教育最直接的后果便是对人的素质全面发展产生消极影响，进而对一个民族的精神、整体人格及未来发展产生影响；从当下来看，异化的教育对人的校园生活质量产生着不可估量

的消极影响，钝化着人的教育感受，恶化着人的教育生存状态。

（一）被动生存：无热情、无激情

被动生存主要表现为教育主体在日常教育生活中承受沉重的身心负荷，失去了自由发展的空间，失去了对学校生活的热爱，毫无生机地存在于教育世界。教育应然地包含个体的生活和幸福，但工具理性的泛滥和教育的功利性追求最终使教育变成了一个非人的世界，对生活于其中的人而言失去了趣味性和吸引力。人的终极目标是追求一种生活上的幸福，但以应试为中心的教育使人离幸福的目标越来越远。教育是人类自由得以实现的重要手段，但在现实中，作为手段的教育往往与人的素质发展这一目的相脱离，甚至反过来去践踏人的尊严，遏制人的自由本性的发挥。在现实中，教育对人及人的需要无疑采取了一种漠然甚至敌视的态度，教育将人作为事实和对象，不再与人的生活、生命相关。现实中存在着以教育的名义堂而皇之地安装摄像头监视学生的行为，揭发学生的隐私，践踏学生的尊严，最后还美其名曰：这都是为你们好！不良教育也体现为对学生的心理摧残，最具代表性的是课堂语言暴力现象。2006年北京青少年法律援助与研究中心对近30所中小学校的学生进行问卷调查，发现"72%的初中生认为教师的不文明语言对其造成了心理伤害"[38]，谩骂、体罚、交易等种种反教学现象充斥着当下的教育活动。有的学校甚至提出"部队式管理，监狱式生活"的办学宗旨，这种违逆人性的教育，使人失去了自主性，就只剩下人的躯壳，听任于外部力量的摆布。

不良的教育引起的后果是严重的：由教育因素导致儿童身心健康状况不容乐观，肥胖症、近视、神经衰弱、身心透支、情感麻木以及由睡眠不足导致的精神不集中大量存在。另外，由于沉重的教育负荷，各种心理问题不断在受教育者这一群体中出现，并且有不断加剧的趋势。据调查，10%左右的学生认为自己存在不同程度的学习困难，这些孩子智力正常，但学业成绩不良。[39]也有不少学生感染了"文字恐惧症"① 对无声的文字产生恐惧的情

---

① "文字恐惧症"是近年来引起人们普遍关注的教育问题之一。"文字恐惧症"是一种致命的阅读动机的衰竭。由于强烈的避免阅读的动机压倒了成功阅读的动机，阅读活动丧失了内部动因，转而单纯由外部力量压迫驱动，导致焦虑，注意力涣散，本应美妙的精神漫游完全变做一种难熬的苦役。"文字恐惧症"并非缘自先天的机能缺陷，恰恰相反，它是"被教育"的产物，是长期以自说自话的教师为中心的语文教学催生的异化恶果。参见："被教育"使中学生感染"文字恐惧症"[N].中国教育报，2004-02-12（5）.

感看起来使人难以置信,这是人"被教育"的结果。其原因在于阅读等学习活动失去了内部动因,不完全或完全不出于儿童的主观意愿,而是单纯地由外部力量驱使,致使儿童在阅读过程中充满焦虑,精神涣散,学习也变成了一种难熬的苦役。

繁重的灌输与训练损害了教育的吸引力,补课和做不完的作业侵占了假期和闲暇,教育成了令人望而生畏的力量。于是,开学焦虑症成了当今青少年的流行病,面对即将开始的校园生活,有的青少年开始莫名其妙地情绪低落、心慌意乱、发怒、哭闹等,甚至有的青少年由于对即将开始的校园生活或师生关系的恐惧和焦虑,还出现头痛失眠、肠胃功能紊乱、腹痛等较为严重的生理症状。异化的教育使得校园成为一个令人恐惧的场所,受教育者对教育生活失去了生机和热情,甚至心生畏惧,但又不得不例行公事般地接受教育的熏陶与劝诫。在这样的情势下,教育又如何实现人的素质的全面发展?

当然,在异化的教育形式下,教师的生存状况也不容乐观,根据作者对新课程改革背景下教师的职业压力状况所作的一次调查显示,有些教师要承担的教学任务就包括如下各项:教案、简笔画、钢笔字、好人好事记录、业务学习笔记、自学笔记、班队会记录、家访记录、学生行为规范记录、差生转化记录、特长生培养记录、学困生辅导记录等,另外还要批改作业,撰写论文。这些工作压力无可避免地波及教师的家庭生活,对教师的家庭生活也造成了影响。但他们又表示无奈,认为这是从事教师职业所必须作出的"牺牲"。异化的教育不仅使人的主体性受到窒息和压抑,更严重的是它危害了个体的灵魂,造成了灵魂的苍白与贫乏,并且使人的心灵和行为处于无序状态,结果使教育失去了感召力和吸引力。学生的厌学和教师的职业倦怠,过重的课业和职业负担,枯燥的学习和教学方式……这一切使学校成了缺乏人情味的场所。对于教育,教师和学生都处于疲于应付的状态,失去了参与教育生活的热情与积极性。被工具理性支配的教育正在侵蚀着教育主体的身心健康,使人在教育中失去了积极向上的精神力量,陷入被动生存。

(二)角色生存:无自由、无自我

角色(Role)一词,原为戏剧用语,意指舞台上的演员根据剧本规定扮演某一特定人物。美国社会心理学家 G. H. 米德根据现实生活中围绕一个人的社会地位形成的权利义务和行为规范的情形,把该词引申到社会学领域使用,其义指人处于一定社会地位所具有的一套权利义务、行为规范和行为期待。[40]角色生存是教育主体将教学行为看做一种角色扮演和表演的过程，失去了教育活动的本真状态；亦指教育主体受与所处环境相关的外在道德律令的限制，丢失了自由独立的主体意识与品格，难以达到内心的自由。

"世上有许多人，你可以说他是随便什么东西，如是一种职业、一种身份、一个角色，唯独不是他自己。如果一个人总是按照别人的意见生活，没有自己的独立思考，总是为外在的事务忙碌，没有自己的内心生活，那么说他不是他自己就一点也没冤枉他。因为确确实实，从他的头脑到他的心灵，你在其中已经找不到丝毫真正属于他自己的东西了，他只是别人的某个影子和干某件事的一架机器罢了。"（周国平. 拥有"自我". 做人与处世，2006（2）.）

以教师群体为例，长期以来教育奉行的伦理观认为：师者，不仅是先知先觉，还应该是人之模范，他不仅能够有效地向学生传授知识，更应该为学生做道德行为的榜样，以指导孩子怎么做人；我们常常用"蜡烛"来表征教师应当具有的职业牺牲精神，用"园丁"来隐喻教师谨慎、勤劳的专业形象。这些对教师职业的认定倾向于强调教师的职业牺牲精神，教师以促进每一名学生的健康发展为天职。学生也每时每刻都生活在社会及学校关于"好学生"的认定之中：尊敬老师，无条件遵守学校的纪律和规范，无条件接受学校的制度安排……人的本质在于自由，"自由是'真正的人'的条件，丧失了自由，就失去了人性的外观。只有获得了自由的人，才能使自己作为个性的个人确立下来。自由是人的特性"[41]。在与所扮演角色相关的伦理压力下，教育主体承受着教育和社会的双重积压与形塑，他们循规蹈矩、小心翼翼地栖息于教育战场。现实中各种公开课、教学大奖赛、表演使教育活动失去了自然的状态，而成为精心设计的演出。课堂中标准化和机械化了的情绪、态度、语言、姿势使人丧失了主体性，与机器无异。教育生活成了一种角色表演，而不是发自内心的对教育的忠诚与热爱。教育不再是人的生命成长过程，校园也不再是人的生活空间，而成为迎合角色要求和社会希冀的场所。

某校一名初一新生，上晚自习前在宿舍停留的时间稍长了一点，宿舍的楼道大门已关。该学生大声呼叫生活老师为其开门，但无人应答。眼看上晚自习的时间就要到了，铁的纪律逼迫他铤而走险：从三楼窗户往下面的小树上跳，结果腿和脊椎骨被摔断，摔成重伤。事后，家长却出奇地"理解"、"配合"学校，既没有向校外尤其是媒体声张消息，也没提出高额的赔偿金，只是要求学校除负责儿子的治疗外，它能够让老师辅导其儿子被耽误的课程并能继续在该校读书。(万涛. 教育之异化与异化之教育. http://hi.baidu.com/caomaoyaya/blog/item/9ba46581848748 d8bc3e1ecc. html 2006-11-16.)

异化的教育非但没让人成为他自己，而且通过各种制度和规范压抑了人的自主意识。面对教育规定和校园制度，他们心存恐惧，丧失了最基本的质疑与判断的能力，甚至不惜以安全作为赌注。受教育者经过教育的规训成为各种教育规章的忠实执行者，是教育的顺民，却唯独不是他自己。

（三）工具生存：无情感、无感动

近现代以来，随着生产力的迅猛发展，理性逐渐被技术化，形成了所谓的技术理性，它逐渐取得了对现代社会的控制权，其进一步发展的结果便是人类赢得了整个世界，却丧失了部分人性特征，这对人类的发展来说绝对不是一个福音。人是一种意义性的存在，需要精神生活，需要文化世界。但与之形成鲜明对照的是，现代人已被高度异化，人的工具性人格日益突出，导致人与其内心情感世界的疏离，变成了无情感、无感动的内心麻木的人。

人在教育中的工具生存的最主要表现即是个体与其身处其中的教育活动相疏离，在教育中难以找到生活乐趣，拒绝思考事物背后的价值与意义，教育的意义与价值都被遮蔽和遗忘。对于受教育者来说，他们承载着家长的期望与社会的要求，而美好的生活以及体面的职业全都系于自己在教育活动中的成绩和表现，于是他们常常承载着巨大的身心负荷，在教育中丧失了应有主体地位和创造精神，丧失了愉悦的情感，甚至不再会为某个生活细节感动，沦为了学习的工具和奴隶。而教师也陷入了工具性的生存态势，为教育而生，为教育而存在，小心地栖居于学校的教育现场，过着一种规范、狭隘、重复的生活。他们把全部的生活意义都指向升学率的提升，指向一种工具性生存态势。这种教育存在方式遮蔽了个体本真的生存状态，教育主体只注重对教育生活的理智规范，只关注分数和升学率，只要与提高成绩相关的都是正确的、有意义的，教育中丢失了爱和感动，人的内心不再思考人生意义和生活价值。久而久之，生活在教育之中的人对周围的世界不再产生感动，不再对周围的世界心存敬畏，对周围发生的不幸也失去了同情的能力。作者曾有这样的经历，受单位委托，于2009年5月份带领所在学院三年级的学生到一所重点中学教育见习，时间为一周。12日那天，学校组织各个班级进行"五一二"默哀，对在地震中逝去的人们进行哀悼和缅怀。然而，短短三分钟时间，说话声、打闹声始终未曾间断。有的学生甚至在默哀过程中,坐在凳子上发呆,谁也不知道此时此刻他头脑中在想什么……

然而,教育的过程不是合理技术的应用,而是在复杂的情境中进行生命之间的交流、对话与感动,被工具化了的人失去了不断进行思考、判断与选择的能力,陷入了工具化的生存态势。

(四)消极生存:无希望、无超越

如果说被动生存还是一种无奈的生存选择的话,那么消极生存则是主体出于各种原因在教育中丧失了积极生活的愿望,多是由于教育主体对学校的某些教育做法不认同,或出于其他原因,而导致在态度、心理和行为上对改革充满隐性的排斥与抗拒。消极生存的表现之一是教育主体对教育教学活动的倦怠心理。从人的经验角度来看,永远"例行公事"是不可容忍的生命体验,周而复始的重复劳动使人产生了对校园生活的厌倦心理。这样一来,"人本身的活动对人来说就成为一种异己的、与他对立的力量,这种力量驱使着人,而不是人驾驭着这种力量"[42]。这直接导致教育主体陷入了得过且过的消极生存态势。教育应该成为感化人、成就人的场所,而教育主体的倦怠感正在悄悄地侵吞着人在教育生活中的热情,钝化着人对教育活动与细节的感受,湮灭了人对生活的丰富性的渴望。教育不仅没有成为促进人生命实现的力量,反而成了束缚人成长的因素。

人在教育中消极生存的另一表现是:生活于教育中的主体将教育活动常识化、经验化,使教学生活体现出重复性、简单化倾向。对于教师来说,经验化的教学行为已经成为渗透到骨子里的行为方式,大家习以为常而不自知,形成了"集体无意识",逐渐失去创造、反思、批判的特征而蜕变为自在的日常生活。对于学生来说,教育仅仅是完成一项家长和社会所强加的"差事",而无法从内心深处实现对教育活动的认同,缺少参与教育活动的热情。人完全生活在一个物化的世界里,教育对人的生活也是一种限制,人以缺席的状态、不在场的状态或者说纯粹旁观者的身份生存于教育之中。

泰勒(Taylor C.)在《现代性之隐忧》一书中谈到了关于现代性的三个隐忧:"第一个担心是关于我们可以称做意义的丧失、道德视野的褪色的东西。第二个涉及在工具理性猖獗面前目的的晦暗。第三个是关于自由的丧失。"[43]这在一定程度上反映了现代社会为人的发展带来的障蔽。在科学中心主义的引领下,教育正以自己的方式承担着现代性的代价,而不良教育具有很大的后续性影响,因为"一个教育失败的社会,所失败的将不仅仅是教育"[44]，教育中的技术主义、工具主义、工具理性主义使人逐渐失去了应有的位置。这最终使学校生活失去了吸引力，迫使人逃离教育现场。教育也受到了各种各样的批评——藩篱、牢笼、自由人的屠宰场……"人"之逃匿所造成的后果引起了广泛的关注和焦虑。

简言之，功利主义教育在现代社会中呈现出全方位的危相：

教育被视为外在于人的、与人无关的"科学活动"，认为人的生活、自由、个性等问题没有什么意义，因此予以闲置。

教育中无所不在的纪律和规范将人压迫得渺小而微不足道，它不关心人的体验和感受，只鼓励人要顺从、附和。

教育在人的周围铸造起围墙，人被局限在某个空间里。教育切断了人与外部世界的联系，切断了人与他人的沟通与对话，也切断了人通往自己心灵的道路。

教育不再是人性的表达，更多地是在表达着技术、制度和规则，整体生活和整体的人恰恰是被现代教育遗忘的东西。教育这种制度化或集体化的力量所给予个体生活的空间越来越小，制度空间大幅度侵占和挤压了人的生活空间。

教育否定人的各种可能生活，而仅仅允许他过一种生活——那就是成人为他们设定的生活，所有的教育活动都指向一个目的，那就是训练教育对象合乎成人的憧憬。

可以说，很长一段时间里，教育与人的存在及人的生活实现了分离，变成了一个冷硬无声的世界，一个僵死沉闷的场所，令人望而生畏。人只是教育活动的附庸，他的情感和感受教育无暇顾及，也不屑顾及，因为这些对于教育来说并不重要。这样生冷的、缺乏爱的教育对人来说几乎丧失了任何吸引力，学校教育成了令人望而生畏的苦差事。这样教育的结果便是：

人的思想干枯、空洞，人失去了对生活的感受力，在教育中只能形成对世界和生活的片面理解，已经不再追问深刻的意义问题，情愿在精神上过一种简陋的生活。

人放弃了对美好生活和人生意义的寻求，失去了本应具有的自主性，而成为某种被决定、被操纵的东西，标准化、规范化、无个性、屈服成为现代人的人格特征。

人在教育中处于生命的抑制状态，没有拒绝甚至质疑的权利，只能接受教育强加的内容、规范。

值得说明的是，这一阶段的教育表现与社会发展的大背景是一致的，教育作为社会的子系统，自然难以避免地受到社会的规约与影响。人类社会进入工业社会，理性、科学、规律取代了宗教神性，成为支配人类社会发展的主要力量。技术化、功利化的教育，其罪过并不能完全归罪于教育本身，而是其背后的社会发展规律在起作用，如异化的社会发展阶段一样，是教育发展难以逾越的历史阶段。教育本身不是一个单独的、与其他领域无涉的系统，它与社会各领域息息相关，相互影响。从此种意义上讲，一方面，远离人性基础的教育是特定的社会历史发展阶段的必然产物，另一方面，它也是对教育价值导向的误认所导致的。

哪里有危险，哪里就有被救渡的希望。一定阶段的教育总会具有这样或那样的局限性，当局限性暴露得越来越充分的时候就需要变革。在一定意义上，正是陷入泥淖的教育现实为生活世界话语的引入提供了可能的语境。

三、价值观的变迁：教育的拯救之途

如果一种教育不利于或无助于人去实现好的生活的话，这种教育无论如何都是失败的。因为教育面对的是现实的关系、现实的人，好的教育必须从根本上为人的发展和人的生活着想，最大限度地契合于人的本性和生活本性。与生活相联系的教育才可能是好的教育，教育与生活应互为条件，互相生成意义。

任何一种理论的兴起不仅有其理论逻辑，并且还有其现实动因。一种思想的流行，必须依赖一定的社会条件。从根本上说，理论的出现都是时代的产物。"生活世界"这一词汇在教育中的出现与彰显暗示了教育理念的变迁。

长期以来，"人类在改造世界的同时忽略了人类自身的改造与控制，忽视了人类的身心健康与和谐发展，忽视了人类精神的提升与净化，忽视了人之为人的尊严、权利、价值和生活，使人在一定程度上成了'非人'的动物"[45]。另外，由于我们的民族文化的影响，教育的一个显著特点就是重管理，重规章制度，而轻个体的自主性和创造性。在教育中，人的发展被安排得井井有条。这致使教育主体在很长一段时间内自主性缺失，生命成长意识淡薄。

自20世纪70年代后，工具理性的纲领地位经常被后现代主义取代，工具理性的现代性观念受到当代人本化等后现代潮流的冲击，一些学者如尼

采、狄尔泰、海德格尔等开始了对科学主义的反叛。受其影响，80年代开始的人本主义教育思潮对传统教育对人主体性的扼杀提出质疑，呼唤教育中人的回归。这在教育上激起了新的主体性回归的思潮，各国相继出现了一些相关的教育运动，在实践的层面上呼唤人的全面自由发展，认为教育的目的在于使人们的心灵获得自由发展。这种教育思想对教育的工具价值进行了修正，强调教育的个体价值，把人的发展（这里的"人"即是指所有的教育主体，不仅包括学生，还包括教师）放在教育的首位。虽然人本主义教育思潮有很大的理论缺陷，它无视人的历史性、社会性，其视野中的人并不是处在现实生活中的、独立的、鲜活的个人，而是抽象的符号指称，过分夸大了人的自主性与能动性，过分强调了非理性因素在人的发展中的作用，而无视科学知识在推动人的发展中扮演的重要角色等，但人本主义教育思潮所提倡的人是万物的尺度、个人的价值和尊严不可侵犯及人的自主与自由等观点对我国教育发展提供了启示，它与马克思的人的全面发展学说对我国素质教育的发端产生了直接的推助作用。

在漫长的现代化进程中，每一历史时期都有它需要突出解决的主要问题。在现代化的初期，各国首先要应对推动生产力发展的直接因素——科学知识与科技人才，教育作为社会发展的直接的推动力量，自然承担了传授科学知识与储备科学人才的职责。而随着生产力的进一步发展与观念的解放，人们发现生产力的发展最终未给人类带来福音，物质的增加并没有必然带来幸福的增长，相反技术获得了终极价值，实现着对人类的统治。于是消除异化，重置人在社会发展中的主体地位是当下我国社会需要着力解决的问题。教育在消除异化，实现人的主体地位的复归中扮演着重要的角色。可以看出，在社会发展历程中，科学与生活、人与物、理性与感性、共性与个性、一元与多元等因素的地位和作用不是恒定的，而是变动不居的，其中有些因素逐渐走向衰落，有些因素则逐渐被重视并且不断发展壮大，有些因素暂且退向幕后，如共性、一元、本质等，有些因素则被推到前台，如在现代化的初期被压抑的生命、多元性、个体性和异质性等。[46]

在这个特定的历史发展阶段，受国际理论学说的影响，教育在反思和重置人的地位之后，人在教育中逐渐作出了返归自身的努力。人们逐渐认识到"靠驯服是达不到教育的目的的"[47]，于是，素质教育调整了教育的发展路向，与之相伴随的是"赏识教育"、"成功教育"、"尊重的教育"等一系列教育理念，为我们呈现了教育界的繁荣景象和教育价值观的变迁，这些教育主张唤醒了人在教育中的中心和主体地位,这些鉴赏和维护生命的教育理念开启了教育学当代建构的新路向;教育理念、教育过程、教育内容以及知识的呈现方式都比较充分地体现了对人的现实关怀与终极关切;教育活动中的"交流"、"理解"、"对话"使人在教育中逐渐复活;……这些都彰显了教育工作者理论思维能力的进步与提升。这种背景派生了诸如"生命—实践教育学派"、"现代人本主义教育思潮"等教育潮流,并逐渐担当了教育发展的理念基础。这些思潮虽然在具体的理论主张上有一些差异,但其总体趋向是一致的,那就是开始了对教育存在方式的反省。这种内在的反省与体悟一方面恢复了人在教育中的主体地位,另一方面又强化了人的自由、个性和平等的发展权利。它们主张尊重人的价值、尊严、生命和发展的权利,将生命提升作为教育的终极职责。这些思潮强调教育的公平与平等参与,突出个性、主体性和自我意识,关注异化的消除与具体个人的全面发展。我们可以用如下几个词汇来概括当下流行的新的教育倾向:"生命"、"生长"、"生成"、"生存"、"生活",这些教育理念昭显了人的立场并敞开了教育的人性化轨道。

(一) 强调对生命的自觉与理解

在"教育是什么"的问题上,答案莫衷一是。教育是生产力,教育是上层建筑,教育是由教育对象和教育内容组成的社会实践活动,教育是促进人的社会化的过程,教育是培养人的社会活动,教育是传递知识的活动,教育是产业①……在当今时代,人的主体性空前张扬,随着主体的张扬和个体意识的觉醒,任何对人的主体性和自由意志的压抑都被视为罪恶,于是又产生了一些对教育的新诠释,"在一定意义上,教育是直面人的生命,通过人的生命,为了人的生命质量的提高而进行的社会活动,是以人为本的社会中最体现生命关怀的一种事业"[48]。因为每个个体都是一个个鲜活的生命,人的一生可以看做生命不断成长与更新的过程,因此对生命的关怀是教育活动存在和发展的基础和前提条件。建立在生命理论基础上的教育观着眼于教育如何发掘、增值、提升生命的能量这一层面来理解教育活动,确定教育目的。在生命意义上可以说,教育是守护和提升生命质量与意义的活动,教育的目

---

① 当前存在着多种教育本质观,不同的学者站在不同的角度提出了精神生产说、上层建筑说、生产力说、社会实践活动说、培养说、知识传授说、社会化说等观点,并且新的观点与主张还在不断涌现。参见:郑金洲. 教育本质研究十七年 [J]. 上海高教研究,1996,3: 19—24.

的是遵循生命发展的内在规律，符合人的生命需要，最终使生命持续不断地生长，提升生命的意义。在教育途径上，主张通过课堂教学改革和班级建设等手段，通过改变学校日常生活活动来改变人，改变人在教育中的生存方式，以使人在学校中获得精神生命发展的自主权。在生命的视野之下衡量教育的标准也发生了变化，"一种教育活动是否合理，基本的尺度是看它有没有体现对生命的尊重和关爱，有没有使每个身处教育世界中的生命都焕发了生命活力，有没有使生命的能量通过这样的教育得到了增殖、提升和扩展"[49]。正因为教育直面人的生命，因此应当是一种审慎的活动。

近现代以来，理性的迷狂使人的个体生命被压抑，变得微不足道。而生命教育是在反思工具化教育的基础上日渐凸显出来的，它以生命的视角透视教育，凸显教育的生命意识；它关注的是人的生命存在，关注人在教育中的生存境遇；生命教育理念赋予了人的生命以存在论的意义，把人的生命存在看做世界的本原，将人的生命成长看做教育的对象与中心问题。在生命理论的感召下，越来越多的教育工作者开始重新思考学校教育对人的生命成长的价值，将人的生命看做教育的基石，他们呼唤教育对个体生命的重视，召唤对生命的本真感受，主张人在教育中获取一种主动的生存方式。这些思考开启了关怀生命的思想向度，开启了当代中国学校教育的新价值。

生命教育是一种教育工作者对理想教育的预设与追求。应当说明的是，在社会现实中，人们之所以要教育，除了看到教育对提升自身素质的作用外，主要是看到它能给人以生存所需要的本领，因此教育应当体现对生命的尊重与关爱，也应该承认并积极承担其工具价值，给人以生存的本领与技能。

（二）强调对人的教育生存状况的体认与关注

对于"生存"一词，各个领域的学者站在不同的角度对其进行过阐释。生物学家从生命存在与延续的角度将生存理解为人的基本生理需要的满足，即衣、食、住、行等需要的满足。从社会学角度看，生存是人类社会基于亲合基础上，通过自身的社会生产与社会交往，满足自身各种基本需求的一种行为，它是指人在自身生存活动中表现出来的形式与状况。（刘晓东，2002）从一般意义上讲，生存状态是对人的生存质量的描述，它指涉的内容很多，可简单划分为物质生活水平和精神生活质量两项内容。生存状态既可以用来描述个体的生存质量，也可以是某一群体的生存状况。本文中的生存状态是指在特定的历史文化背景下人所处的物质精神环境，它关涉到物质生活水平和精神愉悦程度两个向度。可以看出，对人的生存状态的判断在坚持客观原则的同时，也应该承认一个群体的生存状态的优劣在一定程度上是由其生存感受和生存体验来决定的。个体的生存首先要具备一定的物质前提，但高质量物质生活水平并不是优良的生存状态的必要条件。因为人是会思想的动物，心理平衡、情感充实、安全感、归属感、职业活动的满意度等都直接影响人的生存质量，也是优化生存状态的重要因素。

不关注人的发展和生存境遇的教育是缺乏生命力与关爱的教育。因此，在当下的教育中，人的生存状态呈现何种图景？如何提升人在教育中的生存状态？这应是当下教育改革应当予以高度关注的问题。

可以说，"生存状态"这一词汇彰显了教育理念的变迁。在以往的教育中，我们常常不去了解人，人的需要和自由本性经常被忽视和贬抑，为此，教育曾经走入了很多误区；正因为教育没有眷顾到人的需要，学生的抗教育、反教育现象才不断出现，阻断了教育通向人的心灵的道路；正因为教育没有体现对人的生存状态的关怀，在相当长的时期内教育主体的精神生活才受到压抑，工作和学习负担繁重，这背离了人的全面发展的目标，也成为教育质量进一步提升的阻碍；正因为抹杀人、敌视人的教育行为大量存在，教育主体的生存压力增大，引发了很多心理问题；……如此强劲的教育力量全面地驯服了生活于其中的人，有效地遏制了主体的形成，人变得封闭，失去个性、自由和创造性。教育中充满了压迫与歧视，"所谓'压迫'，就是使用合法或非法的全力，在人与人的自然关系中制造某种违反正义的状态并予以固定化的持续行为"[50]。巴西著名教育家保罗·弗莱雷（Paulo Freire）对于教育中的压迫现象有过集中论述。他认为凡是与个体成为更完美的人的历史使命相抵制的一切行为均属压迫，而在教育中压迫现象是大量存在的。

教育承担着寻求人性的使命，然而在灌输式教育中，一部分成了压迫者，他通过对生命的完全的、绝对的控制，使生命丧失了一个基本品质——自由。于是有生命的东西变成了无生命的东西，人转变成了物。为了便于统治，压迫者想方设法打消人们的探索欲望，抑制人们永不满足的精神，抹杀人们的创造力，而这些正是生命的特征。于是，教师与学生变成了讲解人与倾听客体的关系，教育变成了非人性化的工具。

教育中曾经普遍存在的压迫行为为人的生存也带来了灾难，被动生存、伦理生存、工具生存、角色生存、消极生存等异化的生存态势在教育中大量存在，人在教育中逐渐消逝，人被限定，教育使人不再是真理的求索者，不再是孜孜不倦的思想者，他们的灵魂已经进入缄默状态，一种精神贫乏的状态，最终导致了主体性的迷失。

歧视产生压迫，而反抗源于自由的贫瘠。在教育界，随着个体意识的觉醒及生命、主体等观念的复活，学生的抗教育行为不断出现。其中一些反抗行为是非理性的，有的学生甚至不惜牺牲生命来逃离教育生活。这些问题和现象将教育推进了反思的洪流，使我们逐渐认识到：良好的教育首先应该明晰教育活动主体的生存境遇和发展现状，并与之保持最大限度的和谐，以便使教育的发展获得更多的理论资源和现实动力。"还我青春，还我童年"的呼声以及不断的反教育、抗教育的现实，迫使教育对自身的存在方式作出反省，对教育主体的生存状态加以关注。

马克思在谈到人类解放的问题时指出，任何一种解放都是把人的世界和人的关系还给人自己。在声势浩大的主体性复活背景下，理论领域也掀起了人的研究热潮，他们关怀人的生存状况及人的自由、尊严和幸福，倡导平等、尊重等科学的教育观念，认为人性、人的尊严及价值将是21世纪的教育旗帜。新课程改革顺应历史形势，将人的生存状态和发展现状的提升与优化置于重要的地位，提出教育要面向儿童的生活世界。这些教育事实和研究成果都体现了对人生存处境的深度忧虑与关注，它们主张弃绝教育对人的生存状态的恶化，表达了教育对人的异化事实的疑虑，也昭示了人在教育中对自由的向往及通向自由的道路。这些思考拓展和加深了对人在教育中的生存状态的体认，揭示了人的现代存在之困境及其因由。对人的生存状态的关注与努力代表了主体性在教育中逐渐开始复归。

（三）强调教育主体的现实性与生成性

在以往的哲学视野中，人是抽象的、本质先定的，上帝和神从人类产生之初就已经确定了他的形象。随着社会的发展和文明程度的提高，人们逐渐对自身的存在和发展状况作出了清晰的认知：人是处在变化中的存在，是不完美、不完善的存在。"人是一个没有完成而且不可能完成的东西，他永远向未来敞开着大门，现在没有，将来也永不会有完整的人。"[51]自然赋予人的不过是一个生命本质，真正的人还需要在现实生活中不断地创造和生成。人处在特定的历史现实中，自身的需要不断产生，并不断寻求需要的满足，这种需要的不断产生与不断满足的过程就是人的现实生成过程。人是不断生成与创造的结果，人的独立性与丰富性都是在现实生活中逐渐生成的特性，而这正充分体现了人的超越本质。

虽然近现代的学者都认可人的生成性，摒弃了本质主义的思维方式，但他们之间还存在着重大的差异。不少学者眼中的人仍然是抽象的指称，他们眼中的人也是一个抽象的、虚幻的形象，而人的生成仅仅被理解为一种抽象的过程。于是，在这些学者的视野中，生成便成为无内容、无指向的抽象活动，这使人的生成失去了确定性，而人的生成也不再有任何限制。马克思对人的生成性作了科学的理解。他认为人的自由与解放是一种历史活动，而不是思想活动。人的生成正是对人自身存在的非完整性的反思，是一种持续不断的超越性追求。现实个人的生成过程是人的内在世界得到丰富与走向全面的过程，它意味着人通过自己的实践逐步获得自由与解放。而异化则是人的生成的中断，异化本身也体现了人的生成的曲折性与渐进性。人的生成是有明确方向的，它以消除人的异化状态为手段和途径，以形成自由全面发展的个人为最终指向。人的生成离不开环境与知识，而教育在人的生成中扮演着重要的角色，"在人的存在和生成中（以人的年龄、教养和素质差别区分），教育环境不可或缺，因为这种环境能影响一个人一生的价值定向和爱的方式的生成"[52]。教育以人的独立、发展和自我实现作为目的。它不仅要确证人的理想状态，而且要关注人的现实生成。具体说来，教育首先要关注人的生存现实，在此基础上给人以超越的力量。教育既要注重知识，又要重视精神，唤醒人本身具有的超越力量，生成和超越是教育追求的两种必不可少的向度。

教育是一种关注人的现实生存状况的活动，而教育中人的发展过程即体现为人的不断生成过程。生成的过程即是人不断地超越生存现状的行为，即人通过与外部教育因素的相互作用，不断突破既有的知识构成与能力框架，获得新的素质内容。从这种意义上讲，教育是通过文化的力量启迪与引导人不断生成的实践活动。

综上，当代社会随着人的主体意识的觉醒，生命、生活、生长等词汇涌入人们的教育视野，"以人为本"、"全面发展"等思想观点极大地激发了教育对异化现象的批判与声讨，为引进生活世界话语提供了初始化语境。

四、后现代理论的助势：生活世界话语的引入

生命、生存、生成、生长、生活蕴涵着对新教育的深切关注与期待，逐渐让人们认识到教育具有多种运行方式的可能，这意味着我们需要一个新的

思考维度来考量教育存在的合理形式。而生活世界的畅行似乎为人们出示了拯救的道路。生活世界是对人的自主性的承认,对教育来说就是拒绝把教育看做与人无关的世界,教育是人的教育,而不是外在于人的活动。生活世界蕴涵着对人的生存境遇的自觉,它的畅行使人们逐渐对于高悬于头颅上方的诸如真理、理性、规律、思想等大字眼失去了信任,转而对教育中的每个小人物及其教育生存状况充满了关切和期许。"生活世界"这一舶来概念充分表征了教育本身就是一种生活形式,具备丰富性、现实性、人本性等特质;教育应当全面关怀教育主体的校园生活,祛除人的异化;教育应当注意与社会生活的关系,实现与社会生活的融通;教育应当学会尊重他人的自由权利,将教育主体看做有尊严的神圣不可侵犯的生命;……这些都体现了生活世界所表征的精神禀赋。生活世界之所以被引入教育领域并引起极大的关注,与我国教育现状有极大的关联。

(一) 教育与生活关系的异化与扭曲

1. 教育超离生活

受科学世界观的影响,自然、人和文化都被变为对象、工具、功能等机能性的东西,进而创造了一个人对自然统治和社会对人的奴役并行不悖的社会[53]。这在教育中有突出表现。教育曾经长期否定人的感性生活的合理性,人的生存的非理性层面被看做不合理的东西而遭到否弃,似乎只有贬低人的肉体生命和生活,才可以真正实现理性。这在教育实践上体现为:教育以说教、布道的形式宣扬真理,要求人无条件地接受;追求知识的客观性、必然性、普遍性,认为知识就是与自在世界的本质相符的认识,而排斥教育主体的主观经验和内心感受;教育磨灭了教育生动的主观性,用外在的律令来支配教育运行,人在教育中是无为的;教育缺乏对个体生命的尊重,充满了压迫与反抗,对生活于其中的人来讲,教育是负担而不是福音,因为它无法导致心灵的幸福;人在教育中变得麻木、迟钝,并且放弃了抵抗,放弃了梦想,成了跟着感觉走的大众常人;教育罔顾人的生存真相,替代人去生活,替人规划生活,设定固定的生活路线;教育对活的人生实行暴力宰制,它使人不再是真理的求索者,不再是孜孜不倦的思想者;……生活世界的退隐和科学在教育中支配地位的确定齐头并进,教育脱离了人,和社会生活终断了联系,逐渐疏离了生活基础,成就了盛大的科学图景。失去了生活向度的教育变成了情感沙漠,教育场域中只有教育事件、教育过程,而无人;只有特定的人,而无普通人;只有群体的视野,而无个体的心灵世界。教育被窄化为智育，不重视生命的内在感觉和内在体验，人失去了丰富细腻的感受，这最终导致了理性与非理性相统一、知情意相统一的完整的人生分裂。

工具理性的无限扩张使教育生活越来越专门化，它已经不再是一种具体的生活方式，而是一味地追求确定性和有效性，并常常以知识替代人的全面发展，逐渐成为了管理人、束缚人的工具。工具理性在教育中的霸权地位的确立使得教育的价值理性被湮灭，以至于人在教育中无法找到自身存在和发展的意义与价值。教育接受科学世界的统御，而排斥生活世界，最终实现了科学世界对教育的独裁。教育与人的日常生活中断了联系，变成了理性设计的产物。在日常教学活动中，教育常常扮演人的拯救者、真理的传播者、社会的推动者的形象，日益超离了其生活形态。教育不再与价值与意义相关，而是纯客观的、独立于人的非生命的活动。

"人的生命活动是寻求和实现'意义'的'生活'活动。"[54]教育对科学的膜拜导致了另一种形式的蒙昧：对人和人的生活世界的背叛所导致的结果就是使教育失去了活力，教育无法指明生活的意义，不能增进人的自由与幸福。教育成为凌驾于生活主体之上的物质性异己力量与精神性异己力量，异己力量本质上是对人的生活自主性与自觉性的压迫，它使人在教育中变得消极并且不由自主。"如果说人自己本身的活动对人来说是一种不由自主的活动，那么，这是因为人自己本身的活动是替别人服务的、受别人支配的、处于别人的强迫和压制之下的活动。"[55]生命不听任摆布，你摆布得越厉害，生命就可能离你越远。当教育沉浸在物的操作和摆布中的时候，生命离教育的现场就会越来越遥远，教育中种种违反人性的现象即是明证。

2. 教育限制生活

在唯科学主义的支配下，教育即使与生活有联系的话，也是主张每个个体都追求一种标准生活。久而久之，人丧失了追求和创造新生活的能力，教育非但不能给人以可能的美好生活，反而限制了人们的生活理想。要说明的是，人不像动物那样完全受遗传因素所决定，像动物那样千篇一律地重复上一代的生活形式，而是向自然界、人类社会及自身进行着不断的探索与发现，永远在憧憬和追求着与以往不同的新的生活方式和内容。这就是人类潜在的创新意识。而创新意识的一个重要表现是"人常常会对自己的环境表现出某种不满，创新意识使人永远不会滞留于眼前的生活状态中，永远不满足于眼前的处境，这是一种不安和渴望，是一种浮士德式的冲动"[56]。但"科学的教育"在对人的理解上没有突出个体的优先地位，省略掉了人性的丰富性，把太多的"可能生活"忽略不计，于是教育总是在劝导每个人去过标准的生活，按照制定的规则生活。教育不注重甚至限制人的创新意识与能力，结果便是以教育限制了生活，剥夺了人对生活的创造性。生活是丰富多彩的，在现实中，我们每个人都在过着不同的生活，并且我们每个人的心目中都在构筑着不同的理想生活图景。（赵汀阳，2005）而教育对生活千篇一律的解读与认定曲解了教育的生活功能，体现了唯科学主义对生命的征服。这种规约非但无助于人对美好生活的获得，反而使人离理想的生活越来越远。这正是教育变得枯燥乏味的缘由。

可以说，生活世界思潮首先肇因于教育实践的策动。在科学主义的统御下，教育活动失去了现实的、具体的性质，而变成了精神化的活动。教育外在于人，独立于人，是一个自我封闭的系统，是一个自存的世界。它着眼于数字、概念、逻辑，漠视个体的生存与生活，对人的幸福麻木不仁。"生活世界"的引入与彰显正是对教育存在方式的反省，它是对脱离人的教育的批判，意味着之前的教育与人的生活产生了隔离，是脱离了人和人的生活的无根的活动，是一种悬在空中的智慧活动。生活世界观点认为教育不是育人的工具，而是人自我完善、生长的生活过程。教育是人的世界，而不是与人无关的活动，作为人的存在方式的教育不能同人相分离。这是对人及其生活在教育中的地位的确认。

（二）"教育回归生活世界"的提出与彰显

生活世界话语的引入除了实践的策动之外，相关学科的助势也起到非常重要的作用，可以说，生活世界的彰显与相关学科的理论变迁紧密地关联在一起。哲学回归生活世界表征了哲学研究从近代的形而上学转变到关注人的现实生存，这种哲学致思方式的改变是近代哲学向现代哲学转变的标志。20世纪70年代左右，胡塞尔所创立的生活世界成为各个学科领域的共享概念。教育是人类改造自然，推进文明的必不可少的活动，是对人类自由本性的守望。随着教育中的主体性和自我意识走向自觉，生命、生存、生成等人本主义思想带出并强化了生活世界的话语契机。在这种教育倾向之下，教育界借用了西方这个时髦的概念——生活世界，并且开始在教育领域大展手脚。受哲学致思方式变化的影响，不少教育工作者由"哲学回归生活世界"推延出"教育研究回归生活世界"、"教育回归生活世界"，企图用生活世界来表征一种不用于以往的教育研究方式、教育观念和教育活动方式。这些均可看做哲学思维方式转变在教育领域内的折射。

另外，生活世界的意趣与后现代精神有着深层的关联性，生活世界应和了反异化、反科技、反理性及强调个体的内心体验的大背景。在教育中，关注人的个性与自由，关注人的生活，关注教育和生活的联系，消除教育异化这些思想倾向，力图通过"生活世界"这一时髦的词汇而获得一种新的表达形式，并且以期引起人们的瞩目，就这一口号提出的动机和意旨来说，它是具有极强的针对性的，其意图在于使人在教育中由被动走向自由，从异化走向自主。可以说，教育回归生活世界的提出是与相关学科的助势分不开的。

除了相关学科的助势，生活世界的引入在一定程度上也是时代主题演绎的结果。单以教育理论与实践为例，过去人们把应试和知识、科学作为教育理想的内容和表现形态，正如现在把生活世界作为拯救教育的基本力量一样，都是由当时特定的生活条件决定的，也是与当下的实践相适应的。可以说，由科学的、工具主义的思维方式导致的人的异化对个人发展并非什么福音，却是特定历史阶段人类必然经历的发展阶段。因为"人的异化，这是人类为自身的发展而必然走的曲折道路，为了族类的发展必然地牺牲一部分人的利益"[57]，体现在教育中，教育"作为一种培养人的社会实践活动，就其理想性而言，它应当是指向自由的，是帮助人扬弃异化的；但就其现实性而言，它又是一定时代的社会的产物，它自身不可能有超越其历史条件的力量"[58]。所以教育的"科学化"在一定程度上可以理解为教育发展历史中的必不可少的异化状态。但随着个人自我意识的充分觉醒，人们逐渐认识到，合理的素质构成必须通过健康的教育去获得，与生活相联系的教育才可能是好的教育，而整体生活和人恰恰是被现代教育遗忘的东西。教育以无所不在的规范和标准制造了一个没有自由的空间，科学无限膨胀到笼罩人和人的生活世界的地步，这对人的素质发展和人性的自由解放是一种灾难。教育中存在的矛盾和问题将教育推进了反思的洪流，也为生活世界话语的引入提供了契机。人们逐渐认识到，如果教育与生活问题失去相关性，就一定缺乏意义。基于如上原因，生活世界思潮自 20 世纪末引入教育领域后便迅速得到彰显，在教育理论与实践领域都掀起了巨大的波澜，回归生活世界的呼声越来越高。

1. 生活世界理论首先是一种关于人的思潮

"回归生活世界"在人学上可以理解为对教育及人的阐释的地平线的位移，因为正是人的危机诱发了生活世界话语的兴起。在科学主义的理论视野中，教育被看做高度抽象化和概念化的理性活动，是以科学的和文化的方式体现出来的世界,而这只是教育的一种存在形式。在另一种意义上,教育又是由鲜活的经验和精心组织的生活片段组成的现实的、感性的世界。"科学世界是一个抽象世界,生活世界则是人的现实世界。回归生活世界根本是要求从现实生活出发进行思考。"[59]面对教育病态的存在状况,生活世界仿佛为我们昭显了一条摆脱理论困境的路向。20世纪末,生活世界置换了科学中心主义,教育对生活的关切获得了从未有过的强度。教育不再是自我封闭、独立自存的抽象世界,而是人生活于其中,并且可以被人直接感觉到的现实的、鲜活的人的存在领域。

在回归生活世界的话语中,其实蕴涵的是对教育精髓的一种新的理解及对人的一种新的阐释。教育回归生活世界倡导对教育主体的存在状况的关注,其理论本身也是对新的教育存在形态可能性的探讨。这无疑给教育界带来了一个新的兴奋点。向生活世界的回归反对把人当做实现某种目的的手段的权力异化,它其实是对近代以来的启蒙理性文化的反叛,这种反叛首先是在西方国家发生的,目前已经成为蔓延到全球的思维方式和观念。而我国回归生活世界的声音是与国际学术潮流遥相呼应的,它对当下我国各个领域的社会现实提出了一种新的思考方法和看待问题的视角,其积极意义是显而易见的。生活世界的开启与彰显在一定程度上缓和了教育的异化倾向,给人的自由发展留下了较多的余地。

2. 生活世界思潮本身也表征着一种独特的方法论形态

由于在哲学、社会学研究中,人们将"目光集中于人的主体性以及各人对这个世界的切身体验,而不去研究行为的普遍规律"[60]。于是,现象学、存在主义、解释学等语言形态和研究方法开始在社会科学领域(包括教育学)中大展拳脚,将以往被研究者忽视的人的生活世界和精神体验拉回到学术研究的前台。20世纪70年代以来,西方教育科研领域首先发生了重要的方法论转换:教育学研究开始"由探究普世性的教育规律转向寻求情境化的教育意义"[61],即由宏大叙事转向小叙事。马克斯·范梅南(Max Van Manen)的《生活体验研究》、威廉 F. 派纳(William F. Pinar)的《理解课程》以及大卫·杰弗里·史密斯(David G. Smith)的《全球化与后现代教育学》都反映了这种转换。近年来,我国教育领域有学者明确提出,教育研究的进行不能没有对"人"的认识做支撑,教育研究要关注"具体的人",不能把人抽象化。[62]基于西方的教育研究经验,一些学者开始试图描绘人的现实生存状况和人生活的现实感受,他们在教育研究中重视差异性,重视主体的生活状态和社会经历以及由此产生的心理体验，并考察这些因素又对他们的职业生活带来了什么影响。还有一些学者采用社会学中人种志的研究方式，深入学校生活，在与在校师生的长期生活学习中，发现问题，提出解决问题的方案。也有学者针对目前教育学研究的现状，提出"去和那些'沉默的大多数'交谈，包括学生、家长和教师"，主张"让我们透过他们的眼光来观察这个世界"[63]。这些都是呼唤教育学研究范式转换的明证。这些努力从一个侧面表明了教育研究的方法论正在转换——个体生命的发展和人的主体性的凸现，呼唤教育研究对具体个人及其生活世界的关注，重视教育中平凡个体的所言所为、所思所想，将这些以往被排斥的教育生活事件和个体在教育中的感受放置到教育研究的前台，倡导教育研究应当摈弃以往书斋式的研究思路，走向广阔的生活世界，从生活世界中生成教育理论。关注人的生存状况和生命体验的教育研究倾向为生活世界方法论在教育中的立足提供了明证。

之后，生活世界方法论开始在教育研究领域中得到重视，它与以往书斋式的研究思路相比具有以下不同之处：首先，新方法论强调一种交往伦理，主张限制主流话语对"缺席"声音的压抑，倡导研究者以平等的心态倾听"微小叙事"，观察实践活动。回归生活世界主张用一种更为自然的研究方式把握和关怀人自身。这种把握和关怀便是通过直觉、感情、心灵的直接沟通，以便真实地认知教育学的研究对象，最大限度地接近在中国教育时空里发生的各种"真相"。其次，生活世界方法论弱化了对普遍规律的找寻，追求个别性，倡导教育研究要关注具体现象和具体个人。我们生活在一个充满变化的世界中，没有人对它了如指掌。这就决定了寻找规律的艰难性。而生活世界意味着超越传统的教育方法论理念，使教育研究回归人自身，关注人对教育世界的理解。人的不可模仿性与活动的不可重复性决定了教育研究的方法论要体现个别性或个体性，而不总是追求事物和现象"普遍性"的规律。再次，新方法论可以更好地实现直觉和理性的结合。[64]如果研究者一旦陷入理性万能主义，对被研究的人和现象作理性分析，就有可能发现不了事物真实的存在状态，久而久之，甚至有丧失人类直觉能力的危险。采用生活世界理论进行教育研究，研究者会经历一个"走入生活世界——走出生活世界"的过程，即通过对实践和人的观察和了解，先用直觉把握事物，而后基于这种"理性的直觉"开展理论研究，这样可以使直觉和理性更好地结合起来。回归生活世界的方法论强调关注教育实践，倾听来自实践的声音，并逐渐与传统的以科学主义为主导的方法论形成对峙。质化研究方法的实施是生活世界方法论在教育领域中的最初涉足，它的产生与发展无疑是教育研究接近现实、接近具体个人的一次尝试，对传统的科学主义的方法论造成了巨大冲击。

要说明的是，本文要探讨的主要是作为一种思潮和思维方式的生活世界（教育回归生活世界），而作为教育研究方法论的生活世界（教育学回归生活世界）未被纳入本文的研究视阈之内，因此，对生活世界方法论仅在此处寥作阐释。

综上，生活世界思潮成为当下教育领域内的"显学"，于是，对生活世界的研究自然获得了应有的合法性与现实基础。生活世界成为新世纪教育界的流行话语，并且在教育领域中大行其道，至今没有衰减的趋势。教育向生活世界的回归意味着学校教育要关心人的生存状态与发展前景，关注人的内在需要与理想，实现教育的内在价值与工具价值的统一。生活世界倡导向人的现实和现实的人的回归，这在高度异化的教育领域无疑具有辽阔的涵盖力，在当下主体性复活的漫长道路上，生活世界负载了重大的理论意义，也昭示了隐藏在教育内部的焦虑与躁动不安。这个倾向在对教育现代性的反思和对工具理性的批判中，在当下教育界理论狂欢以及教育价值观的多元局面中可以清晰地辨识出来。不过，承认生活世界的合理性，并不意味着对它的局限性的漠然视之。于是，在接受生活世界理论的同时，我们又面临了一个不容逃避的问题：如何处理当下教育中现代与后现代、理性与非理性、主体与对象、统一与多元等因素所导致的教育内部的冲突和断裂？目前看来，我国教育领域中的生活世界思潮还是对国外及相关学科生活世界理论的简单附会，所因循的是依旧是拿来主义的逻辑，独立的教育理论思维再一次亏缺。

在当下的教育场域中，生活世界的彰显是已经和正在发生的理论事实。教育的尴尬与现实生活的自发性与无主题状态的事实，构成了目前教育批判性超越不可简单化的事实。作者试图从教育回归生活世界这一潮流入手，间接作一些思考的尝试：教育能否回归生活世界？我们要回归的是何种生活世界？如何确证教育与科学世界及其生活世界的关系？教育如何获得一种合乎人性的存在方式？对这些问题的回答并不应该是原封不动的照抄，而是在教育学背景下作的新的理解和阐释。

第二章

生活世界的多重命意

这里发生了什么？答曰：当今人的根基持存性受到了致命的威胁。更有甚者：根基持存性的丧失不仅是由外部的形式和命运所造成，并且也不仅仅由于人的疏忽和肤浅的生活方式。根基持存性的丧失来自我们所有人都生存于其中的这个时代的精神。

——海德格尔

任何一个思想都是由特定的社会环境催生的。从这种意义上说，当一个概念或思潮出现在某一时期的话语系统中时，其实映照着特定的社会历史过程，词语的增生与转化也是不同价值观与社会价值取向的微妙呈现与表征。因此，"生活世界是什么"将是本篇论文在探讨中首先遇到的一个无法规避的问题，并且这也一直是人们争论不休的话题之一。在人文社会科学领域中，诸如"教育"、"幸福"等概念存在着大量的选择理解，缺乏公认的理解与定义，"生活世界"亦是如此。为什么生活世界思潮出现在18世纪？那时人们的生存状况是怎样的？他们的需要、他们的生产力、生产方式是怎样的？类似的问题都有待作进一步的探索。

一、从胡塞尔到马克思：生活世界的不同意蕴

（一）生活世界产生的历史语境

如果说19世纪是科学大发展的世纪，那么20世纪则是反抗与反思科学霸权的世纪。科学与理性最初都是作为启蒙因素出现的，它使人类的能力得

到了无限延伸，增强了人类控制世界的能力，是社会与生产力进步的表征。科学的发展曾经带给人们启蒙的福音，但在不同历史阶段同一种因素在其性质和功用上会发生不同的变化。科学世界观的进步意义是不可否认的，它促进了物质文明的飞速发展，增强了人类征服对象世界的能力。但在现代社会中，科学理性主义的思维方式逐渐发展到极致，进而在社会的一切领域取得了支配和霸权地位。唯科学主义在知识观上表现为追求知识的客观性、必然性、普遍性，认为知识就是与自在世界的本质相符合的认识，只要反映了这些本质和规律的知识就是真理；在对人的认识上，唯科学主义把人界定为超离于现实社会之上的圣人、失去了人性丰富性的单面人、与社会隔绝的自然人、失去感性维度的理性人，致使人的异化成为现代社会无法规避的现象；唯科学主义认定世界是自在的，人失去了在宇宙中的应有位置，变成了世界的旁观者，其任务是认识自在世界的本质和规律，于是世界变成了人的空场。如韦伯所说，现代性在建构之初就是以工具理性信仰作为发展的动力，在启蒙时期，科学技术和理性曾经给人带来希望的科学技术的力量所在；但是在近现代社会理性被工具化，只追求功利和实效性，最终使理性演变成为给人带来消极效应的工具理性。工具理性不仅控制了整个人类社会，而且操控了人脑和人的心灵，导致了人类物质生活的丰裕与精神生活的贫困并存的现象，人的生命、价值、尊严被无限贬低。人最终无法逃脱被工具化的命运，失去了批判和超越的向度，变成了手段、工具，成为了机器的零件和物的奴隶，失去了对幸福本真的感受力。可见，强大的唯科学主义在引导社会走向物质繁荣的同时，也造成了现代人的生存困境。

科技发展非但没有给人类带来梦想的美好生活，反而带来了巨大的生存危机和精神困扰。

面对现代人类普遍面临的信仰和精神危机，现代西方的思想家们有着各自不同的表述方式：

"哲学家喜欢用'异化'这个概念来揭示和控诉现代社会的非人性的状况，用'应当'的价值取向来判断'现有'的生活方式，用一种理想化的人性来描绘人的'本真状态'（海德格尔语）；心理学家往往用'存在的焦虑'和'逃避自由的心理机制'来分析现代社会的病态特征，强调心理病症与文明病症之间的内在联系，并且提出了走向健全社会的人道化方案；社会学家（主要是那些持批判态度的社会学家）围绕着西方发达工业社会的种种'文明病症'，将人性的解放作为社会批判的理论宗旨，并且设计出了社会变革的蓝图；伦理学家和道德批评家习惯用'道德沦丧'或价值颠倒来指责现代社会的人生取向问题，希望通过'道德更新'来改变现代人的存在方式；宗教神学家大谈现代人的'信仰危机'，并宣称基督教能够担负起拯救人性的神圣使命。"（欧阳谦. 20 世纪西方人学思想导论［M］. 北京：中国人民大学出版社，2002：Ⅶ.）

20 世纪 60 年代以来，各种非理性主义和人本主义思潮应运而生，这些思潮强调人的自身价值。众多学者对人类的生存困境深感忧虑，并尝试从各种不同的角度来分析病态社会的成因、表现及治疗药方。马尔库塞认为科学技术的发展是资本主义社会的罪恶根源之一，生产力的发展对人的需要及能力的自由发展是破坏性的[65]，它制约了人类对自由的向往与追求。科学技术对人的奴役全面渗入人的生活世界，焦虑、不安、孤独、软弱成为现代人生存状态的真实表征，人变成了"猛奔在物欲世界中的一头文明的野兽"（台湾诗人罗门），失去了精神上的超越力量，成为了单向度的人。社会缺失了批判的向度，只存留下肯定的向度，变成了"没有对抗的社会"。弗洛姆也对人的工具化现象表示忧虑，指出科学中心主义是对人的遗忘和抽象，最终使人迷失了方向，不见自我，人的生活空间萎缩，精神无家可归。他形象地刻画了现代人的异化状态：

"人创造了种种新的、更好的方法以征服自然，但他陷入这些方法的网罗中，并最终失去了赋予这些方法以意义的人自己。人征服了自然，却成了自己所创造的机器的奴隶。他具有关于物质的全部知识，但对于人的存在之最重要、最基本的问题——人是什么，人应该怎么生活，怎样才能创造性地释放和运用人所具有的巨大能量——却茫无所知。"（弗洛姆. 为自己的人［M］. 北京：三联书店，1988：25.）

综上，生产力在飞速发展的同时，人却丢失了自身的向度，变成了物的奴隶。人类虽然取得了一切令人惊异的成就和发明，但他们实际上并不幸福，心理残缺、人格变异、家园感破碎，这些现象都精确地表征了现代人的生存宿命。人们"没有一种普遍的信任感和安全感。相反，倒有一种强调人的微不足道、藐视人在宇宙中地位的倾向"[66]，人逐渐失去了生活的意义与价值，失去了本真的生存形态。

19 世纪以来唯科学主义的滥觞、物质主义的奴役、技术主义的肆虐和功利主义的追求使西方社会最终走入了发展困境。然而，值得庆幸的是，解决时代矛盾和摆脱现实困境的努力总是伴随着新的理论设想与尝试。任何一种思潮和理论体系都是在特定时代之中形成的，生活世界思潮亦是如此。生活世界思潮产生的最初动因便是出于对唯科学主义滥觞的反思，出于对社会和人的异化现象的抵制。德国哲学家胡塞尔对唯科学主义对人的统治表现出巨大的忧虑，他晚年面对资本主义社会下人类的诸种生存困境，提出了"生活世界"概念，试图通过重构生活世界来解决当时社会的无序局面。他之后的海德格尔、维特根斯坦、马克思等学者借用了这一词汇，来表达对科学的神话和霸权的疑问，其实最主要的是挑战科学的世界观，将人类从科学的奴役中解放出来。这些学者对生活世界作了重新阐释，赋予了它更加丰富的意涵。

（二）生活世界的多重视阈

1. 唯心主义视野中的生活世界

在19世纪与20世纪之交，实证主义思潮开始流行，人们被实证科学的表面繁荣所迷惑，让自己的整个世界受实证科学所支配，结果被人们理想化和神化的科学世界偏离了关注人生问题的理性主义传统，把人的问题排斥在科学世界之外，导致了片面的理性和客观性对人的统治。从这种意义上看，科学危机的实质是科学同人的存在相分离，结果使科学失去了意义，甚至危害人类，而迷信于实证科学的人们也失去了意义和价值世界。技术是人类增强和发展自己的重要手段，但由于科学理性在发展的过程中遗忘了人，遗忘了人的生存方式和生存价值，最终导致了人及其生活的异化。

面对这场深刻的文化危机，胡塞尔认为导致这场社会危机的根源在于科学世界在自己的建构过程中，偷偷地取代并遗忘了生活世界。正是科学世界与生活世界的这一分裂导致了科学和人的存在的危机。因此，他为欧洲人开出了"回归生活世界"的药方，试图凭借它来拯救现有社会的无序局面。他认为要摆脱这场深刻的社会危机，就必须回归生活世界。胡塞尔视野中的生活世界是"直觉被给予的"、"前科学的"、"直观的"、"可经验的"人的存在领域。生活世界是人的本源，也是人的归宿。它同科学世界相比具有优先性，因为在生活世界中，人和世界保持着统一性，这是一个人人参与其中的，保持着目的、意义和价值的世界。而科学世界是从这一前科学的生活世界中分化出来的，它把生活世界的部分抽取出来加以形式化和片面化，结果把人从统一的世界图景中作为主观性而排斥出去，形成了一幅没有人生存于其中，没有目的、意义和价值的科学图景。[67]

要说明的是，胡塞尔眼中的生活世界并不是我们所理解的生活，他只是研究人的纯粹意识，并没有将生活世界的着眼点放在人的现实存在上。因此，胡塞尔将生活世界推向了彼岸世界，生活世界在他那里也成为一个命题性、超验性的概念，指涉的是观念的生活，是主体构造出来的观念世界。也正因为如此，胡塞尔的生活世界现象学并不能治疗现代社会的病症。尽管胡塞尔这一药方并不能治愈现代人的精神危机，但他提出的抑制科学主义的滥觞、凸现人的价值、关注人的生存前景等思想主张是对科学中心主义的反叛，体现了人的自我觉醒，并对生活世界思想的绵延产生了深远的影响。面对社会的全面异化，胡塞尔的主张无疑是具有吸引力的，虽然他关于生活世界的超验性命义在西方哲学的流变中不断被离弃了，但他对科学世界的反叛精神在之后的思想家那里得到了强烈的呼应。

其后继者如海德格尔、舒茨、哈贝马斯等人大多都采用了生活世界词汇而舍弃了胡塞尔生活世界的超验基础。例如：海德格尔存在主义视野下的"日常共在的世界"是一个全面异化的领域，是一个主客二分的世界，为此他主张回到更为自在的、更为本真的主客体未分裂的原初世界，这即是他眼中的生活世界；舒茨的生活世界是一个文化世界，是人们日常行为的基础，是人们不加质疑、不言自明的世界，是一个主体间的世界，生活世界是任何社会交往的前提；哈贝马斯将生活世界理解为人们交往行动的背景，看做人们普遍认同的价值观念及行为准则，它使人们之间的相互理解与沟通成为可能。在哈贝马斯看来，由于科学技术的滥觞导致了人的日常生活的殖民化，而日常生活的异化直接导致了人的工具行为的合理化，主体之间的关系被异化为物与物的关系，主体之间的矛盾和不信任导致了人与人之间的对立与冲突。针对这一现象，哈贝马斯主张重建现代性话语。另外一些学者如列菲伏尔等人也曾展开对日常生活的批判，主张克服异化现象，化解人性的内部分裂和冲突，使技术"去魅"为人和人的生活服务，试图通过对技术和人的日常生活的改造最终实现人的复归。[68]

不难看出，无论是胡塞尔的前科学的、直观的、可经验的存在领域，还是维特根斯坦的生活形式理论，无论是海德格尔的"与日常共在的世界"，还是哈贝马斯作为交往背景的世界，他们所指称的都是意识化、语言化、日常化的生活世界，尤其是日常生活被上升为本体论高度，而自觉的非日常生活并不在他们的生活世界理论的视野内。

正如海德格尔所说的那样，哪里有危险，哪里就有拯救的力量在生长。

西方社会发展中出现的这种局面说明科学理性主义信仰在变化了的新的历史条件下已经受到了挑战，甚至遇到了危机，它们已不能适应新的历史条件下的需要。在这种情况下，需要有新的世界观和思维方式代之而起。回归生活世界便是西方理论界针对此问题开出的药方。人的自由的获得有一个过程，虽然科学技术和工具理性对生活世界的控制与支配是人类不可逃避的历史性遭遇，是人类本身并不能真正左右的发展命运，但是面对特定历史阶段科学技术力量的肆虐，胡塞尔等学者出于对人类发展的忧虑，开出了回归生活世界的药方，试图通过它来驱逐现代性的阴影，治疗现代社会的病症。尽管胡塞尔、海德格尔、维特根斯坦、哈贝马斯、罗蒂等现代哲学家具有不同的生活世界的主张与理解，但相似的取向是他们均高度关注现代人的生存困境，并试图为人的异化开出药方。从这种意义上来说，他们都是现代性的颠覆者。

2. 马克思对生活世界理论的继承与超越

马克思继承和超越了上述生活世界的思维方式，他虽然没有明确提出过生活世界的概念，但从其思想可以看出，其"现实世界"、"生活"、"实践"即是与生活世界同一的话语。马克思将人的生存、发展与解放置于其理论的中心地位，因此站在马克思人学的理论视野之下来解读生活世界将会得出一些与以往不同的结论。马克思大量使用"生活"及"实践"概念："人们为了能够创造历史，必须能够生活"[69]，"社会生活在本质上是实践的"[70]。这里的"生活"及"实践"都是人的存在方式与本质。马克思的生活世界是物质生活与精神生活相统一的现实世界，这一生活世界是无所不包的，既包括精神生活，又包含物质生活，既指涉个体生活，又涵盖类生活，既包含现实生活，又包括虚拟生活。在马克思看来，生活即是人为了生存、发展和完善而进行的各种活动，它涵盖了人与人、人与自然、人与社会、人与自身等诸多方面的内容与关系。可见，马克思的生活世界并不存在于现实社会的彼岸，它是与此岸世界相通的。任何现实存在的世界都是人的世界，都是由人所把握并感触到的世界，人的生存、享受和发展都是在生活之中进行的。马克思摈弃了将人抽象化、实体化的思维方式，将生活世界看做人的世界，并且将人看做处于生成过程中的人。[71]

马克思主义视野中的生活世界指明了我们周围的世界是人的世界，人生活在这个世界之中，人是世界的中心和主体，外于人的世界实际上是不存在的。与胡塞尔等人的唯心主义生活世界观相比，马克思视野中的生活世界具有具体性、现实性、整体性、历史性、属人性等特征。（杨楹，2006）具体性指的是生活世界的主体和参与者是具体社会的具体个人，而每个人有不同的生活经历、生活体悟。现实性指的是生活世界是人的现实生活过程，它不存在于彼岸世界，不是虚无化的意识世界，而是此岸世界中的具体实在。整体性不仅体现在生活世界的主体是整体的人，更体现在生活内容的丰富性和完整性上。生活世界的历史性指的是生活世界的形式和内容都随着社会的发展而不断发生变化，生成新的形式。在古代，生活就等于存活。随着生产力的发展，生活的内容和广度也在不断增加，在现代社会虚拟生活成为人类社会中一种全新的生活形态，个体的生活空间也不断拓延。另外，生活世界是属人的，没有人就无所谓生活世界。离开如上这些特质，生活只能是虚无化的。

通过以上分析可以看出，胡塞尔等人的"生活世界"与马克思主义视野中的"生活"在本质上意指不同的生活、不同的世界。胡塞尔等人的生活世界指涉的是抽象的理念世界、语言世界、交往背景及衣食住行等日常化的生活，这些只是生活的一种形式，但不是全部。而马克思的生活理论指向以现实的物质生产为基础的人的实践世界，他反对以往将世界视为超离人的现实生活或凌驾于生活之上的领域，而是"把现实世界看做人生活于其中、与人发生着千丝万缕的联系、对人有价值和意义的价值世界或意义世界"[72]，是物质生活与精神生活相统一的世界。在马克思看来，生活世界是指人生活于其中的、直观的感性世界，是人的感性活动及其结果，是人的实践活动过程及其结果所构成的无所不包的领域。

可以看出，人们对生活世界的不同理解使"回归生活世界"具备了多种不同的含义。就目前来看，存在主义和后现代主义关于生活世界的理解是当下占主导地位的解读方式。但要说明的是，无论是虚无的、非现实的以及日常化的生活世界，还是马克思的物质生活与精神生活相统一的生活世界，各种不同的生活世界主张者都表征了一些共同的思想倾向，即人本思想。

二、生活世界理论的要旨：人本思想的表征

近代哲学的世界观是一种科学主义的世界观。它是牛顿力学所描绘的自然观的哲学化。此种世界观把世界看做与人无关的存在。从马克思开始，哲学领域就出现了反传统形而上学的倾向。这里的传统形而上学是指把世界视

为先于人、外于人的科学世界，反形而上学就是指反对抽象地设定一个世界的存在，然后再从这一世界出发来考察人和事物，反形而上学的最终目的就是回到生活世界。在马克思主义视野中，所谓"生活世界"或者说"现实存在的世界"即是指人的世界，即由人说出、为人把握、人所感触到的世界，这样的世界只能是与人相关或对人发生意义的世界，是人生活于其中的世界。没有了人，便无所谓世界。马克思从来不谈论与人无关的自然、世界和存在，而只讲人的现实世界，人的现实世界无非是他们的实际生活过程。由此，马克思反对从外在于人的物质世界或绝对理念来考察人，而主张从人的现实生活出发来说明人类社会中出现的一切问题。可以说，生活世界既是与科学主义相对的世界观，又是一种与本质主义相对立的生成性的思维方式。在马克思主义哲学视阈里，生活世界是人本思想的表征，对人的理解也发生了重大跃迁；它内蕴着生成性思维，是对确定性思维的降解。[73]

在现代社会中，人的问题越来越取得重要地位。许多现代西方哲学的派别，如存在主义、生命哲学及马克思主义哲学都以人的问题作为其哲学研究的出发点和中心问题，他们关注人的存在困境、人的历史命运及生命需要，探索人生意义、人的发展规律、人在世界中的地位及人类的发展前景。生活世界理论更是直接以人的生存困境为理论切入点，在生活世界领域里，人的自由个性和创造本性更是受到了异乎寻常的关注。无论是胡塞尔的生活世界，还是海德格尔的与日常共在的世界，亦或是马克思的现实世界，尽管各个哲学家的生活世界指涉的内容不同，但其理论动因都是处于对人的生存状况的忧虑和对人的异化状况的抵制，他们突出强调了人的价值尊严、个性和选择性。从这种意义上说，生活世界是对主体的重新发现，马克思的生活世界思想更是充满了对人生的关切和对现实生活的关注。从总体上来说，无论是胡塞尔的"生活世界"，还是维特根斯坦的"语言形式"，无论是海德格尔的"与日常共在的世界"，还是马克思的"实践"概念，它们的提出都是为了解决人本身的生存难题。因此可以说，向生活世界的回归实质就是向人本身的回归，尽管各位生活世界的提倡者对"人"的认识不同，但一致的是他们的生活世界思想都共同地表征了一种人本化的思维方式。

人本思想由来已久。早在我国春秋时期，齐国政治家管子就提出了以人为本的原则："夫霸王之所始也，以人为本。本理则国固，本乱则国危。"当然，管子提倡的以人为本和我们当下的以人为本是有根本性区别的，他的以人为本是作为巩固霸王之业的手段，以人为本的目的也仅仅是为了维护阶级统治，这使以人为本带上了明显的工具性特征。

在西方，关注人的思想主张也源远流长，最著名的是近代西方的人本主义思潮。人本主义思想发端于古希腊，早在当时，普罗泰戈拉就高喊出了"人是万物的尺度"的响亮口号，而人文主义的发展壮大则是和文艺复兴运动直接联系在一起的。文艺复兴运动将人的尊严与个性作为神圣不可践踏的东西，目的是为了使被压抑已久的个体意识从神权中解放出来，以唤醒当时的人们对意志自由和个性解放的渴求。人本主义反对宗教神学对人的压抑和统治，强调对人的主体地位的唤醒，重视人的情感、价值及尊严，将人的生命意义看做不可缺少的因素。这在当时的社会是难能可贵的理论主张，因此具有巨大的理论感召力，但是人本主义者眼中的人并不是现实的、具体的社会个体，而是被精神化、虚无化的抽象的"人"。之后，德国哲学家费尔巴哈建立了较为系统的人本主义理论，当然，费尔巴哈的人本主义仍然是以抽象的人作为其理论出发点。现代西方人本主义如尼采的权力意志、胡塞尔等人的现象学、海德格尔的生存哲学以及萨特的存在主义等，它们均反对理性主义传统，极力宣扬非理性主义，最终使人本主义演变成了非理性的唯心主义哲学。[74]因此，人本主义是具有重大的理论缺陷的主张，不能用它来解决人在历史发展中面临的具体问题。

马克思在批判地继承了以往研究成果之后，赋予了生活世界以科学的解释，对于人的本质与内涵也进行了科学的界说。马克思扬弃了以往将人抽象化、片面化、孤立化的思维方式，他站在唯物主义的立场上科学地表述了人的本质规定。人在马克思的心目中并非一个抽象的机械的东西，而是一个丰富的、多维的存在物。马克思主义视野中的人是生成的、具体的、处于社会关系中的人，是处于一定历史发展阶段的"现实的有生命的个人"。首先，在马克思看来，人是一个无限生成和自我创造的过程。在此过程中，人既是能动的、创造的，又是受动的、受限的。一方面，马克思承认人是自主、自为、自觉、自由并且富有创造精神的存在物，具有自主选择和自我实现等主体能力。另一方面人又是一种矛盾的存在，他是能动与受动、保守与创造、理性与感性的矛盾统一体。其次，人不是抽象的概念符号，而是感性的、现实的存在物。以往人本主义思潮的理论缺陷在于没有看到活动的人、真实存在着的人，而马克思主义视阈下人总是处于特定的历史文化语境中，他具有现实的情感和意志，拥有复杂的内心世界，并且永无止境地追求尘世的幸福与快乐。再次，在人的发展过程中，人既是发展的主体，又是发展的客体。

"人只有作为自己的客体,才真正成为主体。"[75]人在发展过程中首先以自身的自然作为对象,与自己的心灵对话,并在改造外部对象的同时,使内在自然得到完善。

马克思站在人的解放与发展的立场上揭示了资本主义制度对人的种种异化现象。马克思破除异化的方法在于通过实践不断改造客观现实,最终使人在实践中确立自身的主体地位,走向本真的生活方式,成为"充满生命力的完整的活体"。[76]马克思对理想的人有几种提法:"完整的人"、"全面发展的人"、"富有的人"、"有个性的人"。[77]完整的人和全面发展的人指的是素质协调发展的个人,亦即人以一种全面的方式占有自己的本质;富有的人即是有全面的生命需要和完整的生命表现的人;有个性的个人所指涉的是获得了真正的相对独立性、获取了独立的自我意识的个人,是拥有了自由而全面发展的精神个性的社会个体。

马克思赋予了人以科学的性质与形象,重新确立了人在宇宙中的位置,将人的生活与实践看做人的本质与基本存在方式。马克思主义视野下的以人为本,不同于我国古代管子的思想,他扬弃了对以人为本思想的片面的工具性规定,不仅仅将以人为本看做维系社会发展的手段,更将它作为社会发展的原则和目的。这种转变使人们将社会发展的焦点转移到人本身,使社会活动在很大程度上直接和"人"联系起来,人在世界中的中心地位得到了进一步的确认。马克思的以人为本也不同于西方的人本主义,不同于胡塞尔等人对"人"的抽象认定,马克思主义以人为本中的"人"不是抽象的指称,而是现实的人、具体的人,是处与某一历史发展阶段中的鲜活个体。马克思认为生活世界是人的世界,他在承认世界的客观性的同时,也强调世界必须和人发生联系,不和人发生联系的事物和对象就是无意义的,因为"事物的本质只有在人与对象的关系中才具体体现出来"[78]。马克思的人本理论科学回答了如下问题:

第一,为什么要以人为本?以人为本表明人是社会发展的价值主体。在人类社会发展历史上,出现过很多价值替代现象,如"以国家为本"、"以物为本"、"以神为本"等,将道德人、工具人、经济人等当做"人"的理想人格,致使社会中出现了种种异化现象,扭曲了人的发展。而以人为本在价值观照上与"以社会为本"、"以物为本"有着根本的不同,以人为本昭示着客观世界不能缺失人的尺度,要真正按照人的本性和需要来对待人,以实现人的发展的自由、自主、自觉。

第二，以什么人为本？以人为本中的"人"是具体的、历史的，只有在特定的社会发展阶段我们方能赋予其含义。同时，人又是多样的，他们具有不同的利益诉求，具有不同的需要和价值选择。于是，在实际社会活动中，应当以哪些人为本呢？应以所有的个人为本，马克思一直把个人的自由全面发展作为理论理想。但很多条件下，由于受特定社会发展阶段的限制，"以人为本"中的"人"恐怕难以涵盖所有的社会成员，这时，"以人为本"就重点体现为"以弱势群体为本"，亦即更应关注弱势群体的生存境遇和发展前景。

可以看出，科学主义世界观强调世界的客观性、绝对性、独立性，忽视主体的能动作用。但胡塞尔等人的生活世界思想则以人的观念生活、日常生活、语言和意志作为世界的本原，"这种哲学的立足点是主体，是人的意志、感觉和体悟，而非物质世界和人的实践活动，因而无论有多少新名词和新奇的论断，其实仍然会在唯心主义泥坑之中翻跟头"[79]，陷入了唯心主义的深渊。马克思的生活世界理论则是对二者的修正与补充，他肯定客体的客观规律的作用，倡导尊重客观规律与人的发展相结合。马克思以实现人的自由解放、促进人的发展为理论理想，把人的价值实现和全面发展为目的，丰富和发展了胡塞尔等人重视主体作用的思想。

三、生活世界观的确立：向生活世界的回归

西方近代哲学的世界观是一种科学的世界观，即把世界视为外在于人、独立于人、自我封闭、预先给定的既有存在[80]。科学世界观以本质主义、客观主义、理性主义为基本特征，认为世界是自在的，人是世界的旁观者，面对客观世界是无为的，所以人类的任务只是认识客观世界的本质和规律，因为人把握了事物运行的基本规律便可操纵整个世界。相应地反映了这些本质和规律的知识就是真理，知识是客观性、必然性、普遍性的表征。在思维方式上，科学世界观认为人是理性的动物，只有理性才能把握事物的本质。理性是评判世界合理性的最高标准，和感性认识相比，理性认识具有绝对的优越性。科学世界观和理性主义的思维方式对哲学的内容和研究方式曾经产生了深远影响。在很长一段时期内，西方哲学表现出浓厚的超验气质，它漠视甚至否定人的现实生活的意义与重要性，否定人的感性特征。这种哲学追求知识的客观性，力求使认识符合客观对象，符合客观规律，但忽视了主体

的现实生活,忽视了人的能动作用,没有自觉意识到人的生存问题。[81]这样的哲学研究湮没了生活世界本身的意义及人的意义与价值,湮没了生活世界生动的主观性,结果造成了胡塞尔所说的文化的危机。

继马克思主义之后,为数不少的现代哲学家也走向了回归生活世界之路。在他们看来,科学世界产生于日常生活世界,却与人相脱离。在哲学研究中,人的情感、意志、态度被忽略了。哲学湮没了生活世界本身的意义及人的意义与价值,湮没了生活世界生动的主观性。对于回归生活世界的倡导者而言,世界不再是自存的实体,人也不再是世界的渺小旁观者,只有与人发生联系的客观世界才有意义,亦即世界是人的世界,人是世界的主人和积极参与者。这些学者在哲学研究的路向上也均主张关注人的体验与感受,从生活世界中挖掘真理,生成结论。于是,后世的哲学家们呼唤理性向生活世界的回归。如西方马克思主义者列菲伏尔(H. Lefebvre)就是回归生活世界思潮的拥护者,他指出,在传统哲学理论中,"现代世界的日常生活"一直被当做"非哲学的"和"非真理的"存在而排斥在哲学的视野之外。在他看来,分立的哲学和日常生活都有自己的局限,前者是"无现实的真理",后者是"无真理的现实",只有二者相结合,才能抵消各自的局限,而如果哲学远离"非哲学"的日常生活,它就会陷入自我矛盾和自我破坏。因为,日常生活是直观的、琐碎的、重复的,是人类无可挑选与回避的。列菲伏尔对生活形式的回归实际上就是在寻找被实证主义所遗忘的人的世界和生活世界,主张哲学应当关注人及人的现实存在。(池田大作、汤因比,1985)虽然不同的现代哲学家对生活世界有种种不同的理解,但他们在思维方式或对世界的理解上是一致的:他们认为哲学不是刻画与人无关的客观世界,而是试图描绘人的现实生存状况和人对生活的现实感受,破除对人的存在的遮蔽,使人的存在敞亮起来。

确切地说,现代生活世界观是随着解释学、现象学等相关理论的出现而兴起的,它们最初作为一种哲学思潮产生,但在后来的发展中逐渐具备了方法论的性格,并被广泛运用到多个社会领域。20世纪70年代之后,现代哲学出现了反传统形而上学的转向,回归现实生活世界也成为了近代哲学向现代哲学转折的标志,哲学把注意力从抽象的理性世界转移到感性的生活现实中来。受哲学致思取向的影响,其他领域如社会学、经济学、教育学等领域也出现了向生活世界的回归。

四、生活世界视野下人的形象的重新确认

生活世界观首先是一种人学观，它在教育中开启了人们对人的形象的新理解。破解"人"的奥秘是科学运行教育的钥匙。令人遗憾的是，目前为止，人类虽然在对对象世界的认识和改造上取得了巨大的成绩，但在对自身的认识上仍然存在很多盲区。自古以来，人类对自身的探索从未停止，但对于"人是什么"的问题似乎并没有得到一个令大家满意和信服的科学答案，斯芬克斯之谜还没有被我们破解。

人是一个复杂的存在物，从古至今，很多学者对他进行过各种各样的论述，产生了很多片面的人性观。各种片面人性观正是由于对人性的了解不足以至于在实践中造成了对人性的扭曲。片面的人性观往往执著于人的某一方面的属性，而对人的其他规定性视而不见。例如："欧洲近代唯物主义者把人的本质归结为某种自然属性（通常是生物属性），主张一种自然主义的人性观；德国古典唯心主义哲学家把人的理性（思维属性）抬到至高无上的地位，主张一种理性主义的人性观"[82]；科学中心主义将人看做理性的存在物，理性是人的最高本质；存在主义、生活世界等西方某些哲学流派片面强调人的非理性因素，如感觉、体验、意识，主张一种非理性主义的人性观；"自然主义对人漠不关心，仅仅视之为一种无意识的机械结构的组成部分；理智主义则认为人只是一种思想进化的容器、工具和器械"[83]。这些片面人性观表明了人在自身认识方面存在很多盲区，于是教育中出现了各种教而不善的现象。如人既渴望创造又渴望保守，这两者都是人的基本需要，但教育压抑前者，保留后者，以便以管理。又如教育排斥甚至否定人的感性维度，使人被高度理性化，变为理性的存在物，而没有认识到人的理性存在方式仅仅是其存在的一部分。类似片面化的教育规定与做法使教育丧失了很多合乎人性的东西，达到了违反人性的顶点，出现了各种让教育工作者感到尴尬的事实。教育没有沿着自身的轨道发展，大量模仿着非教育过程来运作，借用其他规则来支配教育过程：使教育模仿植物生长规律，如以夸美纽斯、卢梭为主要代表的自然教育论，教师被当做园丁、育苗人等，学生被放归到自然情境中去接受教育；按动物驯化规律来支配教育过程，将学生看做动物，将教育看做一种机械训练和高强度练习，并且坚信通过反复的训练和练习可以达到教育目标，代表人物为美国著名的教育心理学家斯金纳

(B. F. Skinner)；按工业物质生产规律来支配教育活动，如各种塑造论、雕刻论、加工论，这些主张将学生看做有待加工的产品，而教育的目标是按照标准来生产人，生产无差别的标准件，赫尔巴特是这一论断的代表；按照市场经济、产业经营的规律来运作教育，如教育中充满着竞争和表彰，并以此来调动学生的学习积极性，教育也以利益最大化为最终目标；用军营管理的规律来运作教育，有的学校甚至将"军事化管理、部队化生活"作为校训；用科学研究规律代替教育规律，如布鲁纳的发现学习及当下的研究性学习；用竞技活动规律来支配教育，如各种奥赛、竞争和表演；用娱乐游戏规则来运行教育，如打着减轻学生负担的名义，让学生在玩中学，在做中学，在课堂中搞表演，做游戏；用虚拟世界的交往来代替教育过程，于是产生了形形色色的教育消亡论、教师消亡论；……这些说是教育，实非教育。类似的异化的教育形式产生了教育中的抗教育、反教育现象，教育活动变成了人的空场。教育完全不顾及人的感受和主观意愿，完全成为一种强迫的训练手段，而这些都是教育对人本身的认识不足所导致的。

马克思说过，实践是消除异化的最基本的方法。在我国，长期被唯科学主义支配的教育弱化甚至悬置了人的现实生活，无视人的完整性，排斥人的情感和非理性因素，制造了大量的单面人。教育违背了人的本性和教育的本性，并且不容选择地支配着我们的生活，对人造成压迫。教育为人的发展作了精心的设计，并且为人安排好了发展的道路和每一个细节，它在为人类提供了生存和发展的保证的同时，越来越多以及越来越严密地安排和设计，也在不断地造成着对人自身的束缚、压制甚至摧残。教育本应是解放人的心灵的事业，然而，它走向了歧途，习惯于对人指手画脚，习惯于对人进行规约和限定，习惯于用社会的、学校的、教师的、家长的需要替代了儿童的真实需要，而需要创造理想，需要被泯灭所带来的最直接的后果便是人对生活失去了规划与憧憬的能力，使人无法无限制地思想。这些使教育反而成了抑制人的潜能发挥和价值实现的力量，教育变成了冷漠的、无生命的、无意义的物理世界，以至于对教育安排和教育秩序的叛离、反抗甚至破坏越来越普遍。严酷的教育生活环境对人成长的负面影响是巨大的，人在教育中失去了丰富的感情和精神的快乐，处于高度戒备状态。

把自然科学的实证主义和理性主义运用到教育领域，人和社会都曾经付出了巨大的代价。有的学生作为黑客入侵高校网站，其违法和对抗社会行为的目的竟然如此简单：仅仅是为了发泄对学校的不满。在现实生活中这样的例子并不鲜见。教育的主体是人,人与教育共生共在,因此不要把人推到教育的对立面。一旦人成了与教育对抗的力量,那么我们的教育便不是真正的教育,学校也不是真正的学校。

"教育只有一个主题,那就是色彩缤纷的生活。但我们没有向学生展现生活这个独特的统一体,而是教他们代数、几何、科学、历史,却毫无结果。"[84]如果一种教育不利于或无助于人去实现好的生活的话,这种教育无论如何都是失败的,因为一个好的教育必须从根本上为人的发展和人的生活着想。我们应当将生活世界思潮的理论规定性定位在"人"在教育中的回归,因为人的回归才是教育改革的真正条件。

生活世界理论的开启无疑为人们理解人、理解世界提供了一个新的视野。生活世界视野下,人的形象发生了位移,他不再是既定的、客观的、抽象的,而是鲜活的、现实的、生产性的个体。生活世界理论所产生的对于人的新理解无疑会带给教育些许启示。生活世界视阈的彰显启发了人们对于"人"的新理解:

(一)从顺从的仆役到充满生命力的完整活体

顺从的仆役是失去自主性的全面异化的人,是单面人、技术社会中的人,是作为客体的和作为研究对象的人。这种人停留在"未成年状态"(康德),即"不经别人的引导,就对运用自己的理智无能为力"[85]。他常常放弃对自己行动的自主权并把它交给别人。这种人又表现为平均状态的"常人","常人处处都在场,而又处处无'此人'。凡是在挺身出来决断之处,凡是在公开承担责任之处,常人都已溜走了"[86]。(海德格尔)按照海德格尔的解释,常人这种存在方式是人的非自立、非本真的存在方式。常人把一切存在的可能性都抹平了,是失去了丰满的个性、自主性、创造性和否定能力的人,这种人被严重物化、单一化、表浅化,丧失了意义和深度,是失去了完整自我的单向度的人。

教育应当为铸造单向度的人承担一定责任。长期以来,教育为了发展人的个别能力,而牺牲发展的整体性作为代价。在工具理性思维方式的支配下,所有的人都是教师,所有的教师都相同,一切质的差异都被消除,生命的丰富性被拉平,变成单一的。生命不再是奥秘,活生生的生命世界变为缺乏生命表现力的灰色世界。个人在教育世界中被模式化,变得孱弱无力,他们的欢乐、忧伤、苦痛都难以在教育中得到理解和关怀。这种片面的、畸形的教育排除了一切想象、冲动、直观、情感,排斥和否定非理性的意义与重要性,导致了人的素质的片面发展,损害了人的素质的完整性,造就了大量内心空乏的"空心人"。这些人执著于某种技能的获取,但没有细腻入微的情感和人生体悟。而生活世界视阈下的教育,其宗旨之一就是反对异化,使人摆脱奴役和依赖,增进选择,恢复人的尊严。这要求在教育政策和教育活动的过程中,把人当做一个有着理智、情感、欲望的完整的人来看待,他们不仅需要汲取知识,还希望在教育中活得有尊严,渴望在教育过程中受到应得的尊重,使人在教育中以人的方式生存。于是,人们对人的阐释视界开始发生了位移,逐渐认识到"人是许多规定的综合、多样性的统一,是整体性的具体的存在物"[87]。良好的教育应当反对人的片面畸形发展,使被片面化、被肢解的人恢复到完整的人、整体的人。

整体的人首先指的是人的内在素质的全面发展,是体力与能力、智力与人格的协调发展,是潜能的最大限度的发挥,是有智慧的生命和创造自由的个体。也有学者将人的全面发展界定为精神属性(审美素质、文化科学素质、个体心理素质)、自然属性(身体生理素质的发展)、社会属性(思想道德、劳动实践素质、社会政治素质)的全面占有和发展。[88]简言之,教育视野下的人应当是整体发展的个人,是充满生命力的完整活体。

(二)从彼此心灵不相交涉的单体到主体间性的人

客体中心论是近代占支配地位的思维方式,图腾、自然及国家意志等神圣存在占据着人类的心灵并支配着人类的社会活动,此时"主体仍然是一种被神圣存在高度压抑的自我意识"[89]。到了现代社会,随着上帝之死,现代性不断深化,个体意识萌发,而人的发现无疑是向人类敞开了另一种充满希望的生存图景:人是自由自主的存在,是世界上一切存在物中的最高存在物,具有无限的自主性,他是可以自主思维、自主设计、自我创造、自我实现的主宰者。而客体则是被设计、被支配、被改造的对象,客体是为满足主体的需要而存在的。我即主体、其余皆客体的思维方式将人奉为主体,将人之外的世界贬为被改造、受支配的客体,视为脱离人的、没有主体相关性的事物,于是人类与整个世界的关系便沦为统治与被统治、支配与被支配的境况。工业文明晚期,工具理性达到了无以复加的状态,自我主体中心论被推到了极端,[90]而这种现象蔓延下去的后果便是人的异化现象的产生并且不断加剧。

自我中心主体性的滥觞衍生了"唯我论"、"自我中心论",个体主义和唯我论使人成就了孤立自存的单子式的存在状况。多尔迈对此作了精简的说明，"征服了上帝，'唯一剩下的人'并不能品尝他的胜利，而是被淹没在灭亡的漩涡之中"[91]。针对这些问题，福柯宣布"人死了"，引发了终结主体性的声音，这标志着作为现代性根基的主体性的观念逐渐在丧失着它的力量。准确地说，"人的死亡"宣判的是大写的人的死亡，是对单一主体中心论的反叛。①

随着对自我主体中心论的反叛，人们逐渐认识到人的存在还有另外一个重要维度，那就是主体间的维度。每个人都是平等的主体，人的存在是主体间的存在，存在即是人与人的交互作用。罗蒂、利奥塔、哈贝马斯等一些学者一方面承认人与人之间存在着差异性和多元性，在此基础上，他们主张用沟通、理解和对话等手段来弥合主体之间的差异。至此为止，原来孤立的个体性主体演变为交互主体，人的发展也相应变成了一种主体间互动的过程。于是，个体性主体放弃了片面的主体性地位，现实存在中主客体之间的对立与冲突便转化为不同主体之间的平等交往与对话，一个主体间的生活世界便自然达成。在主体间生活世界建立起来的同时，人改变了对他人、自然、社会等客体世界的主人态度，异己的客体世界也被赋形为有生命的、与主体平等的世界。主体之间相互平等，相互理解，不同主体通过交流、对话与理解可以达到视界融合。通过主体间的对话与交往，人与人、人与客体之间互相尊重，和谐共在，在不断与他者相遇的过程中达到主体际、主客体际的融合与双向互动。在主体间的世界达成之后，自我仍然存在，但是"不再大写，也不是绝对的中心；他人的存在是'自我'存在的平等互换的条件"[92]，各主体不断改变着交往实践关系，他们在各种交往关系中达成双向建构，使自我与他人同时得到提升与改变，成就了自我发展与他人发展并行不悖的多极主体性。②

可以说，从主体性无限膨胀的个体主体中心论到强调共在性、交互性与开放性的差异性主体之间的理解和沟通，这一人学视阈的改变是有其特定的历史际遇的。现代社会人的主体性无限膨胀，唯我性和排他性、主客的分

---

① 任平. 交往实践的哲学[M]. 昆明：云南人民出版社，2003：95. 继尼采宣布"上帝之死"，福柯正式宣布"人的死亡"，其实质是宣布作为"大写的人"的死亡，是对将人抽象化、符号化的思维方式的反叛。

② 任平. 交往实践的哲学[M]. 昆明：云南人民出版社，2003：123—128.

离、人与人的对立、人与自然的对抗以及人与自身的疏离使人与自然、他人、社会、自身的和谐关系被破坏，人被物化，陷入异化和不自由的境地，走进生存和发展的困境。胡塞尔和海德格尔等人都作过试图超越主体性的努力。主体间性就是通过强调自身与他者的相关性，试图通过理解、交流与对话以及尊重和鼓励差异，让这些对立与断裂重新结合起来，促进多元化主体之间的理解和认同，最终达到主体间、主客间的共存与宽容。这就由原来的单一主体中心论转变为对多极、差异性主体的认定，并强调主体之间及主客体之间的共同存在和普遍联系。这种视野转变是人类追求主体解放的表征。

长期以来，受现代性观念的影响，由客体中心论和单一主体中心论所支配的教育是教育发展史中的重要形态：国家观念支配教育运行的理念和细节，教育主体绝对遵从国家认定的规范，教育的作用也是为了推动社会的发展。国家意志成了凌驾于人之上的绝对观念，人被客体化，教育中充满了标准化、规范化、量化管理和刻板教育，人变成可以随便替代的任一零件。之后，随着现代性的进一步深化，人的主体意识萌发，"人"的发现挣破了客体中心主义，并逐渐形成了单一主体中心论，即所谓美杜莎之谜：我即主体，其余皆客体。这在教育中有很明显的表现：受教育者被看做改造和作用的对象，当做"有理智的机器人"。[93] 教育被视为教育者对受教育者的改造与赋形，每个人都将他之外的存在视为对象，二者之间是单纯的主客体关系；制定学校制度的依据是为了方便管理，基于这一宗旨，有的学校甚至不允许学生在课下的自由交往，以免节外生枝；衡量成功的标准是通过比较得出的，成功建立在与他人的比较之上，而不是处于自身发展的维度来作出判断；把他人当做植物、产品、机器，贬低甚至否定受教育者的价值、尊严与独立人格，这都是教育中不人道的表现。由于他人都是客体，人生活在自己一个人的世界里，主体性无限膨胀，无法与他人、与周围的世界平等自由地交流、对话与共处。单一主体中心论虽然承认人是主体，但是孤立的个体性主体彼此心灵和生活不相交涉，在自己之外的一切存在都是客体。

"人的死亡"、"主体的终结"这些来自西方的声音给我们带来了启发，而他们要终结的正是主体中心论、占有性主体，并且主张在过程和关系中来界定主体。这给教育活动带来了启示。我们逐渐发现，一种良好的教育肯定有利于人类的整体存在和整体生活。教育应与人的实际世界相通，必须保留人性和人际关系的基本因素。但长期以来我们的视野大多关注主客体关系，而忽视了存在的另一个重要维度——主体间的关系。人在本质上是交流的生灵，离开了交流就把人降格为物[94]，从这种意义上说，不能与学生对话的教师，实施不了真正的教育。因为生命系统的基本特点之一就是相互交流与作用，生命系统具有开放性，它只有与外界进行不断的能量交换才能获得发展。在主体间性意识萌发之下，人们开始关注教育与交往、教育与理解、教育与生活的关系，认识到没有交往就没有主体，"人的生成与发展无论是肉体或精神都表明为一种关系的生成与发展"[95]。教育实践是由多元差异性的主体性或主体际构成的，它的目的已不再是直接改造"物"与"对象"，而是改造"人"，从这种意义上说，教育便是重塑主体的实践。教育是一个主体间的世界，它是多极主体交往整合的产物，它是以知识交往为核心的社会交往活动，是对社会和人的双向建构和整合。这意味着教育不仅向一极主体开放，而且向所有主体开放，呈现意义的多极指向性。"多元主体具有相互的差异和对立向度，但是在整合中又形成一个具有同一规范的共同体。"[96]在教育生活中，人与人之间相互尊重、相互理解、相互交流与相互影响；在教育生活中，人自尊并尊重其他个体，师生主体间共同创造和分享，自然也充满了相互冲突、分离和否定。教育生活蕴涵并且展开这些主体间的关系。它一方面建构教育活动中的交往共同体，另一方面达到主体的自我重构和创新，形成个性鲜明的差异性主体。主体是教育活动的参与者、教育活动的构成者，更是教育返身建构的产物。

教育像所有的人类实践活动一样，一方面，它作为社会即成秩序的维持力量，对现有生活具有肯定—规范向度，另一方面，作为社会不断发展的动力机制，它又具有否定—批判向度。在生活世界的视野下，教育活动首先应当承认交往主体的差异性、异质性，在教育交往实践中不断造就各极主体。同时，我们也要对无主体观保持清醒的态度。非理性的生活世界思潮强调多元化、差异化、变动性而忽视规范化与整合化，强调多元主体的差异和歧见而忽视它们之间的整合与统一。非理性的生活世界思潮关于人的认定势必使教育放任自流，这自然也是另一种形式的异化。我们应当明确的是多元主体及多元向度是教育活动建构的基础，而一元和共识是多元主体交往整合的产物，是教育必不可少的规范与价值向度。

在教育中提倡主体间性，是对以往单一主体性僭越的一种纠正，但我们不能以主体间性的名义使一部分人的主体性消失，不能放弃教育中的强势主体和权威存在的合理性，不能放弃教师的立场、原则、态度、标准和判断，不能以"平等"的名义使教师的主导和权威地位及教书育人的职责被淡化甚至置换，使学生的权利和自由被无限扩充。这样做的后果必然导致教育活动的异化，使其失去本真的存在形式。

（三）从被限定的人到生成性的人

普遍要求、统一目标的教育曾经对人进行着严格的挤压与形塑，教育将人客观化、事实化、外在化、单面化，其结果便是造就了平均型的人、千人一面的标准人、大众人、样品人、理性人、自然人以及物欲化的人。这些被预定的同质性主体和没有差别的人，泯灭了生命的超越本质和开放性特点，他们内心隔绝，被抽象化、碎片化，不敢表达自身意愿或以鹦鹉学舌的方式表达自身。

教育学视阈下的生活世界视野所要表达的人的形象应当是开放的而非内心隔绝的，是生成性而非预定的。因为就生活世界的本性而言，它本身就是丰富的、永恒变动的，而处于其中的主体的发展也是没有止境的，不断地实现自我超越与发展。生活世界是一个不断生成的过程。身处其中的人始终处于不断生成的未完成状态，而人的无限开放性也是生活的丰富性和无限可能性的表征。因为"人的未完成，蕴含着可塑性和创造性，因而他总是处在不断的自我塑造和自我创造之中。人通过自己的活动，不断生产和创造属于自己的新的世界，从而也不断塑造自己的新的形象，不断创造自己的新的存在状况和新的规定性。"[97]

另外，人的生成性同人的未确定性和非特定性的自然属性是直接相关的。人是永远不可能完成的存在物，在严格的意义上说完整的人是不存在的，而正是人的未完成性和不完善性，构成了人的发展的自然基础和可能。对于这一点马克思和很多学者也作过详细的论述与说明，"人的本质是在人的存在的展开过程中形成的，没有什么预先规定好的和固定不变的人性，所谓人性只能是人在劳动实践活动中形成的"[98]。"人就其定义（就是说，就他是永恒实现着他的可能性的自为存在这一事实）看，不外是自我创造"[99]，"人在其现实的发展中，不会停留在某种已经变成的东西上，因而人总是处在未完成而又力求使自己完成、不完善而又力求使自己完善的过程之中；处在不断再生产、再创造自己的活动之中"[100]，"生存本身就意味着一种与自我创造、选择、摆脱既定性的生成性，是摆脱事实性的可能性"[101]。而自我创造的过程就是生成新的本质的过程。人是自主、自为、自觉、自由的存在物，每个人都是充盈着主体性与创造性的个体，他具有自我创造、自我选择和自我实现的主体能力，又具有情感、意志等具有复杂的精神空间和丰富的心灵世界。

以往应试教育生活具有明显的设定性特征，教师执行教案，学生完成认识任务。之后人们逐渐认识到教育是生活世界的一部分，而生活世界是充盈着主体性与创造性的意义世界，生活是人创造性活动的过程。教育生活过程自然也是人的自我创造、自我展现的过程，是人的不断生成的过程。生活世界的生成性和人的未限定性决定了教育的作为。教育使人的潜能释放出来，发挥出来，而且能够使其不断得到增殖、扩充和强化，从而形成人的现实的本质力量。良好的教育是人的不断创造的过程，其中包含人的需要和能力的实现；它关注人的价值和命运，促进人类生存可能性的开启和人的自由与解放；良好的教育相信生活于其中的每个人并充满期待，它在有目的、有计划、有选择地造就着人，并能够把人的需要和能力提高到一个新的水平，能够促进人的不断更新和生成。人是一个永无止境的创造和生成的过程，在此过程中，人既是能动的，又是受动的，既是创造的，又是受各种历史现实条件制约的，主体所处于其中的特定历史条件规定着生成的可能程度和方向。

要说明的是，生成虽然是非预定性的，但生成也不是漫无目的地、盲目地发展，而是有明确的目标指向，那就是以全面发展的人作为人的生成的最终形态和最高目标。

（四）从抽象的人到具体的人

教育中的人"不是处在某种幻想的与世隔绝、离群索居状态的人，而是处在于一定条件下进行的现实的、可以通过经验观察到的发展过程中的人"[102]。人首先是作为个体而存在的，是处在特定历史阶段、特定社会中的感性的、现实的个人。生活是个体性的，是因人而异、不可互相代替的空间，人生存于其中并在其生活世界中拥有主体性。正因为生活世界的个体性特征，教育要关注的是现实的、感性的具体个人，而不是抽象、大写、无差别的单一主体或类主体。

第三章

生活世界思潮的教育学困限

据说我国现在的基础教育,各种有"牌号"的教育模式已有658种,不少学校的大门前公开挂牌,称什么什么"基地"、什么什么"中心",至于什么什么"示范"的就更多了。一所学校大门前可能会挂一二十块这样的牌子,但试问其实质性的内涵到底有多少,有的可能纯属炒作,属于我很不赞成的浮躁、浮夸、浮华的"三浮"现象。我想如果我们的教育改革不成功,毛病就出在这"三浮"上。

——吕型伟

"生活世界"作为当下教育界流行的词汇之一,常常在不同的场合被提起,"教育学回归生活世界"、"教育回归生活世界"、"教学回归生活世界"、"课程回归生活世界"……生活世界俨然已经成为教育界流行的强势话语。生活世界含糊不明,又是如此时髦,于是教育工作者似乎对这一概念格外偏爱,而且不分场合与论题,针对不同对象,人们都可以借用这一词汇来表达各自的思想倾向。可以说,生活世界思潮表面看来轰轰烈烈,事实上它并未获得学理层面的深入探讨。什么是生活世界?教育究竟要回到什么样的生活世界?要回到生活世界中的什么?诸如此类的问题都无法在现有的生活世界框架内加以说明。因此,这一话语在为教育实践带来一些新气象的同时,也不可避免地陷入了理论困境,引发了一些理论与实践问题。

一、生活世界:一个未竟的话题

生活世界在当代教育界中的彰显,可以从如下三个方面来理解:第一,这种声音本身昭示着,杜威等人所关心的教育与生活的关系问题并没有真正解决或消失,而是以变化了的形式继续存在并向新的方向敞开;第二,我们当下的教育有偏失,有错误,亟须矫正;第三,生活世界理论是以反叛唯科学主义的姿态出现的,它昭示着主体思想、人本思想的张扬及对教育的生活基础等问题的关注。在此种意义上,生活世界话语的引入无疑是教育进步的表现。对于长期受到传统教育压抑的人们来说,生活世界思潮似乎具有一种不言而喻的说服力,它成功地实现了对其他教育价值观的抑制和替代,使人们丢失了最后一丝怀疑的勇气,在教育界几乎听不到反思的声音。

教育界对生活世界命题众说纷纭,生活世界被随心所欲地解释,仿佛生活世界是一个不言自明的概念。因此,可以说当下教育领域中的生活世界思潮在一定程度上成为了一种不甚严密的话语游戏,教育向生活世界回归的主张虽然制造了一片繁荣景象,却是一个不确定的命题,经不起人们的一再究诘。这种局面往往会引发两个方面的后果。一方面,教育界被西方理论裹挟,对拿来的思潮顶礼膜拜而缺乏本领域的解释与说明,其结果便造成了对西方理论的生搬硬套与盲目比附。这种对西方理论的比附既可以看成对卢梭与杜威等人的生活教育、自然教育传统的现代性回复,也可以看成对已经成为思想传统的、在西方大肆流行的非理性主义原则的发扬与阐释。另一方面,观念的困惑会导致教育实践上的迷茫,价值导向的偏差会带来行动上的失误。理论的含混不明不可避免地会导致对生活世界不同的解读方式,这些不同的解读方式会对实践产生不同的导向,以至于会引发教育实践的无序与混乱不堪。虽然生活世界理论的提出以及它在教育中的引入都有其实践针对性与合理成分,但生活世界思潮的散漫性与非理论性特征决定了它不能成为教育活动内在的价值支撑。生活世界思潮可以作为一种思想倾向来表达教育与生活的理想的连接形态,但不能进一步用来解释教育的存在基础与理念原则。

清醒的批判意识、必要的反思意识是保障教育按照科学轨道运行的必要条件,当主体性、个性、自由、生活世界、自我意识等成为现代人的生存方式的本质特征时,对这些精神进行反思是必要的。面对生活世界思潮的流行,也有少数的学者提出:"我们的课程(或教学)实践脱离了学生的生活世界,因而需要回归。这种观点有些似是而非、模糊不清,即'回归生活'究竟是要消除学校与社会的'边界'来将它们统一起来,还是在学校教育框架之内的一种课程实施策略上的选择?"[103]教育工作者通过类似的诘问来表达对生活世界的怀疑。在生活世界思潮的滥觞之下，虽然教育界存在一些理性的声音，但就目前来看这种声音还很微弱。由于生活世界话语本身的含糊不明，目前该思潮还存在很多逻辑上的矛盾，这种矛盾有待我们进一步理清与阐释。在此，我想从生活世界思潮所产生及面临的社会及教育环境、生活世界的理论性质及逻辑矛盾入手，进一步地作些思考的尝试。

（一）现代性的教育是否已经走到了发展的极限？

就生活世界思潮最初出现的话语契机来说，19世纪西方工具理性发展到极端，一些学者基于人的发展困境及社会发展的危机提出生活世界思想。生活世界思潮和后现代有着扯不清的渊源关系，二者的缘起均是出于对现代性所导致的社会和人的发展困境的忧虑，它们在现代性走入末路时萌芽并且迅速得到彰显。在提出的背景上，生活世界思潮与后现代主义思潮都是处于对现代社会中人的生存困境的自觉与反抗，因而许多主张回到生活世界的哲学家如海德格尔、维特根斯坦等也是后现代主义的倡导者和代表人物，这使得生活世界的很多主张诸如反对理性，解放感性，关注人的主体地位，承认人的异质性和差异性，反对本质主义思维方式等方面都和后现代有相通之处。这些持后现代主义观点的学者将生活世界看做走出现代性困境的有效药方，因此很多后现代主义哲学家（如胡塞尔、海德格尔、罗蒂等）的思想主张中都蕴涵着对生活世界的阐释与理解。可以说，在反思现代性这一点上，生活世界和后现代思潮有着相同的精神禀赋。但我国当前是否已经置身于现代性的末路并且走到了发展的极限？教育困境的出现是由于科学中心、工具理性等现代性因素的滥觞，还是教育中现代性因素的欠缺造成的？这本身就是需要清理的问题。

现代性贬低经验感觉形象，赋予理性以绝对的优越性，它认为人类的欲望是一种非道德的、极具破坏性的东西，因此它必须要接受理性的制约和限制。这种观念在促进西方科技迅猛发展的同时，也造成了对人的情感、欲望及需要的压抑，人的意义世界失落，陷入生存危机之中。面对西方社会的现代性末路，生活世界思潮的主张者站在后现代主义的学术立场上，在理性与感性、普遍性与特殊性、共性与个性、一元与多元等的选择上与现代性产生了巨大的分歧甚至对立。他们认为，对欲望及人的感性的压抑是一种不人道的行为，因此主张解放欲望，解放感性。在他们看来，现代性以一元统一多元，以普遍性掩盖特殊性，以理性优于感性，这种对总体性、普遍性和统一性的追求压制了个体性、多元性和异质性。[104]而生活世界所要反抗与拒斥的正是现代社会中普遍存在的中心、一元和霸权，它反对绝对权威、总体性和普遍性，认为共识是一种对差异和分歧的强暴，把虚假的普遍性和同质性强加给异质的现实[105]，由此主张从关注一元权威转向对个体性的重视，以使各种异质因素都有存在的理由。简言之，生活世界思潮与后现代思潮有着扯不断的渊源关系，它们在价值观上主张多元共存，在方法论上强调"怎么都行"，在知识观上强调个体的知识和经验，贬低理性，主张解放感性和欲望，在科学研究上主张消解宏大叙事，主张个体的、多元的小叙事。

生活世界思潮的提出及其思想主张都有很强的问题针对性，是对现代性滥觞的反叛与清理。但问题在于：我国是否处于和西方社会一样遭遇到现代性的末路？众多教育问题的产生是因为我们的教育应当加强科学性，亦或是科学性滥觞所导致的？我国的教育和西方的教育在多大程度上具有相通之处？在西方风靡一时的生活世界思潮是否也可以拿来治愈我国的教育顽疾？

（二）教育要回归的究竟是什么意义上的生活世界？

在关于生活世界的探讨中，无论倡导、怀疑还是批判都离不开对生活世界的理解。生活世界是一个含义广泛的概念，要弄清教育要回归什么样的生活世界就首先要对"生活世界"一词作出界定。在教育学话语系统中，生活世界并没有形成固定的词义，它往往被无意识地用来指代不同的观念。因此，生活世界观念被理解的过程，实际上也是被附加上不同的人性关照和价值立场的过程。教育学领域是通过话语平移的方式引入生活世界概念的，不少教育研究者对生活世界的意涵处于熟而非真知的状态，以至于有的教育工作者主张教育回归生活世界，而有的则主张理性地对待生活世界话语。由于对概念内涵的不同把握，不同的人在不同的层面上使用生活世界概念，以致出现了自说自话的现象。从总体上看，目前教育学界对生活世界意涵的理解主要有如下几个向度：

1. 把生活世界等同于日常生活世界，即是与体制或系统（各种社会制度和组织）相对的私人和公共空间。

2. 把生活世界看做与人有关的一切活动的总和，即人的现实生活。而人的现实生活是一个无所不包的范畴，它涵盖了人的一切活动：物质的和精神的、日常的和非日常的、个人的和公共的，等等。按照这种理解，生活世界不仅仅局限于日常生活，政治、经济等有人参与的有组织的社会生活以及精神生活都是生活世界的组成部分。

3. 也有为数不少的学者不是在十分严密的学术意义上来使用生活世界

概念，他们对西方的生活世界概念作了自身的理解，借用这个词汇也仅仅是为了表达一种教育倾向——在教育发展中凸现人的主体性和自觉能动性；尊重人，重视生命的内在感觉和内心体验；关注教育主体的生活，维护教育主体的基本权利，确保人性的不被扭曲，让教育活动更加贴近人生，贴近人性；彰显教育的生成性特征，突显教育的过程属性。可以说，在此种意义上使用生活世界概念主要表达了一部分教育工作者力图使人从被奴役的异化状态中解放出来的基本旨趣，倡导关注人的生活实践，关注人的主体性与创造精神，关注现实。从此意义上讲，教育回归生活世界只不过是以一种新的话语提出老问题而已。

可以看出，在上述学者眼中，"生活世界"虽是同一能指，所指却不同。而时下大量出现的生活世界话语并未对生活世界的内涵作一番明晰的考察，仿佛生活世界是一个无须考量的自明概念。"由于对一些基本概念的混淆，导致了无边无际的争论，甚至一些堂皇的理论结构都是建立在这种混淆之上。"[106] 而教育学界正是在如此境遇下引入生活世界概念的。因此，虽然很多人使用生活世界话语来说明自身的教育倾向，但很多教育工作者并未真正理解生活世界是什么，也不明了自己要回归的究竟是哪种意义上的生活世界。

（三）生活世界思潮是否可以作为我国教育改革的理念支撑？

现代社会以来，我国教育进行了几次大的改革，虽然取得了一些成绩，但是教育中存在的问题依旧很多，其原因是多方面的。教育是一个复杂的社会现象，其中存在着多种矛盾规定，一些教育问题的存在有教育内部运行机制原因，也有教育外部的社会原因。而其中一个不可忽视的因素就是教育价值导向存在分歧，在实践中"我们喜欢动不动就'全面'、'彻底'地改造这个和那个"[107]，人们在求新求异的同时，却在"理想教育"的价值规定这一根本问题的认知上存在着巨大差异，甚至对这一问题处于无意识状态。教育界里层出不穷的人本主义教育、创造教育、闲暇教育、赏识教育、挫折教育等理论以及不断出现的各种新概念、新名词都彰显了教育理论工作者的努力，与此同时这种理论狂欢的多元化局面也预示了教育界的理论匮乏与烦躁不安。体现在当下的课程改革中，我们对支撑课程改革的基础理论存在各种看法，建构主义、马克思主义……对此，理论界一直处于争论不休的状态。理论基础的含糊不明会直接导致实践的无序，这是致使课改出现"一种改革，多种实践"现象的重要原因。

好的教育首先要有好的教育指导理念。生活世界思潮的引入强化了教育中的人本意识与生命意识，丰富了教育工作者的理论视野，其积极作用是显而易见的。但是，当今看似最时髦、最先进的教育理念是否就是我国最好的教育理念？可以说自"五四"以来，我国就一直对西方理论与思潮怀有极大的热情，教育界更是不遗余力地拿来各种时髦的理论，从进步主义到要素主义，从结构主义到解构主义，从现代主义到后现代主义。然而，每一种思潮在流行一年或几年后就归于沉寂，最终又有哪种理论被证明是适合我国教育实践的？西方先进的教育理念与思潮的确可以给我们以启发，但绝不能以此作为我们现代教育理念创生与教育发展的支撑。每种理论都产生于特定的历史文化语境，也许并不存在所谓最先进的教育理论，而只有最适合的教育理论，因为只有最适切的教育思想方可催生出好的教育。

当下颠覆成为主流，仿佛一切对既有事物与传统的反叛都是合理的。于是，教育中颠覆传统、颠覆理性甚至颠覆教育常识的现象越来越被习以为常，理性被迫退居幕后。生活世界这一新型的价值观和思维方式对以往教育来源于生活又高于生活的教育常识提出了挑战，并成功地实现了对其他教育价值的替代。于是20世纪90年代后期以来，生活世界逐渐被看做教育发展新的理念保证和价值支撑。

并非所有的颠覆都意味着进步，由于生活世界的杂多性，虽然人们使用的都是回归生活世界这一话语，但他们主张的往往是"回到"不同意义上的"生活世界"。无法忽视的另一个事实是，由于对生活世界理解各异，导致了生活世界思潮在教育领域中的尴尬境域。作为一个含义复杂、有待展开的观念，生活世界思潮是否可以作为教育的价值支撑？这是一个关系我国目前教育价值导向的、有待我们深思的一个问题。

二、生活世界思潮的教育学困限

（一）对"教育回归生活世界"的质疑：一个混沌的命题

1. 教育无法回归胡塞尔等人的观念世界

胡塞尔把人的存在看做理念的存在、虚幻的存在，它回避了人生存的现实问题，而使生活变成了观念世界中的概念。他及其之后的生活世界主张者海德格尔、维特根斯坦等人将人的存在主要还是看成理性的存在、精神的存在，这种理解看似在关注人、关注人的生活，而实际上还是在观念的世界里兜圈子，容易导致对人的现实生活及生命情感的忽略。包括目前的一些生活世界的主张者，他们所说的生活只是指人的日常的精神生活，其生活世界仍然是一个抽象的非现实性的世界，而教育是历史的、现实的活动，它要回归的绝不可能是理念上的、命题性的生活世界。

2. 教育无法回归日常化意义上的生活世界

生活可以粗略地划分为日常生活和非日常生活。日常生活世界是一种自在的状态，人和人的生活处于被遮蔽的状态，"对人而言，昧于对象、昧于自我都是一种'蔽'；'蔽'不仅表现为无知，而且是一种存在的形态：在'蔽'而不明之时，人往往'习焉而不察'、日用而不知，处于自在的状态"[108]。非日常生活世界则是有组织、有计划、有制度保证的社会生活。按照这种划分，教育应当属于后者，它不同于日常生活的自在性与自存性，是一种有组织、有计划、有规则的非日常生活形态。

随着非理性主义的生活哲学的张扬，目前有不少学者在日常化的意义上来理解生活世界，按照这种理解，回归生活世界就是主张使教育回到经验的日常生活中去。在不加以任何教育导向的前提下，为数不少的教育者秉承回归生活世界的基本主题，让学生"独立思考"、"自主选择"、"亲身体验"，力图使教育活动回到日常生活意义上的生活世界，这背离了基本的教育常识。不可否认的是，教育从日常生活中分离出来是教育史上的重大进步，二者的分离为人的解放与发展奠定了基础，正是因此，才为人类的更进一步的自由提供了充分的可能。而在现代科技昌明的历史条件下主张教育回归原始的、与人的日常生活同一的状态下，无疑这种意义上的回归是以牺牲教育的独立性为代价的理论主张。在实践层面，将生活世界作日常化的理解在一定程度上引发了非理性主义的流行。教育被诠释成个别性、经验性、非系统化的日常生活活动，被重复的惯习所包围，以个体的最大自由与快乐为行为原则。在消解了必要的理性原则之后，走向完全生活化的教育同样会给人的发展带来畸变。因为"在最一般的意义上，恰恰是后者（非日常生活）而不是前者更能体现人的生活性或人之为人的特性。因为人的自由性的根本是对象化力量的增强和对象化样式的增多，而这些是要经由非日常生活的发展才能实现的"[109]。那种将日常生活看做人类唯一的自由生活，倡导教育回到日常生活形态的主张同样是教育异化的一种表现。

3. 哲学无法回归马克思主义意义上的生活世界

自胡塞尔以来的哲学家有关生活世界的研究与论述，为马克思确立生活世界场景提供了前置性语境。马克思超越了将生活世界意识化、日常化、语言化的倾向，实现了对生活世界概念的科学改造。他虽然没有明确提出过生活世界的概念，但从其思想可以看出，其"人的现实生活"即是与生活世界同一的概念。马克思摈弃了将人抽象化、实体化的思维方式，将生活世界看做人的世界，并且将人看做处于生成过程中的人。在马克思看来，生活世界是不能日常化的，日常生活固然是人生活世界的内容之一与表现形式，但我们不能把非日常生活排除在人的世界之外。因为人的"生活"是一个无所不包的概念，它涵盖了人的一切活动：物质的和精神的，日常的和非日常的，个人的和公共的，理想的和现实的，等等。日常生活和政治、经济等有人参与的有组织的非日常生活都是生活世界的组成部分。近代开始，随着生产力的发展和社会分工的细化，非日常生活逐渐取代日常生活成为主导性的生活方式。在一般的意义上，恰恰是非日常生活更能体现人的自由能动本性和人的生成性。① 因此，把日常生活作为唯一理想的生活样态是一种错误和片面的认识。马克思最重要的贡献在于打破了将生活世界意识化、语言化、日常化的理论思路，将生活世界的主体看做处于特定历史阶段中的发展过程中的人，而非抽象的人，将生活世界看做以实践为基础的人的现实生活。

在马克思主义的意义上，"教育回归生活世界"是一个无法说得通的命题。如果坚持此种理解，生活世界的主张者势必面对如下诘难：因为教育本来就属于生活世界，教育不是人的生活世界之外的东西，而是生活世界的内容，即使异化的教育也是生活世界的一种形式。因此，在科学的意义上来理解生活世界，教育回归的仍旧是某种子虚乌有的东西。

另外，"生活世界是一个真实的世界，但未必是一个'好的'和'健全的'世界"[110]。当下现代人的物化或异化都表明了生活世界也并非一片乐土，现代生活的异化状态使得人类越来越陷入被约束、被限制的境地，这严重吞蚀着个体原本具有的个性和创造精神，可以说人类当下的生活世界也处于深刻的意义危机之中。人异化了，作为人自由存在的生活世界还存在吗？那教育回归到这种真实的、良莠不齐的生活世界就可以解决自身的问题与困

---

① 李文阁. 回归现实生活世界 [M]. 北京：中国社会科学文献出版社，2002：231. 作者指出，非日常生活更能体现人的生活性或人之为人的特性，因为人的自由性的根本是对象化力量的增强和对象化样式的增多，而这些都是要经由非日常生活的发展才能实现。

境吗？这恐怕是一个天真的幻想。教育只有通过理性的去蔽，使人的存在逐渐获得自为的性质，才能逐渐获得活动的自主与自由。而回归生活世界无论在理论逻辑还是可行性上都不是治愈教育问题的良方。

可以说，时下流行的"教育回归生活世界"是一个在理论逻辑上无法说得通的命题。生活世界思潮本身的含混性导致人们产生了很多似是而非的误解，而这种误解直接反映到教育实践中来，致使现实的教育过程中出现了一些无序的局面。

（二）无法规避的困惑："生活世界"所引发的理论结果

1. 绝对主体的张扬

在非理性的生活世界思想的牵引下，"规训"、"塑造"好像成了压抑人性的代名词，国人动辄以美国等发达国家为例，认为西方国家的儿童上课可以吃东西，可以以自己喜欢的任何姿态来面对教师，面对教育，没有课业负担，没有体罚，是儿童的天堂……以此来反衬西方国家的教育是一片乐土，同时对我国教育实践中人被规约、被限定的不自由境况顿足捶胸。在非理性教育倾向的影响之下，教师在课堂上的权威身份被剥夺，甚至连主导地位也受到了质疑，"沦落"成了学习的助手和辅导员。殊不知，国人只是断章取义地截取了美国教育活动的一个片段，而非美国教育的实质精神，用这样的结论来指导我国教育实践发展必定会引发许多问题。这些被我们认为是"先进"的教育片段正是近些年美国等发达国家致力于改造的东西。以美国为例，现代社会以来，它一直想方设法地来修正国民的基础知识和道德的欠缺状况，并连续发布了多个文件，以提高教育质量。1991年4月，布什总统签发了全美教育改革文件《美国2000年：教育战略》，提出教育要在新世纪到来之前实现6项"国家教育目标"：严密规定了每所学校将成为无毒品、无暴力的场所，还将成为秩序井然而又富有浓厚学习空气的园地；中学生的毕业率至少应提高到90%；美国的学生在学满4年、8年和12年时，应当在英语、数学、科学、历史及地理等科目中，学习成绩优秀，考试合格等。该文件对美国学生的学习能力提出了具体而严格的期望——美国学生在数学与科学成就方面将是全球第一，名列前茅。可以看出，这份文件涉及的内容是如此广泛，对学生的考试及成绩要求十分明确，在入学率和毕业率甚至课程难度等基本教育指标上都有十分严格的规定。步入新世纪后，美国认识到多年来美国中小学教育一直以引导和开发学生的创造力为主，不太重视学生基础知识的掌握和考核，从而使学生放任有余，约束不足，以致于美国近年来中小学生在世界性基础知识竞赛中从没拿到过名次。针对美国中小学生基础知识欠缺的状况，2002年1月，美国总统布什签署了名为"不让一个孩子掉队"的教育改革法案。它规定从2004—2005学年开始，全国所有三至八年级的学生每年必须接受各州政府的阅读和数学统考，各学区之间就学生成绩进行严格比较。如果某所学校在连续两年的教学评比中成绩较差，学生可提出转学要求。如果连续3年教学质量未见提高，该学校必须支付学生的补习费用。如果连续6年不能提高成绩，该校的员工将进行调整。所有学校必须在12年内使阅读与数学达标的学生达到100%。这项改革作为法律在美国强制实施，实际上是对美国传统教学制度和方式的某种否定。可见，近年来以美国为代表的一些西方发达国家对教育质量的要求越来越高，并且不断地实施改革计划。

可见，不少国人眼中的"先进教育"也并非没有规训和课业负担。可以说，任何一个国家和地区的教育都有严格的规训功能，失去了这一基本功能，教育就是欠缺的和不完备的。因为就教育的功能和人性的特点两方面来说，人都是要被塑造、被规训的。人是有限的主体，人具有主体性活动的特性，但这绝不意味着人的活动是绝对自由的[①]。教育的确要发扬人的主体地位和自主精神，但这并不等于人在教育中是完全自由的、不受限制的。因为人具有被制约、被规定的客观性方面，不管个体是否承认这一点，他都不能改变自己受动性地位，而另一方面，人又具有超越性和能动性，他总是在现实社会中通过各种可能途径争取更好的生活，并且为了满足不断出现的新的需求而努力发挥自己的主体性、能动性和创造性，以达到新的生活目标。这就是人在现实生活中的超越性与能动性的向度。人的被制约、被规定的方面表征着人的受动性与有限性；人的能动性与主体性则体现着人的应当性与超越性。单纯强调人的受动性与被制约性方面，就会把人看成完全被动的、受支配的傀儡，教条主义和科学中心主义都代表了这种倾向；单纯强调人的能动性与创造性而无视人的被制约、被规定的方面，就会把人看成不受规约与限制的抽象意志的化身，存在主义、唯意志论、个体中心主义都代表了这种倾向。而现实中的人都是受动性与能动性、被制约性与超越性的结合。人在

---

① 人是一种矛盾的存在物，人身上充满着矛盾的规定：人是智慧的，但又常常作出愚蠢的事情；人是最具创造性的，但其创造总是伴随着破坏；人渴望自由，但其自由往往包含着非理性的因素。人的这种特点决定了人的活动不可能是完全自由的。

教育中的受动性、被制约性和人的应当性、超越性及在教育中的能动性，共同体现着人对教育的一种特殊关系。人在教育中以受动性为现实基础，以超越性为理想和目标，教育活动应当体现两者的有机统一。①

通过对人的客观性和应然性的阐释，我们试图来说明，在生活世界视野下的宽容的、人性化的教育并不意味着没有对错是非的教育世界，教育不能因为标榜"以人为本"、"人性化"而失去了改造人的勇气。在当下的教育现实中，由于对非理性生活世界思潮的推崇，在实践中为了体现以人为本的教育观，为了不挫伤人的进取精神，为了体现为了学生的最大幸福原则，不少学校推行"肯定教育"，教师判题不打红叉。

朝阳区精诚实验小学昨天举行了一场"评评谁最好"的活动，自信的孩子们都争先恐后地向老师展示自己近期的作业。在这些本子上，记者惊奇地发现，过去那些令人难堪的红"×"看不到了，做错的题目都被一个个不起眼的小红点和小横杠标记出来。

"老师，应该选我，我做的作业最好。"四年级学生谭骁天冲在最前面，第一个将自己的作业本放在讲台上。班主任于宪敏老师告诉记者，骁天非常聪明，但就是太粗心，做起作业来丢三落四，不是这个字少了一撇，就是那道题忘了小数点，过去的作业本上经常遍布红"×"。骁天也因为作业做得不如同学好，不太爱说话，很少参加集体活动。可是，自从本学期学校开始试行新的作业批改方式后，很多像谭骁天这样的孩子都变得活泼起来，作业也做得越来越好了。

据了解，除了精诚实验小学外，光华路二小等北京一些小学也开始实行一系列人性化的"肯定教育"。比如：取消试卷评分制度，改用"优"、"良"、"及格"、"不及格"来代替，避免刺眼的分数带给孩子和家长的压力；开辟说话课，孩子们在课堂上无须举手，而是根据课堂主题随时站起来阐述自己的观点和看法；考试成绩不满意可申请重考；等等。北京的小学在课堂教育中逐步推行人性化教育，越来越注重对孩子心理健康的教育。（于杨．北京部分小学推行"肯定教育" 老师判题不打红叉．京华时报，2003-11-07．）

将不打红叉冠之以"尊重教育"、"肯定教育"或"希望式作业评价方式"的名义，多个地区的学校对这一做法大加赞赏，并效仿追捧。很多教育

---

① 夏之放．异化的扬弃："1844年经济学哲学手稿"的当代诠释［M］．广州：花城出版社，2000：253—254．

工作者主张要大力推广这一先进理念，堂而皇之地使非理性的、消磨是非对错界限的做法在教育中站稳脚跟。然而，用红点、问号或下划线代替红叉就真的能保护学生的学习兴趣吗？真的体现了对学生的尊重吗？红叉仅仅是批改作业时的一个符号而已，假如一个红叉就能轻易地打倒学生的自尊心，使学生失去学习兴趣，那我们的学生以后如何面对真实的社会生活？如何面对生活中的挫败和得失？在教育中制造一个虚幻的人工环境，用来维护学生脆弱的自尊心，不仅不利于儿童健康心智的培养，而且在人工环境中的多重保护下成长起来的人，以后在面临生活中的假恶丑时，又能拿什么来应对？

如果面临学生在学业中的错误，教育都没有勇气指出来，反而要鼓励、赏识、肯定，要一味地献媚和取悦学生的话，那我们的教育就真的被异化了，将来在面临真实的生活时，肯定难免要"溃不成军"。因为在教育的保护下，他们的错误和缺点被粉饰，被有意识地遮掩起来，这样的教育培养出来的人，哪有资格成为生活的主人和创造者？

儿童在成长的过程中会不时地犯错，有时是在学业上犯错，这时需要教育纠正，有时是在品德的形成过程中走错了一小步，这时更需要教育站出来大声说"不"，并教给他们什么样的做法是正确的。如果连纠正错误的勇气都没有，我们的教育就是残缺的，甚至有害的。

非理性的生活世界思潮将人的主观能动性发挥到极致，使人的绝对自由和尊严神圣不受侵犯，主张无条件地尊重学生的生命、生存、生活和生长，提倡无限宽容、无限自由、无导向、无预设教育。教师怕学生，教育跟着学生走，教育没有权利向学生说"不"。课堂中用笑声代替了思考，并且人不知道为什么会笑以及为什么不会思考……这是应当引起人们深思的现象。

"人就始终是作为主体而存在的，不仅是认识和改造自然界的主体，而且是认识和改造人本身的主体。"[112]目前虽然教育界倡导主体的复归，似乎人的主体性的重新获取已经成为教育界的事实。但要指出的是，没有自觉意识的"主体"就不是严格意义上的主体。曾经在应试教育的长期训诫之下，人丧失了对自由、幸福、尊严的不懈追求，丧失了自主选择、自主决定的能力。人在经过长期的管束与限定之后，陷入了自我异化的状态。如果教育赋予他"主体性"权利时，人能否正确运用和实施这种权利？是否会导致散漫化与自由化？这是一个需要确证的问题。不少教育工作者受西方生活世界思潮影响，出于对人的发展的关注，在主体性的追求上急于求成，结果陷入了绝对主体性与绝对自由的泥淖。如之前的赏识教育、成功教育只是实践了教育实践功能中积极的一面,而放弃了教育的限定性,这是对教育功能的片面化,是一种急躁的做法。那种在理论上认为人在教育中已经获得了自主性和主体性的看法只能是一种乐观的想象。从应然性方面来说,人应当是自己行为的主体,但能否真正成为主体,要看其能否具备当主体的素质,因为主体性不是无条件的赋予。如果认为任何人在任何时候都可以作为主体,那是一种天真的、不切实际的看法。

在生活世界话语下,主体性的呼声虽然越来越高,但大多都是抽象地谈论主体性的问题,没有意识到主体性的获得是一个过程。不少学者通过"回归生活世界"试图使人重新在教育中占有中心地位,可是他们强调的主体往往只是认识的主体,而不是真正的自主性的主体,回归的结果便是使人由原来的客体变为被强迫成为的主体再到暗中被支配的主体。在人还不具备主体素质的前提下,主张主体性的回归与无条件赋予将会导致教育的混乱,所谓主体性的回归仍然是一个无法真正实现的神话。

主体性即是要求做自己本身的主人,它要求人不仅要确立对外部自然的主体地位,而且确立起对内在自然的主体地位。主体应具备如下素质:第一,独立自主,摆脱了依附、依赖、依从,具备能动地改造对象或认识客体的能力;第二,选择性,不会选择就无法自主地决定自己的实践行为;第三,有创造精神,具备超越性的维度,不满足于现状,敢于追求想要的生活。只有具备如上条件才有能力成就自身的主体性。可以看出,主体性的获得是一个缓慢的过程,随着自我异化及非本真的生存形态的消除,随着人的各方面素质的不断完善与提升,人才会逐渐成为真正意义上的主体。因此,我们在教育中不能抽象地谈论主体性,而只能站在实践的角度去理解,"教师只有从事教学活动,能动地改变学生的状态时,才可说是教学的主体。学生只有从事认识客观,能动地理解、掌握教学内容时,才可以说是学习的主体"[113]。

2. 二元对立的思维方式

"教育回归生活世界"是一个中西交汇、现代与后现代交汇与冲突的产物,这一话语的敞开不仅体现了理性主义的没落,也在某种程度上反映了被压抑已久的教育主体对自由的无限向往。它主张个体主体,倡导消解知识和身份权威,体现了一种有别于传统教育的价值取向,给教育界带来了清新的气象。但问题在于:教育在关注学生的生活世界的同时,是否一定意味着放弃对科学、理性及进步的坚持,放弃对教育终极意义的追索,放弃对普遍性、统一性、共识性及其规律的追求?教育工作者过于乐观、片面地接受了西方的"启蒙"、"进步"、"科学"等观念,在教育实践陷入泥淖之际,又引进了后现代思想及生活世界思潮来治疗现代教育的病症。诊断和治疗教育危机的整个过程都不仅排斥自己的历史语境与文化资源,也无视西方知识分子对生活世界及后现代思潮的负面价值的反思。这一问题的出现是教育界对引进的概念、命题、思潮缺乏必要的理性观照的表征。

教育若不能关照人的现实生活世界,生活必将教育边缘化,甚至抛弃教育,这是教育自身发展的内在规定与命运。但应当指出的是,教育虽然没有理由漠视生活世界,但也不是生活世界的附属和臣民。因为教育有其自身的生命节律,它来源于生活,但又高于生活;它承担着关怀人的使命,但又以教化人、促进人的素质发展作为教育活动的最终旨趣。唯科学主义设定理性和感性的二元对立,抬高理性,贬低感性,对感性的丰富内涵及其活动方式视而不见,甚至大加鞭挞[114],而当下的非理性的生活世界思潮主张对非理性主义及唯主体论原则的推崇以及对理性、规律、原则等因素的排斥仍然建立在这种二元对立的思维之上。

要建构一个合理化的教育过程,首先意味着二元对立思维的消除。例如,完全预设的教育将会使儿童失去自由空间,产生塑造论,而不干预、不预设的宽松教育也将意味着放弃教育职责,牺牲教育质量。教育过程中类似的矛盾范畴大量存在,自主性和接受性学习、启发和灌输、预设与生成、工具理性与价值理性、实用理性与人文关怀、替代选择与自主选择……这些因素各有合理性,教育不应当偏执一端,否则将会在教育功能与运行方式的认定上产生片面化的理解,有很多教育悲剧都根源于这种二元对立的思维方式。

3. 混乱的多元化

生活世界思潮无疑迎合了西方后现代消解理性主体的趋势,它所主张的主体多元、无中心、感性解放等思想直接惠及后现代资源。教育界对"生活世界"的彰显在很大程度上是出于对学术时髦的比附而缺乏必要的省思。非理性的生活世界思潮主张异质主体存在的合理性,强调多元共生,反对一元霸权,但看似合理的多元化带来的一个直接问题便是不同的主体之间如何沟通、交流与合作。主体多元是对个体主体的确认,它使个体的中心地位得到了前所未有的巩固。但在共识消失、不可通约性无限增长的情势下,不同的主体之间如何实现沟通?异质主体之间如果无法达致沟通,那么这种多元的、孤立的个体还是否具备作为主体存在的条件?也可以理解为,主体的多元及共识与普遍性的消解是否意味着主体消失？这是值得我们深思的现象。

4. 非理性主义的张扬

当代西方哲学提倡回到生活世界，其实就是对统治了西方几百年重理性、重规律而远离人生哲学的一种反叛，但是胡塞尔、海德格尔等生活世界思潮的主张者离开了理性的传统，将观念、语言作为世界的本原，结果导致他们对生活世界的阐释陷入了非理性主义的泥潭，他们开出的生活世界的药方无法治愈现代社会的矛盾与问题。如果教育学引进的生活世界仍然采用的是胡塞尔等人的立场，将生活世界的立足点仍然植根于唯心主义，将生活世界看做理念的世界、语言的世界，不承认人的现实生活是建立在以人对自然的改造的生产实践的基础上，那么对生活世界的回归。"无非是对主体世界的回归，即对依赖于人的世界的回归。这就是人的语言世界，人的主体际世界，人的情感、感受和内心世界，或者最多是饮食男女的人的生活世界"[115]。

（三）有待面对的问题："生活世界"所导致的实践后果

1. 不断加强化的"生活世界"话语在实践层面上加重了人们的困惑与焦虑

20世纪90年代之后，"回归生活世界"成了哲学、社会学、历史学等领域竞相讨论的主题。身处如此浓厚的"生活世界"话语之下，教育学者自然也难以不走入这一逻辑，有些学者甚至还没来得及反思"回归生活世界"到底意味着什么，便匆忙地引进这一新的理论范畴。走入生活世界话语之后的教育学开始试图更新所有的教育框架，课程、教学、教材……教育界是通过话语平移的方式引入生活世界话语的，在此种意义上讲，生活世界在教育学领域中的滥觞是对相关学科的回应和重复，也可以说生活世界理论又一次成功地实现了对教育领域的殖民。

时下，教育中心论受到了各种各样的批评，教育成了"藩篱"、"牢笼"，成了"自由人的屠宰场"。于是，不少教育工作者对"回归生活世界"的主张趋之若鹜，并希冀用它来制造新的教育气象。有学者甚至将"教育回归生活世界"看做现代教育的基本途径与基本追求。在他们看来，"课本知识的教育，几乎已经成为当前中国学校教育的全部"[116]，于是主张教育要不断地"返回生活世界"，要"让枯竭冷漠的教育回到真实、鲜活、丰富的生活中来"[117]。甚至有人为了打破教育与生活的区隔，主张通过扒围墙、拆校门等方式来宣誓教育向生活的靠拢，提出拆除围墙，"开门办学"。但问题在于:没有围墙的学校就真的就与社会没有藩篱了吗?无疑,在这些学者看来,原来的应试教育扼杀了人的主体性与创造精神,漠视人的生活世界,使教育最终使人变成了没有灵魂的机器。因此,他们认为"回归生活世界"无疑是拯救教育无序局面的最有效的方式。

不可否认的是,教育回归生活世界是对教育脱离日常生活、成为异化人的力量的一种反省。从这个意义上来说,生活世界在一定程度上触及了现代教育的症结。但按照常识,当一个命题被绝对化后,肯定是出现了问题。作为一个移植过来的且在西方学术中就不是很明确的概念,生活世界思潮如何作为教育的理念基础和支撑?受相关学科理论发展的助势,教育学界只是在熟知而非真知的意义上使用这一概念,以致生活世界概念人言人殊。在理念层面,"生活世界"和"生活"成了一个熟知而非真知的经验性词汇,谁都可以拿来在任何场合使用。由于理论本身的模糊性,很多实践工作者对生活世界的理解片面化,以致不断强化的生活世界话语反倒加重了人们的困惑与焦虑,在实践中出现了各种各样的以"生活世界"为旗号的教育实践行为。

"回归生活世界"的提出,表面上或主观意图上是为了保证人的主体地位,防止教育与生活的断裂,维护教育的本真与人性化的状态,但事实上,由于生活世界话语本身的模糊性,教育学界对生活世界的研究往往较多地受到哲学或其他学科的影响,没有形成教育学对生活世界思潮的性质及其意义的独特认识,如此一来,便割断了教育学视阈下的生活世界话语合法化的学术根基与学理支撑,导致教育成为生活世界的"注脚",使教育逐渐失去了深刻的批判性。

2. 生活世界话语在一定程度上引发了教育实践中非理性主义的流行

生活世界话语给教育界带来了清新的景象,但与之相关的消极和混乱的趋势也在不断滋长,并且已经引起了学术界的忧虑。"教育要不断地返回生活世界"的呼声越来越高,继而有学者对制度化的学校教育产生质疑,认为"导致课堂中出现受压迫者的客体因素主要是制度化的教室空间,学生使用的教科书等在场因素"[118]。课堂教学本身就是不同于日常生活的组织化、制度化的有计划的理性行为,师生双方通过对教科书的解读,通过情感的共鸣与互动,相互影响,从而实施教学计划,实现教学目标。假如没有了教室和教科书,岂不是对制度化教育的消解?不少教育工作者站在后现代的思想角度认为,在课堂生活中,"师生是共享共谋的,充分体现各自的主体性的,是平等对话的,任何一方都无权把自己的意志强加于别人。这是我们理想中的课堂生活。然而,反观现实的课堂,教学取代了生活,教师的主体取代了学生的主体,压迫取代了对话,学生被无可奈何地沦落为受压迫者"[119]。师生共享共谋如果还可以勉强说得过去的话,那么教师有没有对学生的不良思想行为进行修正的职责?教师不能对学生的思想行为施加任何影响吗?那么教育的功能何在?教师的职责何在?至于"教学取代了生活"这一看法,作者认为这二者本不属于同一范畴,教学是有组织、有计划的理性生活,二者本不冲突,何谈取代?通过这些简单的现象,作者试图说明的是:在当前的生活世界思潮的冲击下对制度化教育的判断的非理性行为时有发生,为数不少的教育工作者在生活世界的关照下降解了理性原则,抽象地维护生活世界思潮。如果对当下教育当中的各种矛盾关系不加梳理,很多教育问题就难以获得合理的解释。不可否认的是,教育从日常生活中分离出来是教育史上的重大进步,而在现代科技昌明的历史条件下,这种主张教育回归原始的、与人的日常生活同一的状态的"回归",无疑是以牺牲教育的独立性为代价的理论主张。遗憾的是,这样的情形正在成为我们习焉不察的事实。

记得那是一次课堂教学赛课,要求参加比赛的教师不用自己的学生,并且事先不允许熟悉学生。这样多数讲课的教师都会在上课前的几分钟和学生进行一下语言交流,目的是为师生合作作铺垫,共同把课上好。黄××老师上一年级数学(北师大版)课"捆小棒"时,课前是这样交流的:

老师说:"我叫黄××,请问你们应该怎样称呼我?"

几乎所有的学生都异口同声地说:"黄老师!"然而其中有一声很响亮的"黄××"。随之而来的是学生们你看看我,我看看你,一片嘈杂之声,听课的老师也都在议论纷纷。无意之中,不自觉地说"黄××"的学生低下了头。

课堂沉闷了片刻,只听黄老师说:"很好!老师从来没有听过学生叫我的名字,今天终于有学生叫我的名字了,名字就是让人叫的嘛!不然起名字有什么用,况且做老师的可以叫学生的名字,谁规定学生就不能叫老师的名字啦!只要你们喜欢叫,尽管叫就是了,你们喜欢叫吗?"

学生小声齐答:"喜欢!"

"好!那你们叫一声,我听听!"黄老师说。

"黄××。"学生们小声地叫了一声。

"声音不够响亮,说明你们不喜欢叫,是吗?"黄老师说。

"不是!"学生们齐说。

"那你们再大点儿声叫一下,我听听好吗?"

"黄××!"声音果然大了许多。

"再来一声好吗?"黄老师说。

"好!"学生们响亮地回答后一齐说:"黄××。"

所有的学生(包括刚才低下头的那个学生)和所有的听课老师及黄老师本人都露出了微笑。进而,黄老师问:"同学们,你们作好上课准备了吗?"

学生们情绪高昂地齐声响亮地回答:"做好啦!"(当学生直呼教师姓名时. http://eblog.cersp.com/userlog17/36942/archives/2006/191420.shtml,2006-12-13.)

  从上述教学片段中,我们似乎可以看到西方在大力倡导个性解放时期所呈现的教育场景,能发现西方无限自由的课堂教育的影子。我们一定难以想象,上述这一节课被许多教育工作者认为是课堂中师生平等的典范,很多人似乎从中看到了新型的、和谐的、平等的师生关系。通过教师对这一课前偶发事件的处理,不少人认为教师对于这一教学突发事件的处理,不仅体现了教者课堂教学观念的转变,而且已化为具体的实际行动。而且,很多教育工作者从最后的一句问话"同学们,你们作好上课准备了吗"可以看出,学生在课堂教学中的主体地位真正得到了落实,实际这一句话中含有"现在可以上课了吗"的意思。教师尊重了学生的主体地位,改变了以往传统课堂教学的"目中无人"的做法。但是,我国的文化习惯和教育传统被淹没在这一片嘈杂的课堂之中,学生对于教师的尊重,教师对于学生礼仪文明的规训,似乎都退场了。

  近些年来,受西方思潮的影响,一些学者站在后现代主义相对甚至虚无的立场上,否认教育与生活之间的本质差异,主张绝对平等,消融教育主体的角色界限。这些思想主张被贴上了反传统教育、反旧教育的标签而大受推崇,并在一些生活世界思潮的主张者那里得到了呼应。由于不少学者在日常化的意义上来理解生活世界,因此,回归生活世界就可以被理解为教育回到经验的日常生活中去。在不加以任何教育导向的前提下,为数不少的教育者秉承回归生活世界的基本主题,打着"寻找被科学主义和实证主义所遗忘的人的世界"的招牌,将教育置于无原则、无规范的境地:教学方法滥用误用,课堂上哗众取宠,表演话剧、唱歌、朗诵、滥用课件成了反对传统教育、解放人性的表征,最终使课堂成了滑稽的表演;教育者滥用赏识,宽容无底线,放弃了教育疏导心灵向善的职责,对人放任自流,缺乏必要的控制和主导,扭曲了课堂教学的基本面目。更有甚者主张"拆掉围墙,回归社会",主张将中小学室内外场地、设施全部向社区开放。[120]难道教育中存在的复杂问题只是通过拆掉一堵围墙就可以解决得了吗?有学者也主张"将知识技能本位的艺术教育变成体验本位的艺术教育"[121]。凭常识,不是所有的教育内容和教育形式都可以做生活化处理,这一极端现象和以往死守教案的结果同样严重。不少学者在生活世界的召唤下成了这一思潮的信徒,他们提出各种观点,力图使教育活动回到日常生活意义上的生活世界,这背离了基本的教育常识,对于这些问题,现在到了非盘点不可的时候了。

综上,在当下的语境中,"回归生活世界"似乎成了提高教育效率、促进教育人性化的根本途径。然而,问题的关键在于:我们还没有在教育学意义上理解生活世界话语的真实意蕴及对教育学的启示。"生活世界"的滥用与误用正在遮蔽教育的真相与本真,正在消解以往的教育常识,对教育现存的规范和理念提出了挑战。生活世界思潮在理论意向和教育实践上出现的一系列模糊和混乱如不加以控制,就势必使生活世界话语的真实意蕴与理论价值流于虚妄。

三、"教育回归生活世界"思潮的澄明与超越

(一)还原生活世界的真实意蕴

"生活世界"的含义的不确定性使这个命题始终保持着开放性,这种开放性为我们探索此种理论提供了一个合法的话语空间。但要注意的是,回归生活世界不能抽象论之,必须切入中国的教育现实,根据教育活动变迁作出选择与辨别。"生活世界"这一术语具有某种日常语言的词性,似乎显得很容易理解。但实际并非如此。模糊不明的生活世界话语导致了理论上的混乱和实践上的惶惑不解,在教育中也存在着多种生活世界观并存的事实。以致于有学者主张悬置生活世界概念,认为"生活世界"概念本身很有必要还原到"生活"之中。[122]为了彰显生活世界积极的理论力量,对不同意义上的"生活世界"加以甄别,廓清人们在生活世界话语下的困惑与混乱是必要的。

由于"生活世界"本身的多义性,教育当中对"回归生活世界"的理解也是人言人殊,以致出现了很多似是而非的论断,如"教育无论从时空、形式和内容,都越来越远离生活世界"[123]。在此,如果将生活世界理解为日

常生活，教育从日常化的生活世界中脱离出来本是教育进步的表现，而不是退步。如果作马克思的理解则更难说得通，因为教育本就是生活世界的一部分，何谈远离？所以看似无可置疑的一句话，实际上却是一种似是而非的误解。教育界类似的含混的提法是很多的，虽然借用同一个"生活世界"词汇，但他们所指称的往往是不同的生活。在这里，如果这一判断可以说得通的话，就只能将生活世界作另外的理解，那就是如其他学科一样，"教育回归生活世界"并不是为了确保学术建构的严密性，而只是为了表达某种思想倾向——对教育脱离人的生活，成为异化人压迫人的现象予以反省，主张尊重人的价值、人格与尊严，加强教育与现实生活的联系。[①]

"生活世界"在不同的哲学家那里具有不同的指向，但无论是胡塞尔的生活世界，还是马克思主义的人的现实生活世界，都自觉地把关注人的主体性和创造性，联系人当下的生活现实作为共同旨趣。可以说，对人及其当下生存状态的关怀，表征了生活世界思潮的精神禀赋。提出"教育回归生活世界"的最根本的动因是为了解决人自身的问题与困境，时下的"课程回归生活"、"教学回归生活"、"德育回归生活"虽然在命题上存在逻辑悖谬，但学者们都在以一种不太严密的话语来表征自身的教育倾向。就目前来看，教育回归生活世界的意蕴还主要在于打破传统教育对社会生活的疏离，使教育关注现实生活，联系现实生活，实现与现实生活的融通。加强教育与生活的联系的呼声在教育史上始终都没有间断过，因此，可以说当下的生活世界思潮是借用了一个时髦的"生活世界"词汇来提出以往的老问题。它不仅变换了一种话语方式，还附加了呼唤主体性的内容。

目前我们的困境之一就在于割裂生活世界与科学世界的联系，否认二者在教育中共存的可能，从而使对生活世界思潮的理解陷入非理性主义甚至虚无主义，"生活世界"成了一个神秘的词汇，以至于"回归生活世界"喊得越响亮，人们便愈加困惑。当下的一些研究与争论有很多只停留在概念和术语上，"生活世界"仍然是一个概念指称，缺乏实际意义。这使"生活世界"在得到彰显的同时，也使其走入困境和滞留状态，亟待清理和深化。这种悖论深刻地揭示了生活世界缺乏必要的理论建构，含混不明的生活世界不能破

---

① 生活世界概念并不是为了确保学术建构的严密性，因为其本身还有许多有待清理的矛盾问题。它的提出与使用只是为了表达某种思想倾向。参见：邹诗鹏《生活世界话语的困限与生存论自觉》。

解或消弭现有的教育问题，反而使它开始面临诘难："生活世界话语本身就是无底的谜面。不言而喻，发轫于晚期胡塞尔哲学并通过后现代哲学得以强势推进的生活世界理论，已在生存主义和语言哲学之后大大地深化和推进了生存论哲学，不过，正是在后现代哲学不断还原与回复的非理论的语境下，生活世界理论陷入了一种散漫、空疏、缺乏理论建构的困境之中，生活世界的话语膨胀与幻相遮蔽了理论的无根状态。"[124] 就目前来看，生活世界话语仍是西方中心的，我们又不自主地陷入对西方理论与思潮的膜拜之中，似乎依凭生活世界任何一种行动选择都会得到理论上的支持，课程、教学乃至教育活动本身都被纳入生活世界思潮的框架之中加以理解，"教育回归生活世界"成了一种全能的力量，被赋予了某种理论优越性。

生活世界思潮在教育中宣告了如下事实：教育不仅仅是为了人将来的生活，教育就是人当下的、正在进行着的、真实的理性生活，教育应当关注人在教育中的存在状态和心灵幸福。从此种意义上理解，"回归生活世界"可以认为是祛除人的异化、恢复教育本真的过程，并且要最大限度地关注人的现实世界。但要澄清的是，"教育回归生活世界"并不是在严密的学术意义上来使用的，人们使用"生活世界"这一词汇只可以理解为表达一种教育倾向——关注人的生存状况、倡导教育的生成性特征及实现教育与生活的沟通。所以如果认为教育应当回归到日常生活的状态之下，无疑是另一种形式的教育消亡论。教育要回归的也不是马克思主义的人的现实生活世界，因为现实世界只是一个真实的存在，却不是一个完美的世界，其中真善美、假恶丑并存，教育应当评判性地关注这种社会现实，有计划地改造现实，而不是现实社会的应声虫。当下将生活世界等同于日常生活以及人的意识、语言等倾向的论断还大量存在，不少学者将生活世界看做一片乐土，似乎回归之后的教育就是没有瑕疵的、与人和谐相处的世界。教育应当对这种非理性的生活世界思潮保持清醒的认识，因为假恶丑现象在生活世界中也大量存在，教育要做的是联系生活世界中的合理因素参与教育过程，对那些异化的社会现实采取超越的、批判的姿态，以此来参与社会改造，加速社会进程。

（二）有限度地使用生活世界话语

所谓"有限度"即是在批判和反思的意义上使用生活世界话语，不盲目地追逐学术潮流。针对教育脱离甚至背离人及人的现实生活的种种现实，教育在哲学中找到了价值引导与支撑，引入了时髦的、歧义丛生的生活世界话语，并且响亮地提出了"回归生活世界"的口号，这个事实本身就表现了教育者改变教育现实、提升人的主体地位的一种努力。不可否认的是,"生活世界"对教育界而言,是颇具吸引力的词汇。它表明了对人的主体地位的呼求以及对人的现实生活的关注,体现了一种不同于传统教育的全新的思维方式,彰显了巨大的理论力量。生活世界话语给教育带来的最大变化无疑是生活与人在教育中的充分张扬。可在此过程中,始终困扰着教育界的问题是:在充分肯定生活与人的价值的同时,如何保证教育按自身的生命节律运行?我们要回归的究竟是何种意义上的生活世界?这些问题都有待进一步的考量。但教育界甚至没来得及思考便匆忙地走入生活世界话语,以至于我们忘记了反思,使生活世界话语轻松地实现了对教育的殖民。当下不少教育者对生活世界话语趋之若鹜、鼎礼膜拜,有的学者甚至认为向生活世界回归是现代教育最为根本性的任务[125]。

生活世界策略的提出虽然有很强的问题针对性,但是学术界在这一思潮的认知和使用上仍具有很大的随意性,因为生活世界命题几乎未经反思,不经审问,并且从未被清楚地定义和说明,将教育建立在这样一个未经论证合法性的回归命题之上是不负责任和危险的。

现实的教育冲突都是潜在的和内在的价值冲突,由于对该理论的认知混乱,导致教育实践中也出现了很多误区。甚至有不少学者主张教育回归到日常生活层面,这样的理解会导致教育在文明时代的重新荒蛮化。在当下的教育界,回归生活世界成了一个人言人殊的命题,在各个领域都可拿来做虎威,甚至成了无条件的绝对铁律。要注意的是,在含糊、一哄而上、缺乏反思与最起码的理论认知的情况下,对这一命题的普遍推广将是灾难性的。尤其是不少教育工作者将生活世界作日常化的理解,认为教育应当回归日常生活世界,这种观点错误地鼓励了人们对教育实践的放任和对教育规则、规律、模式的挑战,是以软弱的态度放弃教育的责任和回避教育中的问题。

"生活世界本身的缺陷与人们对这一思想的过分依赖恰恰都是时代理性匮乏的表征。"[126]于是,在这种狂热之后,教育学术界有的学者发出了"理性地对待生活世界"的呼声,主张有限度地采取生活世界立场,对于缺少对生活世界思潮的自身批判的学术状况提出了质疑。面对"生活世界"这一强势话语,虽然教育界目前已经有了怀疑的声音,但从总体来看,这种声音仍然很微弱。"教育回归生活世界"应当是倡导教育与生活相连接,彰显教育的人本内涵,以提升生命的意义与质量作为目标,而不是向所谓日常化状态的简单回归。教育不能回归日常生活的散漫状态,不能离弃制度化的存在形式,要遵从理性原则,对于当下流行的各种反制度化教育主张及宽松教育方针应当清醒地认识与甄别。

这个巨变的时代特别需要冷静思想,而不是追随各种流派的热情。为了使回归脱离浅薄的、时髦的躁动之语,对教育学视阈下的生活世界话语作一番冷静的检视是必要的。因此,当下生活世界思潮应在确定的、有限的意义上使用,虽然教育中引入"生活世界"起到了实践观启蒙的作用,但不能将"教育回归生活世界"作为建构新教育的理念支撑。面对繁荣的生活世界思潮,一方面我们应肯定其在教育发展中的积极意义,另一方面我们面对各种教育新主张应当坚持理性的态度,将生活世界观念制约在有限理性的基准之上,亦即,作为一个引进的概念,"生活世界"在使用上应充分注意到其限度。这须要我们在面对生活世界思潮时贯彻如下三个原则:

1. 坚持理性原则

导致生活世界产生的是一系列教育现实问题,如儿童动手能力、社会适应能力差,儿童的合理需要被漠视,游戏、睡眠时间被侵占,等等。"教育回归生活世界"首先表明现实的教育有了太多偏失,生了病,在与生活的关系上出现了"问题",此时教育界在哲学中找到了价值引导与支撑。回归生活世界即是主张教育要关注人的整体发展,关注人的个性和兴趣,关注人的自由与解放。"生活世界"的畅行似乎为教育发展开启了另一种与众不同的路径,它是对教育中存在的唯科学主义、唯理性主义的反抗。在生活世界思潮的冲击之下,崇尚理性、弘扬科学的教育时代似乎面临被终结的窘境。

生活世界思潮一方面恢复了人在教育中的主体地位,昭显了人的立场并敞开了教育的人性化轨道,但另一方面又强化了后现代主义以及功利主义和自由至上主义在教育中的影响。这些思潮强调趋乐避苦和个人幸福,主张用个体的快乐和幸福作为衡量道德的标尺,凡是给个体带来消极体验的行为都是不道德的;消解身份界限,质疑权威存在的合理性,倡导无主体、无中心的教学观;个人是目的,个人利益至上,任何对人的自由的限制都是非人道的,不合法的;消解规律、普遍性和统一性,因为这些都将是对人的自由的限制。这些思想倾向和主张都为非理性的生活世界思潮在教育领域中的彰显提供了初始化的语境。长期的封建统治使我国人性中有一种对自由主义的普遍向往。在后现代主义、功利主义等思想的助势下,生活世界思潮迅速在教育中得到推广、蔓延,个体的感性、自由和幸福在生活世界话语下都得到合法的庇护，人的生活及幸福变成了教育活动的目的。可以看出，"生活世界"在教育界的最初引入就已经实现了与后现代主义、功利主义及自由至上主义的联姻。生活世界在教育中高扬个体化、人性化与自由化，而自由又常常被误解为不受规约与控制，完全按照人的幸福和快乐为原则，任何对人的约束与压制都被视为罪恶。教育失去了规约与修正人的职能，成了令人无限放松、随心所欲的日常空间。

当下教育界为了祛除教育工具主义，教育的工具性特征也一同被抹杀，似乎一提及"工具"都是非人性化的代名词。殊不知，教育工具主义是一种关于教育本质和功能的认识，它强调教育只是实现人的发展和一定社会目标的工具和手段，是阶级的工具，不顾及教育的人本价值。而教育工具主义与认可教育的工具性是有着根本不同的，教育始终贯穿着人类的价值追求这一目的，任何教育活动都负载着特定群体的价值要求。对教育的工具性的认可是对教育经济、政治功能的肯定，是一种客观的、符合教育规律的态度。目前仍有很多人不认可或不愿承认教育的工具性，似乎承认教育的工具性就等于漠视人的主体作用。这些思想倾向与理论主张最终使教育活动失去了理性原则。生活世界思潮在反对唯科学主义的同时，又使教育走向了另一个极端。教育在否定了唯科学主义以后，又反过来被"生活世界"奴役，生活世界获得了终极意义。在这种情势下，如何使生活世界思潮区别于功利主义是当下教育界应当思考的一个问题，莫让其成为功利主义的一种变体。

在理性原则的指引下，我们看待教育中的生活世界思潮时应当坚持如下立场：一方面，教育回归生活世界是针对教育和生活脱离，人在教育中被漠视、被贬损的状况而提出的，有极强的现实针对性，并且在教育实践中也引发了巨大的现实回应，使对人的教育存在状态及社会生活的关注成为当下的教育潮流。这是应当加以肯定的积极现象。另一方面，在对生活世界思潮的限度的体认上，要保持清醒的态度。这种清醒的态度指的是，承认教育是生活，但不是日常化的、感性的、混沌的日常生活，而是理性化、组织化、制度化的生活空间。制度化的教育是历史发展的必然产物，那种降解制度化的教育形式，使教育回归日常生活的主张和制度化教育面临着新的危机。这种非理性的教育主张是一种不负责任的、不现实的理论冲动，对教育现实的负面影响是很大的，当前出现的一系列现实问题即是明证。

当然，值得庆幸的是，目前在生活世界的滥觞下，还存在一些理性的声音。"'生活化'必须首先要以'科学化'为基础，先让学生掌握了科学知识，再去解决生活中的问题，不能离开科学化去谈生活化，更不能以'生活化'牺牲'科学化'。"[127]有不少学者承认生活是具有教育意义的，现代教育应该回归生活，通过生活进行教育，但"教育即生活并不意味着教育与生活之间可以简单地画等号，如果教育本身和生活本身完全合而为一了，那么教育就成为多余的了"[128]。因为"教学意味着一种理性的生活，教学意味着一种自由自觉的生活，教学意味着一种道德创造性生活，教学意味着自我导向的自律生活"[129]。相对于那些把教学与生活两者看做完全对抗性的，或者把二者完全等同的做法，这些主张无疑是客观的、辨证的。也有些工作者指出，目前对生活世界理论存在着诠释过度和盲目比附的现象，并且认为"教育向生活世界的回归并不能解决教育的全部问题，并不能一定就使得教育走出现代性的困境。教育向生活世界的回归，只是走出教育困境的可能道路之一，但不是唯一道路，也不是最终道路"[130]。有的学者对生活世界问题的过分课题化表达了一种忧虑，因为目前生活世界仅仅停留在名词和术语上，认为这可能会模糊甚至遮蔽当代教育的生活关怀，以至于越是强调生活世界就越是缺乏生活气息。"本来，关怀生活世界反映了一种良好的'直观现实、拒绝抽象'的旨趣，但是，在一个商业文化与大众文化时代，这种旨向却最容易成为人们滑入顺从主义及享乐主义涡流，成为人们拒绝、避开和消解必要的理论关怀的堂皇借口。"[131]在生活世界思潮大行其道的趋势下，这种理性的、反思的声音是可贵的。教育不是轻盈的流行时尚，面对一个新的概念、命题、规则，保持警惕是必要的，毫无批判地一哄而上并非一种理性的态度，因此无论在教育研究的方法和宗旨上，还是在教育实践当中都要坚持理性原则，应当谨慎地、理性地使用生活世界话语，莫使教育从一个极端走到另一个极端。

2. 坚持本土化追求

启蒙作为一场思想解放运动，是指人类由自在、蒙昧的存在状态走向理性与自觉的生存。17、18世纪的欧洲启蒙运动确立了理性的权威，这种理性主义的思维方式轻视感性，认为感性是虚幻的、不可靠的，认为人的感性实践活动是类似于动物式的低级活动，而人的理性和精神生活则是人类区别于动物的最基本的性征。理性和精神长期在西方居于主导地位，是有其深刻的社会原因的。首先，在前现代社会，人的能力十分有限，面对强大的自然界，人类清晰地感受到了自身能力的亏缺，实践活动以顺应自然界为主，重视自然因素的主导地位，不重视感性和精神活动对自身及社会发展的重要意义。其次，人要借助理性和精神把自己从自然万物中分离出来，人的生物性肉体属于自然万物，因而是卑微的、低下的，而理性和精神则被视为人类优于其他物种的基本特征，并且随着现代性的发展不断得到强化。[132]西方社会的理性主义传统成为催化与推动资本主义崛起与现代化发展的精神力量，但是西方的理性主义传统过于执著于人的理性与精神的绝对优越性，认为理性是人类独有的、凌驾于万物之上的尺度，而人的肉体和感性世界被无限蔑视、否弃甚至践踏。长期以来，这种占支配地位的理性主义思维方式导致了西方社会的发展困境，产生了一系列的社会问题，并最终使西方社会走入了发展的极限，而生活世界思潮的出现正是对理性主宰的世界的质疑与反叛，是对理性滥觞的控诉。

我国是否具有生活世界思潮发生的原初语境与土壤？19世纪末20世纪初，康有为等人率先在中国呼唤启蒙精神，这可以看做中国启蒙运动的开端。如果说康有为呼唤过理性，主张确立理性精神与理性权威，那么从孙中山开始到之后的启蒙思想倡导者树立的则是革命的权威。[133]可以说，我国的启蒙运动一直处于理性亏缺的状态，没有树立起理性的权威，没有建立起完善的理性思维方式，而一直在理性与非理性之间徘徊徜徉。因此，"生活世界"对于我国来说，完全是一个外来的概念，就目前来看，我国所处的历史文化环境并不同于"生活世界"在西方产生时的原初语境。因此，生活世界的思路自提出以来，应当受到我们的质询并作出反省，而反省的焦点应当集中在对生活世界的内涵认定与合法性的探讨上。

思想观点和学术流派不同于自然科学的技术与规范，它不具有超主体的普遍性。因为任何思想流派总是与相应的民族文化传统相联系的，总是表征特定文化传统的思维方式和文化价值观的。生活世界思潮是西方社会反现代性的产物，它反对理性的滥觞，反对科技对人的日常生活的奴役，这些思想观点对我国的现代化进程有一定的启发和借鉴价值，但生活世界思潮是西方的个性化学说，不能脱离其原初语境而存在。"生活世界"作为从西方引进的思想，与我国的文化传统有着很大的异质性，它在很大程度上与中国文化传统、思维方式不具备相似性与相通性。因此，该思潮应当实现其"中国化"的过程，与我国的思维方式和文化传统实现碰撞与融合。但"生活世界"话语自传入以来，并没有和我国的教育传统实现真正的融合与对接，目前学术界似乎有一种盲目信奉生活世界思潮的倾向，对西方的非理性生活世界主张持拿来主义的态度，而缺乏批判的向度。这主要体现在如下两点：第一，我国有着与西方社会迥然相异的国情，目前我国一些地区正在逐步走向更高级的现代化，需要警惕与克服现代性带给我们的社会问题；但我们更应看到的是我国大部分地区在发展中面临的问题是如何建设现代性，而不是排斥现代性。由于经济发展速度等原因，现代性因素（如理性、科学、效率、道德、公正）在这些地区发展很不充分，以至于这些地域教育技术手段落后，组织散漫，对教育民主、公正等现代性的理念缺乏科学的认知与践行。如果教育以"现代性的滥觞"为借口，以非理性主义为基本的教育导向，一味地排斥理性的、科学的形式与内容，片面强调人的感性与自由，将会导致教育出现新的问题。第二，生活世界是一个真实存在的世界，但它并是不一个完美的、理想的世界。尤其是在当下的社会，生活形态从未像今天如此复杂，草根文化、大众文化、边缘文化，甚至腐朽没落的文化，这些生活形态是存在着的事实，它们对现实的教育产生着多维的影响。生活世界中的矛盾关系网络决定了教育不应当简单地回归生活世界，而应当对现实生活中的事实与价值进行严肃地甄别。第三，形形色色的"教育生活论"扰乱了人们的视野，在杜威时代之后，各种"探究"、"活动"、"体验"的教育主张重新掌握了课堂生活的控制权，卢梭的自然教育、杜威的生活教育似乎又在一个新的时代实现了复活。许多教育工作者打着个性教育、愉快教育、赏识教育等招牌，将西方的功利主义、后现代主义等思想观念照搬到教育理论中来，用西方化的观念来充当我国的教育指导思想。

于是，在受到非理性主义生活世界思潮的冲击之后，教育价值也呈现出多元化和相对主义的面貌，它使人们坚信统一和共识是毫无价值的，而价值的多元共存、异质的语言和规则成为教育中的普遍存在。尤其是存在主义和后现代思想所提倡的相对主义、无政府主义、虚无主义与生活世界思潮遥相呼应，最终在一部分教育工作者那里，教育规律及教育规则被瓦解。在经历了生活世界等西方思潮的不断冲击之后，教育被置入了一种缺乏规范性与理性规定性的困境之中；教育中人与人的身份边界消失，主体之间无条件平等，一切管束和改造都成为压抑的代名词；教育强调人的感性解放，主张个人自由和人权至上。

在教育的终极价值上，对个体生命和自由的理性诉求，古今中外莫不一致。但是生命不是抽象的存在物，而是处于具体历史条件下的具体个人，生命的价值与尊严也不是抽象的、无条件的赋予，因为人的价值实现离不开具体的社会历史条件。在教育当中追求自由、民主和平等是教育的永恒主题，但是在不同的国度,自由、平等的含义也相应有所不同,在实现民主、自由、平等的方式上也莫衷一是。科技的滥觞的确令西方发达国家走到了发展的极限,生活世界思潮发端于对科技与理性中心主义的批判。可对于我国来说,一个刚刚脱离温饱并且经济和科技能力都相对落后的国家,教育中似乎不应当批判科技泛滥、批判理性的滥觞,使人们重归于自在的生活世界,而应当提倡对人的科技关怀;提倡教育中的合作与交流固然重要,但激烈的竞争也是我国当下的现实状况。各国国情迥异,教育现状也相去甚远,因此不能拿西方的药方来治疗我国本土的教育问题。由此看来,在当下如果生活世界能自觉地把自己定位于主流教育形态的补充,是可以起到一定的补偏救弊的作用的,但如果为了追求耸人听闻的轰动效应而有意抬高生活世界的理论地位,其结果必然是无的放矢。

3. 坚持教育学追求

由于"教育回归生活世界"在意义上有一种含混性,所以关于"生活世界"的问题一直存在着难以克服的混乱理解。生活世界思潮有着哲学背景,又有着教育学背景,还有着存在论背景,而这些作为背景的理论在理解上本来就有着根深蒂固的各种困难,它们之间又存在着交叉解释、循环解释的关系。人们一直在追寻某一个关于"生活世界"的合理解释,但至今仍然没有一个令人满意的结果。这种混乱的状况直接被带入教育中来。公平地说,"生活世界"在教育领域的提出具有极强的针对性,对传统教育弊端的批判也一针见血,但由于生活世界本身语意的含混性,教育界在使用这一概念时常常把"生活"概念简单化,把"教育回归生活世界"命题简单化、含糊化,把教育与生活的关系单一化。教育界对生活世界的范畴、教育与生活的合理关系以及生活本身的要素等问题都没有提供具体的、令人信服的说明。尤其是生活世界在引入教育领域之后迅速得到彰显,但教育工作者在"教育回归生活世界"的合理性论证上所做的工作还相当不够,教育界大多还是借用西方的生活世界的含义,并没有站在教育学的学科立场上加以清晰的阐释和说明。从这个意义上说,生活世界思潮的引入是教育学追随各种主义、观念、命题的结果,它的引入代表了西方思潮又一次成功地实现了对教育学的殖民。教育界由于自身理论思维的缺失,没有发展出别的理论,只好借用西方框架来说明自身的教育思想倾向,在这种精神无主的状态下,心灵自然受制于人。生活世界思潮的引入及其在教育界的畅通无阻即是明显的佐证。

在这里要说明的是,一个教育命题、理念或行为是否有意义完全取决于它是否符合人的素质发展这一规定。也就是说，无论是本土的还是国外引进的教育理论都应当以人的素质发展为思维的出发点和归宿，以发掘影响人发展的因素、扫除人的发展的障碍为基本任务，以人的全面发展为致思取向。只有符合上述规定才可以最终称得上是"中国的教育理论"。正因为没有明确这一原则，所以很多教育理论才经常无的放矢，甚至以为随便拿来什么理论都可以在教育界做虎威。在误读盲从的心势下，生活世界思潮在理论和实践上都是危险的。

"生活世界"原本表征的是哲学中的一种关注现实的人及其生活的思想倾向，在其发展中逐渐由一种教育思潮延异为一种教育信仰，生活替代了科学，成为教育界拒绝怀疑的信仰。任何一套不加怀疑与审视的价值观都相当于宗教，面对一个概念命题规则，毫无批判地一哄而上并非一种理性的态度。当下的生活世界话语人言人殊，生活世界命题在不同的情景中被情景化地重新理解，最终在人们心目中成了无条件的绝对铁律，而这一荒谬结果正是由教育界本身的理论匮乏及缺乏正确的教育价值规定而必然导致的。

在一定程度上，生活世界思潮的流行是教育学和相关学科互通有无的结果。教育是一个开放系统，应当与外界保持着能量交换关系。但问题在于：教育学常常以"新"为真理，幻想将其他学科的研究成果直接搬运到教育中来，以代替教育问题的解决。可以说，当下流行的生活世界思潮还未被教育学化。因此，看似繁荣的生活世界理论亟待我们赋予合理的解释与理解，阐释生活世界的教育学意蕴是目前亟待完成的理论任务。教育学通过对西方中心主义的批判与拆解，实现生活世界思潮与我国教育现实的连接，实现生活世界话语的教育学转换。

综上，社会发展越文明，教育也越上升到符合人性、体现人的价值的高度，越能展现生活的丰富性。教育学视阈下的生活世界话语无疑隐含着教育对人性的召唤。不可否认的是，当下我们的教育中仍然存在着假教育、伪教育、错误的教育畅行的状况，存在着教育难以引导生活向善的方向提高的事实，导致教育难以与人及人的现实生活需要相匹配，相照应，相互推动。这种状况的存在迫使人们寻找走出教育困境的出路，而生活世界的话语昭示着一种崭新的思维方式，它将人的主体性、创造性及教育与现实生活的关联重新纳入教育视野，促进了人的地位在教育中的提升。

"教育回归生活世界"的最初意蕴在于消除人的生存困境，借此来使生活在教育中的个体走出生存困境，摆脱被异化的现实。生活世界是对人的灵魂的关注,是对与日俱增的对个性漠视的反抗,它承认人的存在形态的丰富性,承认个体的内在价值。但相对于唯科学主义对人的遗忘和抽象来说,教育回归生活世界由于漠视了科学世界的作用,走向了另一个极端,使理性逃遁于教育的视野之外。这是当下应当注意的问题。如果对当下种种错误的、含混的生活世界理论不加以澄清则会影响教育的发展进程,使教育发展与人才培养误入歧途。

教育生活的时空是有限的,仅是生活的一部分,它在特定的时间和空间来进行。"教育回归生活世界"将教育的空间无限延伸,使学校生活实现了与社会生活的重叠,结果就是教育生活时空发生僭越,与人类的生活完全等同。类似的观点如"课程不仅仅是为了将来的生活,课程就是当下的生活,课程不仅仅是学生的生活,也是教师(校长)的真实生活"[134]。倡导教育与生活的合理关系,将二者简单地认定为"回归"的关系显然是不符合客观实际的,极易引发误读。提倡教育与生活的连接,而应当积极加强二者的关联,解除教育与生活相疏离的存在形态。这才是当下"教育回归生活世界"应当强调的理论焦点。

第四章

教育与生活关系的历史流变与理论探源

  教育的发生就植根于当时当地人民的实际生活需要；它是帮助人营造社会生活的一种手段……自有人生，便有教育。因为自有人生，便有实际生活的需要。不过人生的需要，随时随地有不同；教育的资料（指教育的内容）与方法也跟着需要有变迁。

——杨贤江

  既然教育与生活难以简单地归结为"回归"的关系，那么二者应当呈现何种样态就是需要进一步确证的问题。在本章内容中，作者通过对教育与生活关系的历史考察与现实论证，试图来疏理二者之间关系演变的源流，进而为之后建构二者之间合理的关系样态奠定基础。

一、源流的追溯：教育与生活关系的历史流变

（一）原始社会的教育与生活世界：朴素的结合

  原始社会的教育直接为了生活的需要而进行，教育的根本源泉是劳动，传递社会生活经验就是当时教育的主要职责之一。人类通过教育使社会生活得以发展和继续。按照教育的劳动起源论观点，教育起源于人类在劳动过程中所产生的需要，一些德高望重的氏族首领和老人通过口耳相传的形式，向年轻一代传授社会生活和生产的相关知识，以使他们快速适应氏族生活，在严酷的环境下得以生存。简言之，原始社会教育的是帮助人类经营社会生活、使之得以延续的必要手段。

原始社会的教育以生活经验为教育内容。此时的"课程"大致可归结为两大类：职业的训练和道德的灌输，这两者均是直接与原始社会生活的需要相适应的。为了生活，原始人类首先要解决基本生活资料的问题，生产劳动教育将渔猎、取火、制造和使用工具等生产劳动技能传授给年轻一代。除此之外，为了使下一代能够很好地适应当时的氏族生活，生活习俗的教育也是当时重要的教育内容，如共同生活规范的遵守、劳动与合作规则等，这些都须要通过教育的方式让年轻一代掌握和了解。另外，原始人类还进行原始宗教教育、艺术教育和体质训练，目的是为了使成员增强体质、抒发情感。社会生活需要成员学习的知识经验，都是与教育有关的内容。

原始的教育也是在生活中进行的，年长一代通过言传身教和口耳相传，说明是非要领，并做出示范动作，下一代通过观察和模仿掌握必备的生产生活技能，以便将来更好地适应氏族生活。[135]

可以说，教育从产生之日起其职能就是传递劳动过程中形成与积淀的社会生产和生活经验，教育自诞生之日起就是与生活紧密相连、密不可分的。杨贤江在《新教育大纲》中对于原始教育与生活的联系作出了清晰的说明：

浅言之，教育的发生就只根植于当时当地人民的实际生活需要；它是帮助人营社会生活的一种手段。所谓的生活，一方面是衣食住的充分获得，他方面是知识才能的自由发展；还有，这种生活是集体的、社会的，绝对不是孤立的、个人的；所以教育的定义应是社会所需要的劳动领域之一，是给予社会的劳动力以一种特殊的资格的。自有人生，便有教育。因为自有人生，便有实际生活的需要。不过人生的需要，随时随地有不同；教育的资料（指教育的内容，杨贤江注）与方法也跟着需要有变迁。（杨贤江教育文集 [M].北京：教育科学出版社，1982：413—414.)

教育是帮助人营造社会生活的一种手段，它以生活需要为内容。所谓教育的劳动起源论，在另一个意义上来理解，实则起源于人的生活需要。由于当时严酷的生存环境和特殊的生活需要，以及文字尚未发明，这些条件都决定了原始社会的教育只能为了社会需要而进行，并且只能通过生活来进行。就教育的最初形态来说，"这是一种名副其实的'生活教育'"[136]。

(二) 阶级社会的教育与生活：高度分离

此时的教育跟着所有权走，远离大众的生活需要，二者处于高度分离的状态。

原始共产社会的教育与社会生活处于朴素的结合状态。后来，人类进入文明社会进程，随着生产资料的丰富，社会上出现了剩余产品，进而私有制出现了。同时，由于人们对世界认识的广度和深度的推进，发明了文字。自此之后，科学世界逐渐从生活世界中分离出来，日常生活和非日常生活开始分离，人们形成了概念、定理和抽象的思想体系，形成了一个灰色的科学世界、理论世界。人类再也不用像原始社会那样，通过模仿和口耳相传直接从生活中汲取知识，而是通过文字的形式，专门记录当时人们认为重要的、人类时代积累的社会生活经验，这就是最初的课程。

社会的经济基础及文化领域所发生的重大变化，对教育这一上层建筑的影响是极其直接的，"因为私有财产的发达，国家的出现，教育遂不复以保存种族为目的，却以拥护私产，巩固支配权力为主旨。这就使教育变了质，变成阶级支配的工具——但也成为阶级斗争的武器"[137]。受当时"劳心者治人，劳力者治于人"的影响，教育内容对形而上的灰色世界情有独钟，日渐脱离实际的社会劳动生产生活，因为这样的教育更可以显示统治阶级自身地位和身份的特殊性。从此种意义而言，此时的教育从内容到手段到目的，再也不以生活为出发点和归宿，再也不是为了人类生活的延续而进行，而是转变为统治阶级的工具，只为了少数人继续掌握政权而进行。教育变成了出仕的重要手段，其目的是为成功晋为统治阶层作准备，教育在内容与形式上都越来越远离社会大众的实际生活需要，二者变得不那么相干，所学的知识也常常不能直接用于解决实际生活中的问题。最重要的是，所学的知识很多时候无法用来指导实际社会生活中的行为。教育变得越来越制度化、组织化，同时，也离实际生活越来越远。这就是教育与生活最初的脱离。教育目的去生活化，教育内容抽象化，教育方式说教化，成为阶级社会教育的重要特征。为了更清楚地反映教育与生活关系的历史源流，下面以历史顺序，简要对二者关系的演变作笼统的梳理：

到了西周，正式的学校萌芽，设在王都的国学使少数贵族子弟有机会接受教育。教育目的是为了使贵族子弟顺利掌握本阶级的政权，教育内容为学习统治经验，诸如德行艺仪等奴隶主贵族道德行为准则和知识技能。而设在王都郊外的乡学学习六德、六行、六艺①，出现了最初的学科教学，教育在

---

① 六德：知、仁、圣、义、忠、和；六行：孝、友、睦、姻、任、恤；六艺：礼、乐、射、御、书、数。

内容和手段上都逐渐去生活化。此时的教育目的基本围绕政权的巩固来进行，是统治阶级向下代传授新道德的工具。教育内容虽然丰富，却变成了做官食禄的条件，所以培养出来的多是与实际生活相隔绝的"四体不勤，五谷不分"、"手无缚鸡之力"的人，只配做当时制度下的小官僚。没有机会接受学校教育的大众，则在生产生活中仍接受原始的口耳相传、言传身教的教育，即便此中少数人能够接受正规的学校教育，其内容重点也只在于进行道德教育，其目的也只是使他们安分守己。

汉代以来，无论官学还是私学，基本以传授儒家经典为基本教材，成绩优异者都可以达到入仕的目的。尤其自隋唐确立科举制后，教育成为入仕的途径。虽然当时有官学，有私学，但多是科举的预备学校。持续1300多年历史的科举制对教育与生活的关系造成了极大的影响，以致现在应试余孽仍未完全消除，这是造成教育与生活之间鸿沟的重要历史因缘。

魏晋南北朝时期，清谈之风盛行。清谈之风的盛行，为一些名士们钓取功名禄位开辟了捷径，成为沽名钓誉的手段。清谈除了所涉及的一些哲学问题外，并没有多少实际意义。清谈时，论辩双方围绕某一问题展开辩论，在座的人作为观众和裁判，论辩者要求词锋锐利，不因循旧说。清谈之风，从魏末兴起，发展到晋代最盛，宋齐仍不衰，前后延续了200多年，其讨论的问题也并非全无意义，但就总体而言，是鼓吹虚无，提倡脱离实际。[138]

宋代的中央官学非常发达，国子学入学对象较为严格，四门学招收八品以下至庶人子孙为教育对象，二者的主要作用是科举的附庸。此外还有律学、武学、医学、算学等实用教育，以培养政治、军事、历算和其他领域的实用人才。元代国子学接受了宋代理学教育的传统，学生入学必先学习孝经、小学及四书，而后讲授诗、书、礼记、周礼、春秋、易，并相应地伴有严格的考核制度。私学以儒家经典或孝经等道德性命之说为教材，有时也会涉及天文、地理、律历、算术等知识。另一种办学形式书院较之宋代已有官学化的特征，元政府为了使汉人不起谋乱之心，因而加强对书院的管理。明朝教学内容四书五经，国子监的学生物质待遇优厚，但管理极为严格。府州县及卫所的地方学校，诵读诗书，学习礼义，成绩优良者可有出仕机会。无论国学还是地方学校均是科举制度的附庸。清代国子监更是禁止学生过问政治，禁止学生集会结社。"清代学校，一为中央学校，包括国子监、宗学、旗学等，一为地方学校，包括府、州、县学，均属官学性质。在地方教育中还有一些近似私塾的社学和义学。另外一种是私学，有家馆、村塾几种类型"[139]，但无论官学还是私学，都是科举预备学校，连书院都变得官学化，同样成为科举的预备学校，逐渐丧失早期书院的性质，变成官学的一种形式。虽然 1898 年废八股，兴学校，但仍以四书五经、纲常大义为主，以历代史鉴及中外政治学艺为辅。至 1905 年完全废除科举后的一段时期内，这种教育状况仍然未能有所改观。1906 年，清政府更宣布将"忠君、尊孔、尚公、尚武、尚实"作为清末的教育宗旨，高度重视封建道德教育，以养成安分守己的良民，最终使统治阶级的生活得以延续。辛亥革命之后，虽然曾规定小学废除读经科，但只维持了短暂的时间。袁世凯上台后，又将尊孔、祀孔作为主要的教育宗旨，规定"各学校均应崇奉古圣贤以为师法，宜尊孔以端其基，尚孟以致其用"[140]，以保持固有的封建道德。教育内容仍然以脱离现实生活的孔孟经典学说为内容，缺乏学以致用的实利学科的教学。

阶级社会的教育在与生活的关系上呈现如下特征：

特征一：教育只是获取阶级流动的手段，教育的目的是在受过教育的人和没受过教育的人之间造成差别，无助于获得美好生活。八股文对学人进行文化管制，禁锢学人的思想，加之某些王朝严酷的政治背景，一些文人只能脱离现实，面向故纸堆，或沉湎于科举考试，以猎取功名。这种背对现实生活的教育曾经在教育史上占有很长的时段。即使在某个历史时期，教育的内容或形式和社会生活发生了关联，但这种教育从根本性上来说并非是为了让人能够在教育中赢得一个好的人生，并非是为了让学人们把握一种更加美好的生活，而是为了巩固统治所必须作出的或主动或被动的教育调整。

另外，教育的目的之一还在于巩固统治阶级的与众不同的特殊地位，强化受过教育的人和没受过教育的人之间的差别。"因为一个巨人和一个矮人，在同一道路上行走，二人每走一步，彼此之间的距离必更为增大。"[141]

所以从根本上说，阶级社会的教育是与外部生活分离的教育。

特征二：不重视教育生活质量。"十年寒窗无人问，一举成名天下知。"学生经过十几年甚至几十年的应试训练，所有的活动都指向应试能力的提高，学生的生活被窄化为记诵灰色的、与现实联系并不那么紧密的古代经典。至于他们的真实需要是什么，他们在教育过程中的生活感受如何，诸如此类的问题是无人关注的。

"故若注意在人类进化历程上的教育之历史，可知最初教育的起源，实为帮助生活；其作用只是一种用以维持生活之手段"[142]，但随着历史的进展，教育的意义与其原初形态大相径庭。

"原来自有历史——社会分成阶级的所谓文明时代的历史以来,支配者视自己的阶级即为社会全体;虽说社会生活,实乃自己阶级的生活;虽说社会教育或文化,实乃自己阶级的教育或文化。"(杨贤江.教育文集[M].北京:教育科学出版社,1982:437.)

在阶级社会里,教育变成了统治阶级支配被统治阶级的工具,用于宣扬统治者倡导的道德和价值观,成为阶级斗争的手段。此时的教育如果说和生活有关联的话,那就是其目的是为了宰制被统治者的生活,以维持统治阶级现有的奢华生活。

(三) 近现代社会的教育与生活:从效法西方到服务于阶级斗争

效法西方,积极整合。20世纪初叶以来,经过废科举、兴学堂的实践,人们已经充分体认到教育与生活分离的弊端,并开始积极修正。以反封建为宗旨的新文化运动,就以反对尊孔读经为出发点和突破口。它坚决反对封建八股教育,受马克思主义及当时流行的实用主义教育思潮的影响,我国出现了学校教育改革的新高潮。1919年,由范源濂、蔡元培等人组成的教育调查会审议小组提出以"养成健全人格,发展共和精神"为教育宗旨。所谓"健全人格"是指:(1)私德为立身之本,公德为服役社会国家之本;(2) 人生所必须之知识、技能;(3) 强健活泼之体格;(4) 优美和乐之感情。这一教育宗旨,希望教育要使人获得良好的个人修养、健康的体魄以及优美和乐之情感,尤其指出教育要培养人生必需的基本知识和基本技能,还涉及了在处理个人与他人关系时的公共道德。这些素质不仅影响着私人生活,还影响着人的社会生活,在根本上决定着人当下的生活质量,并且与人的未来生活密切相关。这就和之前的教育宗旨大不相同,它开始对个人的发展和人类的社会生活产生关切。可以看出,当时的学者已看到教育与生活实际严重脱离的弊病,并试图矫治。这一建议虽未被当时的教育部采纳,但对1922年教育部《学校系统改革案》的出台产生了直接的影响。这一改革方案确定了新教育运动的标准:为适应社会进化,发挥平民教育精神,谋个性发展,注意国民经济力,注意生活教育等。这次教育改革方案将教育同人的个性发展、社会经济发展直接联系起来,并且明确提出要"注意生活教育",在教育与人的生活之间建立起有效的联结。与生活相联系的教育方法也开始进入学校教育领域,注重儿童的主动性和积极参与,并且效仿西方的教育实践,开设了学生银行、商店等,试图通过这些形式使学生能够手脑并用,在教育与生活之间搭建起桥梁。[143]

教育与生产劳动结合,为战争生活服务。上世纪 30 年代,虽然是特殊的战争年代,但在中国共产党领导下的革命根据地,关于教育的探索一直没有停止过。1934 年,毛泽东正式提出了苏维埃文化教育建设的总方针:"在于以共产主义的精神来教育广大的劳苦民众,在于使文化教育为革命战争与阶级斗争服务,在于使教育与劳动联系起来,在于使广大中国民众都成为享受文明幸福的人。"[144]这一教育方针将教育目标确立为:使民众成为享受文明幸福生活的人,将教育与劳动相联系作为基本教育方式,构筑了一个与当时的生活场景密切联系的教育图景。但是,这个时期教育与生活的联系主要指的是与当时的阶级斗争生活和革命战争相联系,而不是指现在意义上无所不包的生活。当时的教育必须为革命战争服务,必须引导群众参加革命的政治生活和文化生活,必须为革命培养接班人。这是当时特殊的时代赋予教育的特殊生活使命。

(四)新中国建立后的教育与生活:从完全等同、高度分离走向科学整合

新中国自成立至 1958 年之前,苏联是社会主义国家的代表,因此,教育也多是以效仿苏联为主。到了 1958 年"大跃进",凯洛夫教育学遭到批判,我国提出"教育为无产阶级政治服务,教育与生产劳动相结合"。其暗含的前提是:人类社会是阶级社会,阶级斗争是长期的历史过程。因此,必须通过教育为党培养接班人,而为了实现教育为政治服务的目的,就要求教育与社会实际相结合,尤其是要与生产劳动相结合。这里的教育与生产劳动相结合,更准确来说,是强调学生应该积极地参与社会上的阶级斗争和科学实验,反对教育脱离当时以阶级斗争为纲的社会生活实际。[145]学校经常组织学生下工厂、下农村劳动,走与工农相结合的道路,还发动学校结合生产修改与编写教材,大办农业中学与工业中学。由于学生在频频下工厂、下农村的过程中付出的课外时间太多,教学时间被大幅度减缩,加上当时学校自编了许多课本,教材的使用十分混乱。对此,吕型伟先生有直观的描述:"有的学校与羽毛球厂挂钩,教材就以羽毛球为纲,有的农村学校则以大白菜为纲"①,因而教育质量大幅度滑坡。

1966 年,"五一六通知"下达后,学校遵循"文化大革命"的基本精

---

① 本文为吕型伟先生在 2003 年 12 月 16 日中央教科所在沪举办《百年中国教育论坛》上的演讲稿。

神，开始"停课闹革命"。部分教师组织红卫兵参与到革命当中去，批判"师道尊严"，教师成了被革命的对象。课桌椅板凳等教学基本设施被烧毁，教学场所的门窗被砸碎，学校教育基本处于瘫痪状态。1967 年 3 月，中央发出"复课闹革命"的指示。中小学教师相继回校，学校教育明确"以阶级斗争为纲"。根据"工人阶级必须占领上层建筑阵地，领导和管理学校"的指示精神，学校移交给工宣队或贫下中农管理。后来，又实行"开门办学"，师生"走出去"以社会为课堂，将工农群众"请进来"当老师，教师无教材，学生无课本，更无具体的教学计划，教学质量无从谈起。① 制度化、组织化的学校教育被打破，文明时代的教育竟然回到了原始社会的无组织、无计划的散漫状态。应该说，学校教育与外部生活的分离有其客观原因，也有其历史合理性。而在文明社会里，将学校教育和人的日常生活彻底融为一体、混为一谈，教学质量和知识传授的系统性根本无法保证，实在是学校教育历史上的灾难。

1978 年，"文革"结束后，高考得以恢复。在"教育面向现代化、面向世界、面向未来"思想的指引下，教育从"以阶级斗争为纲"，为阶级斗争服务，回到为现代化建设服务的轨道上来。1986 年，我国出台《义务教育法》，以往被人视为梦想的"人人受教育"成为一种客观现实，义务教育成为每一个公民不得不参与的特定生活阶段。

由于受科举制以来应试教育传统的影响，以及当时人的主体性观念尚未确立，教育将更多的注意力集中在如何通过高考这一独木桥的竞争上，而对于教育与生活的联系，对于人的校园生活质量毫不关心。以应试为主导的教育给学生的身心健康带来了巨大压力，抑郁症、过度焦虑、偏执甚至精神分裂等在学生这个群体中出现，并开始引起社会的重视；另外，教育主体的创造力变得贫乏，有人质疑，这样的教育从长远来看，将对民族素质产生不良的影响。被看做未来美好生活缔造者的教育，在现实中问题不断，这些问题不断拷问着教育的目的、内容和手段的合理性。教育与生活相脱离的问题也得以彰显，一篇《夏令营中的较量》似乎引发了整个社会的关注，各界的人们都开始思考同一个问题：为什么我们的儿童在面临生活中的难题和困境时，和日本青少年差距竟然如此之大？！

---

① 《孙武镇志》编纂委员会. 孙武镇志. http://www.sunwuzhen.gov.cn/news/view.asp? id=187

经过多年的教育探索，人们发现教育应当是为了人而进行的，应当为了人的素质的全面发展而进行。可以说，上世纪 80 年代末素质教育理念受到社会认可后，人们将教育的目的、内容、手段均集中到"人的素质提升"上来。素质教育在实施中虽然存在这样或那样的问题，但是给教育带来的变化是毋庸置疑的。学生的创新能力和个性培养在教育中逐渐得到彰显，主体地位也逐步得到认可，"人"摆脱了客体化、边缘化的境况，逐渐回归到教育场域中来，重新成为了教育的活动主体。

之后，新课程改革的实施，对教育与生活的关系作了进一步的推进，综合课程、研究性学习以及对人的教育生存状态的关注等，都可以看做教育与生活在新世纪的积极联姻。与完整的人类生活脱离了几千年的教育，终于开始意识到问题的所在，并开始有意识地作出修正。

二、理论的探源：关于教育与生活关系的理论梳理

我国对教育与生活关系的关注从古代社会就开始了。当时的教育家孔子充分肯定了教育对于人的发展所起到的重大作用。他指出，人的先天素质大致无多大差别，但是后天的教育和社会环境使人的素质出现了分殊。孔子充分重视教育对生活的作用，他认为之所以有的人缺乏生活所需的知识和技能，是因为没有能够接受良好的教育。因此，为了使人能够适应社会生活，接受教育就是必备的条件。除此之外，孔子还把人的教育时空与生活时空相区别，提出"时教必有正业"和"退息必有居学"，将教育生活与日常生活严格地区分开来。

此外，古代社会关于教育与生活结合的思想，主要集中于对学思行三者关系的论述上。孔子在日常的教学生活中训练学生的思维方法，并提出学思行结合，主张通过在生活中汲取经验以巩固知识，运用知识。孔子将其教育生活治理得井井有条，注重创新精神和学生的个性培养，因材施教，培育出许多行业的人才。应该说，孔子营造的教育生活是丰富多彩的，师生的教育生活质量很高。但是，他的教育生活与社会生产生活的距离甚远，以至于被当时的人们指责"四体不勤，五谷不分"，可见，孔子的教育是面向政治生活的，而对于大众的生产生活则缺少应有的关注。

西汉扬雄也论述了学思行三者的关系，他认为"行"的地位在三者中最为重要。"学，行之，上也；言之，次也。教人，又其次也。咸无焉，为众

人。"(《法言·学行》) 在扬雄看来，学而能行，是最理想的境界，这种思想也是对孔子教育思想的继承。[146]朱熹主张"反躬践实"，认为来自书本上的知识还是肤浅的，经过亲身体验的知识才算是更深刻、更透彻的知识。颜之推所认为的教育的目的在于能够运用所学知识能力于行动过程中，学是为了行。"郡国山川，官位姓族，衣服饮食，器皿制度，皆欲极寻，得其原本。"(《勉学》) 不仅要学习书本知识，对社会日常生活中的事物和现象都要勤加了解，寻根究底。[147]

国外对于教育与生活关系的关注也同样历史久远。古希腊的启蒙思想家伊壁鸠鲁，也充分肯定了人的生活价值，认为教育与生活存在着不可分割的关系，主张把人的生活从神权控制下解放出来。和这一社会思想相适应，伊壁鸠鲁创办了"为生活而学，而非为学校而学"的花园学园。他以幸福生活为基准设立学科：哲学是通过论辩和讨论的方式产生幸福生活的一种活动；为了能够幸福地生活，必须学习伦理学；为了摆脱错误的认识和不必要的忧虑与恐惧，必须学习物理学。

夸美纽斯主张把教育时空从生活时空中分割出来，提出班级授课制，自此之后教育生活摈弃了以往的离散性，与社会生活产生了严格的区隔。

这些古代思想家为生活与教育的联姻提供了最初的理论设想与实践探索。自近现代社会以来，不少学者对教育与生活的关系作出了论断：卢梭的"自然生活教育"、斯宾塞的"科学生活教育"及"教育准备说"、杜威的"教育即生活"、陶行知的"生活即教育"以及杨贤江关于学生学校生活的论述，这些思想家承前启后，从不同的方面阐述了他们对教育和生活关系的理解。

（一）回归说：卢梭的自然教育论

1. 学习活动不可脱离生活

法国伟大的启蒙思想家卢梭（Jean Jacques Roussoau，1712—1778）一方面继续向神权挑战，一方面极力反对经院主义的教育。当时的书本知识脱离了人的生活实际，教育教给儿童一些无用且空洞的书本知识。卢梭指出，读书读得太多，并且脱离周围世界，反而会造成一些自以为是的无知的人。[148]卢梭借用另一位学者蒙台涅的话，来表达上述观点，主张教育要关注周围的世界：

"满足于纯粹的书本的知识，是极其糟糕的！在学哲学的时候，所有一切呈现在我们眼前的东西都可以作为我们的书。这个巨大的世界是一面镜子，我们应当在这面镜子中好好地瞧一瞧我们自己。所以，我希望我的学生把这个世界当做他们的书。"（蒙台涅. 论文集：第1卷［J］. 1940：25. 转引自：爱弥儿［M］. 上海：上海人民出版社，2007：664.）

卢梭将学习内容的重点放在了实际经验和实际生活上，认为儿童"周围的事物就是一本书"，主张学生要通过实际生活接触事物，在观察、探索中受到启发和教育。这样的学习既有益又摆脱了读书给儿童造成的痛苦，儿童会生活得自由而快乐。

2. 教育要关注儿童当下的快乐生活

卢梭既关注儿童当下教育生活给儿童带来的快乐，又关注教育对儿童未来生活的意义。他指出，教育应当"使一个人在什么年龄就过什么年龄的快乐生活"[149]，使儿童在教育中生活得幸福而自由；同时，通过教育能够为人培养一颗感受幸福的心，使他拥有在未来过幸福生活的能力。

3. 幸福的生活应是教育的目的

教育不仅要关注儿童当下的快乐生活，而且要能够为人培养一颗能够感受幸福的心。卢梭认为，人对幸福的追求与生俱来，并且永无止息。因此，幸福生活应当构成教育的目的。

"我们应当生活得很幸福，亲爱的爱弥儿，这是一切有感觉的人的最终目的，这是大自然使我们怀抱的第一个欲望，而且是我们永远不会放弃的唯一的愿望。"（卢梭. 爱弥儿：下卷［M］. 李平沤，译. 北京：人民教育出版社，1985：649.）

卢梭认为幸福生活应是教育的目的，而要获得幸福的生活，就必须进行自然教育，即顺应儿童的自然本性进行教育，通过自然教育来解放儿童个性，使之回归自然生活的怀抱。自然教育的结果是培养自由、独立、最终能够获得幸福生活的"自然人"，即能够自由发展的、独立的、具有良好适应性的人。

"在教育你的过程中，我下定决心不走一步弯路，同时防止你去走弯路。我按照自然的道路前进，以便它给我指出通往幸福的道路。我最后发现，自然的道路就是幸福的道路，我们已经在不知不觉中按照这条道路前进了。"（卢梭. 爱弥儿：下卷［M］. 李平沤，译. 北京：人民教育出版社，1985：649.）

（二）预备说：斯宾塞的科学生活教育与教育准备说

19世纪后半期，英国教育家斯宾塞（Herbert Spencer，1820—1903）对教育与生活的关系作出了具有代表性的论断。斯宾塞强烈抨击了当时的教育制度,认为长期以来的一个教育误区是把教育仅仅看做在严肃教室中的苦行僧式的生活,而忽视了儿童的情感与兴趣。他认为这样的教育"是为了花而忽略了植物",为了手段而牺牲了目的,得不偿失。斯宾塞指出,这样的教育在儿童身体、道德和智慧的训练上,毛病百出:

既然由于在学生还听不懂的时候就教一些科目,而每一科是把概括放在所概括事实之前而引起了心智上的混乱;既然使学生单纯被动地接受别人的观念,而丝毫不引导他去勤学好问;既然能力上的负担过重,那么心智的效率自然很难充分发挥。学生等考试一过,就把书本放在一边;因为没有把知识系统化,所得到的大部分知识很快都忘掉了;因为运用知识的技能并未经培养,剩下的多半是死板的东西;既不能准确观察,也不会独立思考。此外,就是所得的那些知识也多半只有较小价值,而大量极有价值的知识却完全忽略过去了。(斯宾塞. 教育论[M]. 胡毅,译. 北京:人民教育出版社,1962:24—25.)

斯宾塞提出"教育为完满生活作准备",正是建立在对上述教育的弊端进行思考的基础之上。斯宾塞高度重视教育对人的未来生活的作用,他相信教育是为了未来的生活作准备。斯宾塞认为教育的真正目的就在于为完满的生活作准备,"为我们的完满生活作准备是教育应尽的职责,而评判一门教学科目的唯一合理办法就是看它对这个职责尽到什么程度"。怎样过完满的生活即是需要去学的大事,也是教育中应当教的大事。进而,他明确指出接下来的问题是:教育应当为哪些生活作准备?斯宾塞按照重要的程度将人类生活的主要活动进行了分类:①直接保全自己的活动;②从获得生活必需品而间接保全自己的活动;③目的在抚养教育子女的活动;④与维持正常社会政治关系有关的活动;⑤在生活中的闲暇时间满足爱好和感情的各种活动。为满足上述每种生活需要而作准备,相应地,应当进行准备直接保全自己的教育,准备间接保全自己的教育,准备做公民的教育,准备生活中各项文化活动的教育。教育的理想是在所有这些范围中为人作足完全的准备,并按照其重要程度,在每个范围的准备程度之间保持一个适当的比例。对人类获得完满生活作用越大的领域就需要下大的工夫去学习,而对达成完满生活作用相对较小的领域则可以浅尝辄止。[150]

斯宾塞意识到教育和外部生活之间的关系,认为教育应有助于儿童实现美好未来。教育也当是儿童适应当下社会和未来生活的训练场,应当在心智、体能和品格上为儿童适应未来生活打下坚实的基础。他提出了快乐教育的理念,主张教育要遵循儿童的心理发展特征和天性,以使教育达到最好的效果。这些理论观点在当时的教育条件下都是具有积极意义的。斯宾塞对于教育与生活的关系的论断曾经得到很多国家的认同。

斯宾塞眼中的完满生活指的是科学生活,相应地,实用性的知识、科学知识在他的教育主张中也最具价值。斯宾塞主张以科学教育代替古典语教学,呼吁加强科学和数学课程,这些观点都在当时的社会条件下具有很强的现实指向性。但是,有些知识看似无用,可能对人认识客观世界、获得生活必需品并无用途,却可以滋养心灵,让人心灵辽阔,给人以意义和幸福感。这样的非实用的、非科学的知识虽然无助于我们认识客观世界,但有助于确证自我,同样对人获得美好生活起着不可或缺的积极作用。但是斯宾塞并没有看到这一点。因此,斯宾塞的教育准备说,准确地说,应该是:教育应当为人未来的科学生活作准备。

(三)工具说:罗素关于教育与美好生活的寻求

罗素(B. Russeu,1872—1970)对当时美国的公立学校非常不满,认为教育将学生"看做达到目的的手段,而不把他们视为目的的本身",并没有真正站在儿童幸福的立场上进行教育。他提出要培养学生的理想品格,而理想品格有四个基础组成:活力、勇气、敏感和智慧。教育可以通过对儿童身体、感情和智力上的恰当呵护,使儿童具备上述品质。罗素高度关注儿童在教育中的生活状态,他指出儿童在教育中应该被正确对待,应该被教育关爱,因为凡是儿童被正确对待的地方就可以成功养成儿童优良的品格,使健康、自由、幸福、仁慈、智慧得到普及,方能开启开辟美好生活和幸福世界的可能性。[151] 显然,罗素"教育要创造美好生活"的理想是与他的"反对战争,追求和平"的社会理想休戚相关的。

(四)微缩论:杜威的教育即生活

约翰·杜威(John Dewey,1859—1952)是实用主义的代表人物,是19世纪末以来著名的教育思想家。他的教育思想主张至今还对世界许多国家的教育改革产生着重要的影响。杜威研究教育有两个显著特点:第一,起点高,站在哲学、心理学、伦理学基础上看待教育问题;第二,对社会问题的关切,他密切关注社会变革,这种关切终其一生。尤其是他对教育与现实生活的同构关系的阐释,曾经题写了现代教育史上绚丽的一页。杜威理论形成于19世纪90年代,其时,美国工业以惊人的速度发展,并且于19世纪末完成了近代工业化进程。工业化的完成在为社会带来丰裕的物质财富的同时，也引发了一系列经济、政治、文化等社会问题——经济混乱，政治腐败，贫富分化加剧，拜金主义和极端个人主义盛行，道德沦丧，精神文化衰落。杜威怀着对社会发展的关切，将教育看做实现理想的民主社会的重要工具，在其教育理论主张中贯穿了如下问题：教育如何应对社会生活中的弊端？教育怎样为创造美好生活尽力？教育如何才能成为美好生活的典范？这些都是杜威关注的问题。[152]

1. 批判传统教育，并指出了教育准备说的局限

杜威批判了斯宾塞"教育是成人生活的预备"的观点，他认为斯宾塞在重视教育对增进个人幸福和社会适应能力的作用的同时，忽视了教育就是儿童当下正在进行着的现实生活，没有看到教育本身就是一种生活形式，而只注意到教育对人的未来生活的功用。另外，杜威认为这种学说极易把成人的需要和成人的生活强加给儿童，是为满足成人的教育需求而施与儿童的虐待。在杜威看来，所谓的完满生活，只是指成人的完满生活罢了，而对于儿童需要什么样的生活，这种学说是置之不理的。教育的确具有为儿童未来的成人生活作准备的功能，但是无论教师还是学生，都不可能确切地预言这种学习将来要达到的目的，只要学生能对当下的学习保持热切的态度，学生能够对教育作出反应，就证明这种教育是有作用的。如果将"为未来的生活作准备"这一外部目的强加给儿童，容易使教师的教和学生的学都变成机械的奴隶性的工作。因此，绝对不能为了追求这一遥远而空洞的教育目的而牺牲儿童当下的生活。追求未来生活的圆满，不能以否定儿童当前的兴趣和需要为代价。

在杜威看来，以往学校生活存在的最大问题是教育与儿童及儿童的日常生活相脱离，具体表现在"学校的重心是在儿童之外，在教师，在教科书以及其他你所高兴的任何地方，唯独不在儿童自己即时的本能和活动之中"。"在传统教室中所强调的是安静、沉默和端坐不动；要求完整无缺地背诵和丝毫不差地展现所学过的内容。这种态度不但使头脑服从于外部的规章和计划，也否定了使一个人区别于其他人的独特个性，这是对民主主义理想的否定。"[153]在杜威看来，当时教育与生活的脱离是双向的，一方面是人无法将社会中习得的经验顺利地运用到学校生活中来，同时，人在教育中学到的知识也无法在实际生活中得到应用。于是，在他看来教育以"为学生将来的美好生活作准备"为由，牺牲着人当下的生活与幸福。人在受过教育之后，生活适应能力差，无法独立自主地生存于社会之中。人的进取精神和创新意识

逐渐被教育销蚀，这使儿童失去了对现实生活的改造和批判的精神向度，这种状况无利于社会发展，更不利于民主社会的实现。

2. 教育是生活的缩影

如何使教育获得一种民主的生活形式？如何使教育为民主社会的实现作出应有的贡献？杜威从其实用主义哲学立场出发，提出了著名的生活教育理论，做出了"教育即生活"的著名论断。学校是一个有目的的社会组织，教育是有计划的生活过程，但教育要为民主社会的实现作出贡献的话，必须要反对机械的、墨守成规的教育形式。良好的教育应当为人提供更佳的学校生活质量，使人有能力面对复杂的社会生活。基于此，杜威对优质教育的标准也作出了界定：良好的教育必须使人能够不断地从生活中学习，从生活经验中获取知识。杜威指出，教育本身即是生活的过程。他认为教育就是儿童现在的生活过程，是社会生活的延续，而不仅仅是将来生活的预备。生活为教育提供了具体内容，因此，教育应当关注儿童当下的生活经验，在教育中加入儿童的亲身经验，应当以现实化、生活化的教学形式取代传统的、脱离儿童需要的授课方式。

杜威想出的办法是：把学校安排成适合儿童生活、生长的环境，让生活在其中的儿童能够获得有用的经验，让学校成为儿童的乐园。这样教育的目的就存在于当下儿童的活动之中，儿童的当下的活动既是目的又是手段，避免了将儿童当下的教育生活工具化的倾向。因此，应当对教育提出更高的要求，那就是：教育要从儿童的现实生活出发，并且附着于儿童的现实生活，而且能够把儿童现在的生活和他们的未来发展衔接起来，把它们打成一片[154]。

可见，杜威提出"教育即生活"的意图一方面在于使学校更多地顾及儿童的生活，而不再用成人生活的标准去要求儿童，另一方面则在于克服学校生活与社会生活的隔离，实现二者的融通。基于"教育即生活"，杜威又提出了"学校即社会的论断"，认为学校是一种特殊的社会环境，不应成为远离社会的世外桃源，应把学校改造成雏形的社会，使社会生活渗入学校之中，最终把学校建成一个典型的、纯净的、理想的社会环境，以便使儿童在其中受到良好的影响。

杜威的教育即生活，一方面倡导学校教育要与社会生活相结合、相联系，反对脱离社会生活的教育，当社会生活发生变迁时，教育要适时调整自身的形式和内容，以求与之相契合；另一方面，教育也要与儿童的生活相契合，符合儿童的身心发展规律和个性需求。教育的过程要充分考虑到儿童的兴趣和需要，从而摈弃教育的刻板形象，充分尊重儿童，消除阻碍和压抑儿童生长的一切不合理因素，使校园成为人的生活乐园而不是"自由人的屠宰场"。教育也是儿童生活本身，其自身要不断完善，能够直接参与儿童的生长发展过程，让儿童远离压抑与困扰。简言之，教育本身也应是一种美好生活。他提倡的学校生活化，即将学校作为一种社会生活方式来运行，把社会、国家、城市变成学校国、学校市，将警察、邮局搬到学校里来，合而为一。当然，杜威也看到了社会生活中良莠并存的复杂状况，他认为教育生活和外部的社会生活是有差别的：

成人的社会过于复杂，学校须是简化的社会；成人的社会是庞杂的，学校须是经过组织而条理化的；成人的社会是良莠不齐的，学校须是经过滤清和优选的；成人的社会是含有冲突和偏颇的，学校须是在多种影响中求取平衡的。（[美]约翰·杜威. 民主主义与教育[M]. 王承绪，译. 北京：人民教育出版社，1990：21.）

因此，杜威所指的生活教育，并非是将现实的社会照搬和移植到学校，而是使学校生活成为一种经过净化与选择的理想的儿童发展场所。

3. 教育内容和方法的确立要依据学生的兴趣和需要

在教育方法上，杜威提倡从做中学，主张教育应为学生提供与现实生活相联系的情境，并以解决现实生活中存在的问题为目标，让学生提出解决问题的假设，并通过亲身实践检验自己的假设。杜威认为，"教育并不是一件'告诉'和被告知的事情，而是一个主动的和建设性的过程"[155]。他并非反对对学生进行规训，但他所指的规训是通过兴趣和理解的认同而达到的，并非通过强迫手段来规范儿童的行为和想法。此外，教育内容要适应社会需要，并有助于改进生活。"一个课程计划必须考虑课程能适应现在社会生活的需要；选材时必须以改进我们的共同生活为目的，使将来比过去更美好"[156]，最终使人人都可以过一种有丰富意义的生活。

在确定教育的内容和目标时，学科专家的出发点是系统化、条理化地传授知识，而儿童的出发点是快乐地生活生长，二者不一致。那么，到底应当按照谁的需要来确定教育内容和方法呢？传统教育不尊重儿童的选择与需要，将考试需要的、由专家选定的高深知识灌输给儿童。这样的知识及其传授方式，儿童不喜爱，不需要，因而接受起来也非常困难，如同经受苦役。杜威在看到传统教育的弊端后，提出以儿童的需要为中心，依托生活进行教育,教育的目的并非为了考试,而是让学生能够在当下的生活中快乐地成长。

4. 教育应当使人乐于从生活本身学习,并养成一种习惯

杜威认为,一个人离开学校后,教育不应该停止。这句话的意思是:"学校教育的目的在于通过组织保证生长的各种力量,以保证教育得以继续进行,使人们乐于从生活本身学习,并乐于把生活条件造成一种境界,使人人在生活过程中学习,这就是学校教育的最好的产物。"[157]这意味着教育应当使受过教育的人离开学校之后仍然能够乐于并善于从生活中学习,生活教育应当使人终身受益。

杜威如此重视教育与生活的连接,他积极要求加强教育、学校与社会生活的联系,使学校不只是消极地适应社会的变化,而是积极地参与社会生活的优化。但杜威的上述努力在当时美国的现实中遭到挫败。杜威看到了教育在社会发展中的重要作用,这是值得肯定的,但他把教育的作用无限扩大,甚至把实现民主社会的理想寄托于教育,没有清醒地意识到教育本身的限度。另外,他在教育组织及课程设置上过于强调直接经验的重要性,忽视了间接经验的习得,过分强调儿童的自由,忽视了教育功能中本应具有的规训向度。因此,杜威的思想自产生之日起便不断遭到批评与声讨,人们对他的教育观点见仁见智,长久以来无法达致统一。

由于我国的特殊国情,近现代以来在我国教育中占主导地位的是赫尔巴特和凯洛夫的教育教学理论,杜威的思想并未成为我国教育的主流。但自20世纪80年代开始,杜威的生活教育逐渐被我国重视,如:有些学者重新提出应当实现教学形式的灵活化,甚至主张"做中学,玩中学",释放学生压力;注重教育与社会生活的联系,直接经验的获得成为知识获取的重要途径;"生长"也成为教育中颇为流行的概念。这些都标志着杜威思想在我国的日渐彰显。

杜威实现了对赫尔巴特传统教育的反叛,他使教育与其他形式的社会生活的界限更加模糊,而当下的"教育回归生活世界"关注主体的生活体验,将生活视做隐性课程,无限扩大了教育的时空。我们可以从生活世界思潮的具体主张之中看出当年杜威"教育即生活"的痕迹。

(五)覆盖论:陶行知对整个社会教育系统的建构

在陶行知(1891—1946)那里,生活是一个很宽泛的概念,"有生命的东西,在一个环境里生生不已的就是生活"[158]。在他看来,当时国内学校

里"以书本为教育,学生只是读书,教师只是教书"[159],教育严重脱离了生活基础,人在教育中习得的知识并不能成功地运用到人的日常生活中去,这样的教育是罪恶的。于是,他提出要拿全部的生活去做教育的对象,只有这样,教育的力量才能强大,教育的内容才能全面。

陶行知倡导"生活即教育"有其特殊的教育背景。陶行知"生活即教育"命题首先是针对当时中国教育太重书本,与生活没有联系的弊端提出来的。"先生是教死书,死教书,教书死;学生是读死书,死读书,读书死",消灭了学生的生活力和创造力,结果造就了一批脱离生活的书呆子。这是上个世纪陶行知先生对旧中国教育的描述。针对当时教育的弊病,陶行知深感痛惜,他指出"以文字为中心而忽略生活的教科书,好比有纤维而无维他命之菜蔬,吃了不能滋养体力"。陶行知并不是完全否定书本知识,他强调对书本知识的学习不能脱离生活中的直接经验,批判以书本为中心,学不致用的状况。

陶行知的教育主张深受杜威的影响,自上世纪20年代之后,陶行知在杜威生活教育观的启发下创立了自己独特的生活教育理论。无论是杜威的"教育即生活",还是陶行知的"生活即教育",实际上都是试图为教育与生活之间的紧张和冲突寻找解决方案。陶行知与杜威都强调生活与教育的一致性,突出教育的生活意义,强调教育与社会生活的联系。但二者的生活教育主张也存在着巨大的差异:杜威从其实用主义哲学立场出发,主张"教育即生活"、"学校即社会",要求学校中引入社会因素,将学校作为一种社会生活方式来运行,实现学校生活社会化;陶行知的"生活教育"主张则是对当时书本教育的批判,他的理论主旨在于打破学校与社会的阻隔,构建大的社会教育系统,"生活即教育"、"社会即学校"、"教学做合一"构成了陶行知的生活教育理论体系。杜威和陶行知的生活教育思想的目的均在于使教育在实现理想社会中发挥作用,前者在于通过教育实现民主社会,后者提出生活教育的目的在于通过改造教育培养"中国的斗士",造就新中国。陶行知的生活教育观可以从如下几个方面来理解:

1. 批判了当时人们对"生活教育"的误解

教育与生活的关系看似简单明确,却总容易被世人错误地理解。在上世纪30年代初,陶行知认为"生活教育这个名词是被误解了。它之所以被误解,是因为有一种似是而非的理论混在里面,令人看不清楚"。有人认为,教育与生活本是两码事,二者的结合就是在教育中加入生活因素。对此,陶

行知对这种将教育和生活割裂的看法进行了批判:

"这好比一个笼子里面囚着几只小鸟,养鸟者顾念鸟儿寂寞,搬一两丫树枝进笼,以便鸟儿跳得好玩,或者再捉几只生物来,给鸟儿做陪伴。小鸟是比较舒服了。然而鸟笼毕竟还是鸟笼,绝不是鸟的世界。所可怪的是养鸟者偏偏爱说鸟笼是鸟世界,而对于真正的鸟世界的树林反而一概抹杀,不加承认。假使笼里的鸟,习惯成自然,也随声附和地说,这笼便是我的世界;又假使笼外的鸟,都鄙弃树林,而羡慕笼中的生活,甚至以不得其门而入为憾,那么,这些鸟才算是和人一样的荒唐了。"(陶行知.生活教育.生活教育,1934,1(1).转引自:陶行知全集:第2卷[M].长沙:湖南教育出版社,1984.)

在批判上述对生活教育误解的基础上,陶行知指出"生活教育是生活所原有,生活所自营,生活所必需的教育"。生活到处都有,因而教育也无处不在,覆盖了整个社会场所。整个社会是生活的场所,因而也是教育的场所。在生活这所大的学校里,人人可以做我们的老师,人人又是我们的同学,同时,我们时刻也在做着别人的老师。

2. 教育要关照今日之生活,使学生受今日之教育

陶行知眼中的新教育就是指能适应当下社会生活和个体生活需要的教育。新的教育是手脑相长的教育,是身心全顾的教育。生活日日在变化更新,因此,教育的作用一定要使人天天改造自身,天天进步,天天往好的路上走。教育要与当下的生活相适应,要办今日之学校,使学生过今日之生活,受今日之教育。如果教育脱离了当下的社会生活需要,与过去的生活相对应或与未来的生活相联系而罔顾当下,教育就与生活脱节了,那将不是真正的教育。

陶行知深信生活是教育的中心,认为师生在当下的教育中共生活、共甘苦的教育是最好的教育。"教职员和学生共甘苦,共生活,共造校风,共守校规"[160],这是改进一切学校教育的大关键。

3. 生活决定教育,教育改造生活

杜威抓住了美国传统教育的核心问题,即脱离社会,脱离儿童。在19世纪末20世纪初,杜威发起的进步教育运动在美国轰轰烈烈地进行着,影响力之广遍及世界多个国家。然而,对杜威教育改革的否定声音也从未间断过,最主要集中于学生读写算基本知识与基本技能的薄弱。在看到杜威的"教育即生活"陷入时间困境后,陶行知意识到:能改变一种教育的,不是另一种教育,而是另一种生活。教育改革若想成功,必须建立在适宜的社会

生活基础之上，当下的社会生活能够为教育改革提供丰厚的、适宜的土壤，生活要为教育的改革和变迁提供某些因子，这样的教育改革才可以成功地进行下去。"教育改革并不是一种教育与另一种教育之间的对抗，而是一种生活向另一种生活的转型。要改变一种教育，其实就是要改变这种教育所赖以生存的生活基础。"[161]教育所在时代的社会背景决定了教育的内容、形式和目的，没有生活基础的教育注定是举步维艰的。从根本上说，教育改革并非是新教育对旧教育的替代，而是新的生活导致了新的教育形式的产生。生活世界发生了变化，教育的形态、功能、性质均会发生不同于以往的形貌。

生活决定教育的内容、形式与方法，教育能够改造生活。教育和生活与生俱来，生活需要教育，教育源于生活。陶行知将教育看做民族解放、大众解放甚至人类解放的武器，积极肯定教育在社会改造过程中的作用。教育不仅改造着社会生活，还改造着每个个体的生活，"教育的作用，是使人天天改造，天天进步，天天往好的路上走"[162]。应该说，改造社会是社会赋予教育的本体功能之一，教育在营运自身的同时，影响和改造着每个个体的生活，教育通过这些进步的个体影响着社会生活。陶行知在当时政局动荡的年代，将教育赋予了民族解放的重任，试图使教育改造动乱中的中国，其生活教育论显示出强烈的时代气息。无论他的愿望能否达成或在多大范围内达成，他的生活教育理论都将给当今的教育与生活的关系提供有益的启示和鼓舞。

4. 生活即教育

"生活即教育"是陶行知生活教育理论的核心。陶行知所指的教育不仅仅是指在学校中进行的小教育，而是指以社会为课堂的"大教育"。人们可以通过生活的过程接受教育，而教育的作用最终也通过生活表现出来。"整个的社会是生活的场所，亦即教育的场所。过什么生活，便是受什么教育，过乱七八糟的生活，便是受乱七八糟的教育。我们主张'社会即学校'，教育的方法、工具都增加。那么，坏的社会也可以做学校吗？回答是肯定的，坏的社会我们也要认识，也要有所准备，才能生出抵抗力，否则一入社会，便现出手慌足乱的精神状态。"[163]可见，在陶行知的视野里，生活是无所不包的，教育是生活的一部分。他认为教育的过程和生活的过程是同一的，"生活教育是以生活为中心之教育。它不是要求教育与生活联络……联络的本意原想使教育与生活发生更密切的关系……生活与教育是一个东西，不是两个东西……是生活便是教育，不是生活便不是教育"[164]。人应当在广阔的生活之中接受教育,因为教育只有和生活相结合才能更好地发挥作用,不与实际生活相结合的教育就不是真正的教育。

陶行知的生活教育包含三部分:一是"生活之教育",即教育要通过生活来进行。陶行知反对以往把教育从生活中孤立出来的做法,传统的书本教育与生活是隔绝的,所以教育效果微弱。他指出"没有生活做中心的教育是死教育。没有生活做中心的学校是死学校。没有生活做中心的书本是死书本"[165],只有拿全部生活去做教育的对象,教育才能呈现出强大的力量。教育是人的生活需要,教育只有倚重生活才能成为真正的教育,而作为一个现代的人,想要过现代的生活,就要受现代的教育。二是"以生活影响生活之教育",即教育的目标是以教育改造坏的生活,用前进的教育生活引导落后的社会生活。教育不是被动地受生活制约,而是应当积极地承担改造社会生活的任务。三是"为着应济生活需要而办之教育"。生活是不断变化发展的,教育也应随时代的前进而不断更新自身的教育内容、方法、目标和原则。概言之,"生活即教育"明确地表述了教育与生活的辩证关系——生活决定教育,教育改造生活。

5. 社会即学校

"社会即学校"是在对杜威教育思想进行批判的基础上得出的。陶行知认为,我们的整个社会活动就是教育的范围。在他看来,杜威"学校即社会"的主张是存在很大缺陷的。"学校即社会,就好像把一只活泼的小鸟从天空里捉来关在笼子里一样。他(杜威)要以一个小的学校去把社会上所有的一切东西都吸收进来,所以容易弄假。社会即学校则不然,他是要把笼中的鸟放到天空去,使他能任意翱翔,是要把学校的一切伸张到大自然界里去。"[166]陶行知则反其道而行之,主张用教育化解自己高大的画像,走入生活之中。生活教育是以学校教育为主要形式,使学校教育、家庭教育和社会教育相结合的教育。它打破了传统教育的时空界限,把整个社会看做一个学习的大课堂,强调开放的社会、开放的教育。整个社会就是一所大的学校,人要以现实的社会生活作为学校和教材,从而使知识的获得与人的生活成为同一过程。因为有限的空间必然导致视野的有限性和发展的片面性,一个合格的社会人仅仅通过学校教育是培养不出来的,它需要社会、家庭和学校的共同影响。可以看出,陶行知眼中的教育是广义的教育,他所指涉的学校是以社会作为课堂,这内蕴着终身教育的思想。

陶行知主张"社会即学校",对于他来说,一草一木都是教育,都是学校可以利用的教育资源。于是教育和生活之间没有了距离，教育时空与学生的生命与生活空间相一致，完全实现了重叠。学校教育生活完全开放，打通了学校、家庭和社会三者的联系。虽然陶行知的教育思想可能不能完全和我们当下的教育环境产生呼应，但是他的生活教育思想有着深厚的现实关照，其理论主张与当时救亡图存的时代主题是紧密契合的。

6. 教学做合一

教学做合一是生活教育的方法和实践。陶行知在《改革乡村教育案》中指出，"中国的乡村学校，多是书呆子制造厂——把好好的农民子女，连续不断地变为不事生产的废人"[167]。针对这一现象，陶行知指出应当对国内学校只管教、学生只管受教的情形加以改革，提倡教学做合一。他认为无论教或学都应当是与实践紧密相关的，从这种意义上来说，教学做是一件事，师生要在做上教，在做上学。陶行知认为，通过教学做合一可以改变学校教育中"学而不做"的现状，可以避免中国人的两种病："呆头呆脑病"和"软手软脚病"。陶行知所说的两种病直到现在还部分地存在于我们的教育教学中，儿童被各种考试所牵制，失去了全面发展的可能。他们缺少必要的闲暇时间，缺乏与社会的广泛接触。教学做合一和我们当下的新课程改革所主张的"动手实践、自主探索、合作交流"有相通之处。

陶行知的"生活教育"是针对当时的书本教育和教育不平等问题而提出的，这种努力本身是对反生活教育、不平等教育的矫正。不仅如此，陶行知创办山海工学团，并于抗战中成立生活教育社，力图将工场、学校、社会打成一片，大力倡导教育与生活的融通，也是试图沟通教育与生活的积极实践者。陶行知的生活教育最直接的目的在于打破当时少数统治者对学校的垄断，推行大众教育。其实质是主张教育走出校园，取消学校教育与社会的界限，构建大的社会教育系统，使每个人都有机会平等地接受教育。他提出，学校里的教育资源过少，因此杜威的"教育即生活"并不能达到好的教育效果。如果提倡"社会即学校"，教育的内容、方法和环境都可以大大地增加，每个人都有资格接受教育，都可以根据自己的需要学习相应的知识。这种教育形式在理论上破除了不平等的、少数人的教育，在学理上有助于大众化的普及教育的推行与实现。

（六）特殊生活论：杨贤江对学生校园生活的阐释

以往关于生活教育的论述中常会提及上述几位教育家，而杨贤江（1895—1931）常被忽视，即使常见的中国教育史教材中也很少提及杨贤江的生活教育思想。实际上,杨贤江对于教育与生活的关系的论述构成了他教育理论的重要部分。他从历史的角度着眼,立足于当时的教育现实,对当时教育与生活的疏离、学生教育生活的质量以及教育生活的丰富性等问题作了集中论述,很值得后来人去仔细品味。最著名的莫过于他关于教育的本质的论述:教育"是社会需要的劳动领域之一,是给予劳动力以一种特殊的资格的;换句通俗的话,教育便是帮助人营社会生活的一种手段"[168]。他认为教育和生活难以分割,"儿童要受他们不可不生活的事情的教育,民众也要受他们所不可不生活的事情的教育,教育者自身也要受他们所不可不生活的事情的教育"[169]。教育无非是为谋人生之改进,离开这人生的关系,去求学问,学来又有何用?所谓学以致用,在杨贤江来看,就是使所学的知识足以应付当前的生活环境。除此之外,杨贤江高度关注当时儿童的学校生活状态,指出了人们对教育生活的误解,并提出了改进的建议。这些观点对于今天我们的教育实践仍有非常大的启发,是当代人建构教育与生活合理关系的重要历史素材。

1. 杨贤江批判了当时病态的学生生活

杨贤江高度重视教育中儿童的生活状态。他认为,学生的个人生活的内容与形式非常重要,不仅表现出他个人的人格,而且将影响到全社会的活动。因此,教育者首先要观察学生生活,看他们的生活是否存在需要改进之处,进而通过教育手段改善,使学生在教育中能够身心愉快,有所收获。对学生的观察需要从两个方面着手[170]:

观察学生的团体生活。观察学生的团体生活要着眼于观察学生的团体意识是否明了,学生的团体组织是否严密,学生的团体行动是否集中而有力。

观察学生的个人生活。观察学生的个人生活要看他在学校里是过一种有兴趣的生活,还是过无聊乏味的生活?他是具有一种确定的人生见解过活,还是率性任情,得过且过?

经过观察,他指出当时的中国学生实在是在过"没趣"的生活:

故就一般中国学生的个人生活而言,他们的生活内容,抽象地说,是不具足,缺陷太多;具体的是,少读书,少运动,少奋斗,少团结;总之,病根在环境不良,还没有从睡梦中醒觉!(杨贤江. 学生生活改造论. 学术杂志,1926,13(8). 转引自:中央教育科学研究所,厦门大学合编. 杨贤江教育文集. 北京:教育科学出版社,1982:240—258.)

中国学生生活之所以不圆满,杨贤江认为是由于中国一般人士对于学生的学校生活的认识有几个误区,于是导致了病态的学生生活[171]。

第一个误区是"学生生活是受教育的生活"。由于特定年龄段的知识积累和经验的局限,学生的确是受教育者,在受教育过程中需要教师的启发、引导和规训。但是持这一理解的人潜在地认定教育对于学生来说完全是外砾的,认为学生在学校中是被动的,因而常常无视学生需要,教育的内容与教学方法不以学生为出发点,学生是完完全全、不折不扣的被教育者!

第二个误区是"学生生活是学人生活"。学生要接受师长的教育,并且尊重教师,这样就算恪守学生的本分,而教育对于学生参与集体生活则是不提倡的。于是,"做学生的,除受业尊师以外,不复知有'群'"。政府及教育者禁止学生组织学生会,更禁止学生参加救国运动,学生远离群体生活,变成了孤独的学习个体。

第三个误区是"学生生活只是读书"。由于长期科举选士的影响,这样的认识在我国由来已久:学生在学校的生活主要内容就是读书,接受知识。虽然学校中一直将学生的"德行"放在重要位置,但是对德行的评价不容易操作,更没有切实的标准,至于体育、美育、社会实践更不被学校重视,进入不了学生的生活场域。于是,学生的生活只剩下读书一项内容了,教育产生了许多书呆子、学究。

"昔日之读书者,以埋首窗下,孜孜诵读为美事;此由不名读书之'的'与'方'。故其结果,不过产出'书呆子'、'学究'、'不通事故'之人物……故学生求学,亟应转易其道,认定读书以实地受用为贵,不以记诵章句为能。"(杨贤江. 谈读书[J]. 学术杂志,1918,5(9). 转引自:中央教育科学研究所,厦门大学合编. 杨贤江教育文集[M]. 北京:教育科学出版社,1982:24.)

第四个误区是"学生生活是预备生活"。杨贤江并不完全否认"教育是未来生活的预备",学生时代的努力的确在某种意义上是为了将来的职业和生活作准备,但他指出,教育在为人铸就美好未来的同时,不应放弃儿童当下的需要,忽视儿童当下的幸福生活。

"本来学生时代锻炼身体,学习知识,在某种意义上,的确为了准备将来的工作。但在这所谓'准备'中,不当忽视了现在,更不当看轻了当前的需要。但这种误会的结果,把青年甚至刚入学的儿童视为'候补的大人',强制他们要按照大人的言行形式来规范自己的生活。于是七八岁的小儿也要穿起长袍马褂,也要用着高椅高桌,嬉戏被禁止了,举止要有规矩了;至于读的书,教的法,自然一切拿成人社会来做标准。可怜孩儿们竟如被人看管和宰割的牛羊一般，全无自由活动可言！其实所贵乎教育者，在能满足学者以及时代的需要，不特青年与成人的需要有别，甚至青年们自己还各有特殊的需要；顾今日的教育，乃有一炉而治，按型而铸之现象，与当时当地以及其人的实际需要毫不发生关系。有如现在的中国青年被环境逼迫而参加政治运动，而教育者竟倡为'救国不是学生的事'一类的论调，作为反对及压迫学生救国运动的理由，真未免为错误的见解，也且违背了教育本来的功用。"（杨贤江. 学生生活改造论. 学术杂志，1926，13（8）. 转引自：中央教育科学研究所，厦门大学合编. 杨贤江教育文集. 北京：教育科学出版社，1982：245—246.）

第五个误区就是"学校场所超出社会"。就学校的社会地位而言，它是社会生活的一个组成部分；就性质而言，学校生活与社会生活息息相关，难以分割。学生在学校获取知识，之后用于社会，这便是一个完整的学以致用的过程，学校教育通过这种途径可实现改造社会的目的。然而，如果学校生活一向与社会生活绝缘，一个不了解社会的人，在今后的生活中哪会有力量去改造现有的社会生活？这种误解是由于长久以来我国的"士"文化造成的，即把读书人看做一个极特殊的群体，而"士"的专职在于读书，读的书不必与实际生活发生何种交涉，因而，学校也是超出社会的。此所谓"学校重地"、"闲人莫入"！

2. 学校生活不同于其他生活形态

杨贤江高度重视儿童的学校生活质量，认为学校时期是人的一生中最重要的时期。"德性之涵养，知识之启发，身体之发育，均于此短促十余年。"[172]学校生活较之于其他生活是有差别的，具有其自身的特殊性[173]：

学校生活是秩序的生活。学校关于人的饮食起居都有明确的时间安排，大到一星期上课几天，休息几天，以及每天学习多少个小时，都有明确的制度性安排；小到一天中哪些科目安排在哪些时间来进行，以及集体活动如何进行，这些亦有明确的规定。学生和教师要严格遵照学校的教学秩序，不可擅自按照自身的意愿行动。学校中有秩序的生活可使人养成遵守秩序的习惯，为以后进行社会共同生活打下初步的基础。

学校生活是自主的生活。杨贤江认为，在学习过程中，人应当是自己的主人。学生不应该把希望寄托在教师监督上，而应该通过自励和自进，体现出教育成效。因为，由他人处得来的知识兴趣寡淡，难以留下深刻的印象，而自己探索来的知识，对个体来说就更容易把握。具体而言，杨贤江建议学生参与如下自主性的生活：修学（与学业有关的阅读），勤务（打扫清理教育场所和住地）、日记笔记（记录每日行事及格言）、卫生（运动、饮食以及良好的休息与睡眠）、集会（参加学校的文体活动）等。

学校生活是服从的生活。生活在学校中的人需要接受学校的规章制度、规程、师长之训诫，因为这些规定从长远来看是为了造福学生，爱护学生。它们有时虽然会显得比较严厉，但是可以有效地帮助个体克制不合理的欲望。服从看似和独立相悖，实则二者是相辅相成的，不能服从规则的人，得不到真正的独立。

学校生活是简约的生活。学生在受教育期间由于缺少经济能力，多依赖父兄师长的资助。因此，杨贤江特别指出，学校生活要注重节约，杜绝奢侈之风，这样有助于"涵养德性、摄卫生命"。衣服只要整洁就可以，不求华丽，除正餐外尽量不要购买零食。

学校生活是愉快的生活。愉快的学校生活对心神有益，有助于颐养人格。学生在学习知识时，遇到深奥的问题冥思苦想后得到答案，此时，他并不认为思考是痛苦的，反而认为这是一件值得愉快的事情。学校生活中就应当充满这样的求知之乐。另外，精神的忧伤是儿童的苦痛，学校要养护学生的精神，使他们在学校生活过程中充分体验到幸福和愉快，远离忧伤和压抑。

学校生活是礼法的生活。学校生活中的个体在交往互动中必须重礼，礼法能美化人生，提升校风。人在不懂礼法之前，言谈举止毫无章法，教师应当在礼仪方面言传身教，规范儿童的品性行为，使人在学校中过一种有仪礼、有修养的生活。

"盖人生光明，不在为显官、得利禄，惟能全人格者，始为真成功"[174]，上述学校生活无非是为了养成人的健全人格。在杨贤江看来，只有具备了健全的人格，学生方能获得光明的人生前景。

3. 对学生教育生活的改善提出了建议

针对上述学生生活的缺陷，他进而提出从五个方面加以改正[175]：

第一，教育要有整个的圆满的人生活动。凡是满足人生向上发展的需要所必不可少的活动，学校活动都应该具备，如体育、读书、参加社会活动等。具体而言，杨贤江认为，学生的生活内容要包含健康、劳动、社交与文化四要素，而且这四要素的编排要与学生的年龄阶段和需要相适应，做到生动有趣。

第二，学校课业要与人的身心要求及社会环境相适应。教育是满足人生需要的工具，在教育中，学生应当学会满足自身人生需要的方法。因此，当学生在教育中发生某种变化，产生了某种求知需要时，学校应当留意，并设法解决。

第三，教学两方要有共通的目标与统一的进程；假若教与学不统一的话，学校虽然热心实施教育，但学生不尽力配合；学生有强烈的求学愿望，但学校敷衍塞责；学生有参加社会运动和社会实践的需要，学校却尽力压制，力图使学生安分守己。上述情况都会导致教与学南辕北辙，相互间冲突不断，其结果便是教育无法在受教者身上发生功用。

第四，要打破课内与课外的区别。学生的生活常常被局限于课堂之内，几乎把所有时间都用于读书。其结果便容易养成学生对教师的依赖，对书本知识的依赖，从来不知道自动探索知识和真理。

我敢相信一般所谓的好的中学生都会产生以下几种感想：拿全部精力和时间费在课本上，特别在英文上，要对付这些课本已嫌精力不够，更难兼顾课外功课；学业成绩尽管最好，却不会活动，不会办事；虽然中学毕业了，但不会做人。总结一句，现在中国的学校教育只是教学生读课本，并不是教学生做人。

试问：教育不教学者做人，还教什么呢？——书囊？奴才？孔子说的"器"？（杨贤江. 学生生活改造论. 学术杂志，1926，13（8）. 转引自：中央教育科学研究所，厦门大学合编. 杨贤江教育文集. 北京：教育科学出版社，1982：251.）

除了读书求知、认真接受教师讲授之外，学生应积极通过参与研究会、讨论会以及工作场所等，使学习能够贴近实际生活，并把这样的经历视为必要的任务。相应地，学校在课外活动方面要配备专门的指导人员，也要加强相关考核。换句话说，杨贤江认为，求学不限于教室，更不限于书本，明确表达了课堂教学要与生活相统一的观点。

第五，要消除校内与校外的界限。学生不应将自己囿于校园这一局促狭小的活动空间，应该向校外去发展，积极参与自然研究与社会调查。否则，学生虽然在书本中学到了知识，却理智力薄弱、缺乏社交本领和活动能力。学校生活是社会生活的一种，而不是"世外桃源"、"学校重地"，它作为当地文化事业的中心，应当充分发挥学校的文化象征意义，不应当将自己看做超出于社会生活的独立实体，也不可能脱离社会而存在。因此，学校与社会不应当相互割裂。

4. 学校要使学生在当下过圆满的教育生活

在杨贤江看来,圆满的教育生活在内容上不仅要丰富多彩,还要有趣味,能够适应学生的爱好和需求;圆满的教育生活要有规律,学生身在其中做事有步骤,读书有程序,不随波逐流,不敷衍因循。教育要以养成活知活能为目的,通过教育与训练,要使学生的个人生活能够独立。为使学生在校园中过圆满的教育生活,应该注意以下几个方面:

第一,在生活内容的丰富性方面。杨贤江认为,学生生活如果要达到丰富多彩,应该包括健康的、劳动的、公民的及学艺的四种要素。首先,学生在校园内应过一种健康的生活,重视体育卫生,加强课内体操和课外运动,同时,应该使学生养成清洁、节制、运动的好习惯。其次,学生生活应该内在包含着劳动,如打扫教室、在农场里劳作、植树、养成积极的劳动态度。再次,学校生活是公民生活的缩影。公民生活应该是一种群生活。人类生活离不开群的关系,学生以后进行的公民生活也是团体生活。因此,学校应鼓励学生在校园里参加各种集体和团体活动。第四,学生要学会过闲暇生活(学艺生活)。似乎长期以来,我国的学生只了解努力读书的重要性,但不知道闲暇的重要性。学校应该有游戏、戏曲、音乐、艺术、文学等有益身心的娱乐,教会学生学会利用闲暇时间,在食堂、宿舍等地应该进行有教育意义的布置和点缀,这样潜移默化的影响可以涵养学生的美感。

第二,在生活内容的趣味方面。学校要使学生忙要忙得有趣,闲要闲得有趣。学生在学校的学习和休闲应当都是出于自愿,而非被迫。

第三,在生活内容的适应性方面。每个年龄阶段爱好不同,学校应该意识到这一差别,并尽量予以满足和实现。设置图书室、运动场、俱乐部等教育环境,帮助学生身心健康发展,也可协助他们适应集体生活。此外,对于学生在发展中遇到的问题,如课业问题、人际难题、内心困扰等应该随时施教,加以及时解决。

第四,在生活形式方面。学生的学校生活应当有计划、有规律,"要使每天的生活,有健康方面的,有工作方面的,有社会活动方面的,有学艺研讨欣赏方面的,同时努力,也同时愉快,且同时发生足以助长心身发展的作用"[176]。

杨贤江对生活教育的阐释从学生的学校生活状态等小处着眼,为当时学生教育生活质量的改进提出了非常有针对性的、具体的教育建议。他指出的当时社会对学生学校生活的误解,在我们今天仍然在教育中顽固地存在着;他提出的改进学生学校生活之建议,使学生在教育中赢获得完满生活的思想,对于我们今天教育实践的改进具有非常大的借鉴意义;更难能可贵的是,他提到的在生活与教育之间建立联系的建议,如学校在课外活动方面要配备专门的指导人员,也要加强相关考核,较之其他教育家更为具体,更加具备可操作性,能够为当今学校生活的改进提供启示。

解析近现代教育史上关于生活教育的论述,虽然在不同的历史阶段教育关注的具体主题有别,但在有别的主题中贯穿着共同的精神格局与思想走向,从而展现出教育共同的功能特质——矫正教育的偏执,加强教育与生活的关联。虽然这些理论的提出都有其特定的政治背景与教育背景,所提之建议可能与我们当今之社会不是那么契合,当时的理论努力不一定得到当下人们的认同,但从中可以看出历史上的教育工作者在教育和生活之间寻求平衡的努力与理论意向。

在教育史上关于教育与生活的关系问题的论证一直难分难解,进入现代社会之后,教育与生活的关系问题好像逐渐淡去,不受关注,但这个问题并未走向终结,只是以新的形式出现在教育理论与实践当中。随着教育异化现象的加剧,教育界借用和"生活"内涵同一的"生活世界"这一时髦概念,而生活世界思潮的缘起及其探讨和试图解决的问题仍然是与前辈教育家相同的。在新课程改革的背景下,教育回归生活世界使人们更加确认,教学更应该与现实生活联系起来,教学来源于生活,又服务于生活。新教材的编排已经把教材中涉及的很多知识点都生活化了。但不可忽视的是,新课改中流行的"教育回归生活世界",缺乏坚实的学理根基和实践基础,并非出于实践困惑或理论论争而生发出来的主张,而是由于西方哲学思潮的殖民所导致的简单理论移植,其对教育与生活的关注最初仅仅出于对回归生活世界的教育学解读,之后随着该思潮的迅猛扩张,人们才将立足点逐渐放置到教育与生活世界的关系中来。可以说,"教育回归生活世界"只是用西方的话语提出我国教育中的老问题而已,是新课改的背景下,人们对教育生活关系的再考证、思考。但就目前来看,这种哲学思潮与我国教育理论界探索教育如何走出过分重视书本知识误区的诉求相遇,形成了"教育回归生活世界"的理论观点。但是教育要回归怎样的生活世界?对于这一问题,"教育回归生活"论者并未达成一致看法。[178]有的指的是教育向胡塞尔式的生活世界回归,有的认为是回归日常生活,难以达成一致。

教育界希冀通过回归生活世界来解决当下悬而未决的教育难题,希望教育摆脱功利性,真正站在人的发展和人的幸福的角度来思考教育,以这一终极目的而非功利性目的来确定教育的内容、目标和方法。但是，把教育与生活简单地理解为回归的关系，是对二者关系的简单化、浅表化、笼统化，是用"生活世界"、"回归"这样抽象的字眼，掩盖了对教育与生活关系的客观的和有深度的理解，更多地执著于对教育回归生活世界的学理推敲，对教育与生活的关系没有作出合理的、正面的回答。有学者指出，尽管生活世界对于人的发展有重要的价值，但当把这个理论引入到教育领域中时，须要对"教育回归生活世界"命题在教育哲学的意义上进行阐释和界定，对生活与教育的关系作具体分析。否则，"教育回归生活世界"就会流于口号，"甚至会流变为一句无实体内涵、无法操作，甚至肆意贬低学校教育价值的观点的口实"[179]。

可以看出，教育与生活的关系看似常识化，却一直是一个悬而未决的教育问题，人们关于二者关系的解读与论争没有间断过。当新世纪到来之时，人们却发现：无论是崇尚自由与多元的西方教育，还是正面临着转型和改革的本土教育，都仍然为同一问题所困扰。

第五章

教育与生活关系的教育学建构

> 我们应当生活得很幸福,亲爱的爱弥儿,这是一切有感觉的人的最终目的,这是大自然使我们怀抱的第一个欲望,而且是我们永远不会放弃的唯一的愿望。
>
> ——卢梭

一、教育与生活世界本真样态之澄明

近代以前,人们往往认为教育是文雅的、高尚的、有意义的,生活是世俗的、日常的、低微的,于是,常常有人把学校称为"圣地"、"重地"、"世外桃源",知识分子也常常以清高的形象闻名于世。然而,教育真的高于生活吗?教育真的是世外桃源吗?

(一)教育是一种生活形式

教育并不仅仅是一种技术性、工具性的科学活动,也是人类寻求自我完善与发展的基本方式和基本途径。它不是游离于生活之外的活动,而是生活的一种形式。这意味着教育不在生活之外,而在生活之中。但长期以来,在我们的视野中,"将'学校教育仅仅理解为那个确定的、唯一的、有目的、有计划、有组织、由'学校'组织实施的'培养人'的教育活动。学校教育,就是那个丰富多彩的'生活'本身"[180]。我们常常将教育理解为知识的源泉、学习的殿堂,理解为人的知识化过程,殊不知,其本身就是一种生活过程。这意味着教育中的人不仅是学习者和教育者,更重要的是生活者。

好的教育与好的生活往往也是一致的,对此陶行知先生曾经有过明确的论述与说明:是生活就是教育,不是生活就不是教育;是好生活就是好教育,是坏生活就是坏教育;是认真的生活就是认真的教育,是马虎的生活就是马虎的教育;是合理的生活就是合理的教育,是不合理的生活就是不合理的教育;不是生活,就不是教育。教育生活是师生生命活动的一个组成部分。良好的教育能够使身在教育之中的人们热爱自己的教育生活,养成积极的教育生活方式,全方位地参与社会生活;良好的教育能最大限度地鼓励人的生成与完善,修正人在成长过程中的偏差并且不留痕迹;良好的教育能最大限度地满足人的心理需求,使人产生身心愉悦的感受,使人乐在其中。不良的教育往往会对一个人的身心健康产生负面影响,甚至会影响其今后的生活和人生。

生活中有情感和价值判断,作为生活的教育亦充满着对人的发展的关怀。在教育中,除了思辨、理性、逻辑之外,还有情感、意志、体验和感受等非理性因素,教育中的每个人都应在教育生活中受到积极的关注与重视,心灵得到足够的舒展,远离压抑、恐惧、空虚与对抗。每个教育主体都应当在教育生活中能够体验到身心愉悦与内心充实,建立起和谐的人际关系,并且在教育中获得幸福和满足感。生活的教育应该直面人的本身,以个体的人及其存在为对象,分析人在教育中的生存境遇,关注人的生活前景,让教育中的个体都拥有幸福的教育生活,最终使教育获得合乎人性、合乎人的生命成长需要的存在方式。

简言之,教育本身就是生活,是生命活动的有机组成部分。所谓教育生活,简明地说,也就是人们的教育存在和活动过程。教育不仅是一种生活,而且是一种最直接、最普遍、最具生活情趣和价值的生活[181]。人们在教育生活中不断展示生命力量,体验生活的价值与美感,满足生活需要,实现自我发展。如果我们仅仅看到教育是为了生活,就很容易把教育看做生活的一种工具,使教育丧失生活意味。教育就是人当下的生活,要以创造高质量的教育生活来使人有能力创造和享受幸福的人生。教育是一种生命活动形式,而"生活是生命的基础和展开形式,离开生活就没有任何生命成长的基础"[182]。因此,从根本上说,教育即是一种生活,教育是各类生活事件的堆积,它是人生重要的生命经历。

(二)教育是一种特殊的生活形式

在上述篇幅中,作者力图展示教育与生活之间的关系:教育本就属于一种生活形式,它具有生活的个体性与感性丰富性、生成性、创造性等特质;

学校生活是人整体生活的一部分，占据了人生很大一部分生活时空，对人的生存状态与方式、生存质量都有着很重大的影响。教育生活不是一般的生活，而是一种独特的生活形态。学校生活的特殊性源于活动对象的特殊性。学校生活的对象是处于未成熟状态的儿童，这个阶段的儿童理性思维尚未形成，更多地依赖直觉和观察来感受周围的事物，获得相关的经验。这和成人的理性世界是大不相同的。因此，不能把成人的标准和需要强加给儿童，要真正站在儿童的角度去规划和经营学校生活。具体而言，学校生活的独特性表现在：

1. 教育是精心组织的生活世界

生活是"人为了生存和发展而进行的各种活动"[183]的总称。生活是满足人的生存、享受和发展的手段，它以满足人的需要、促进人的发展为最终目的。我们可以简单地把生活分为日常生活与非日常生活，在这种划分中，教育与政治、经济等领域一样，属于有组织、有计划的非日常生活形态。教育过程中的师生交往甚至对抗都发生在生活之中，这些生活事件构成了整个教育过程，成为教育存在的真实根基。教育生活的特殊性表现在：它不同于自在、自发的日常生活形态，不同于重复的、琐碎的尘世，它不仅是生动自在的、丰富的、整体的、经验的生活过程，而且是有组织、有目的、有计划的生活过程。教育中的每一个眼神、每一句话、每一个细节、每一个教学事件都要经过教育者的精心组织与创设。可以说，教育的每一个细节都是人类精心设计的结果。因此，教育生活是有目的、有选择的、明智的、理想化的生活，是经过净化、简化的进步生活，而"不是日常生活中随机进行的认识过程"[184]。正因为教育生活的特殊性和它在提升人的素质方面的独特性与高效性，夸美纽斯说，"假如要去形成一个人，那便必须由教育去形成"[185]。可见，教育是生活，但教育是一种特殊的生活过程，是按照科学规律运行的生活，因此，教育要超越日常生活的常态。

2. 全面发展的人是教育生活的终极指向与目的

与其他生活形态不同的是：教育生活关心的是人如何能获得全面发展，如何走向自由而全面的理想发展状态。人的本能之一就是不断寻求发展，提升自己的生活现状。真正的教育是对人的生存状况的完善与促进，但不良的教育往往对生存构成了威胁。人的素质发展是教育生活的中心与主题，任何教育不以此为依据就是无意义的甚至是有害的。作为生活的教育自然关涉人的存在、自由、个性、幸福与内心生活，它不仅承担着人的知识积累与身体成长的责任,而且自然担负陶冶人的精神的职责。在人与教育这一关系层面上,作为生活的教育应从整体上关怀人的成长,叩问人的心灵,寻求人的自由与全面发展。人的全面解放与个人潜能的最大限度的发挥,人的能力的发展与增强,人的自由的充分拓展,对人的尊严及价值的尊重以及对人的生存状况的关注应当成为衡量教育进步状况的标准。"学校教育生活的特殊性,不是体现在组织机构上,不是体现在教育内容上,甚至不是体现在学校教育生活的复杂性上……而学校教育的'本质性'的规定性在于它的意识性,它是一种有意识地关怀生命的生活形态,是一种有意识地提升生命存在的生活形态,是一种有意识地将历史与未来融会在当下的学校教育生活中的生活形态,是一种有意识地选择、组织、利用信息而促进人的自我生成的生活形态。"[186]教育是提升人的全面素质的过程,这是教育的内核,任何时候都不能被替换和扭曲。"任何一种教育,如果它关切的只是人的一部分,而非人的整体,那么它必然会导致有增无减的冲突和痛苦"[187],凡是脱离开学习的教育过程都是异化的教育过程。

3. 教育是理性与感性相统一的生活

没有理性的人类教育是蒙昧的,"发展理性的教育,它本身就是最好的;它是获得幸福的最好手段;它是培养公民的最好办法;它甚至是最好的职业教育"[188]。教育就是使人逐渐认识真理,变得更富有人性。教育就是要集中力量去培养和发展那些使人区别于动物的特征,使受过教育的人成为脱离动物属性的、富有理性和人性特征的存在物。

只有理性的教育则是可悲的。人的日常生活和情感体验一直被当做"非科学的"、"非真理的"存在而排斥在教育的视野之外,人的情感、意志、态度被教育忽略了。人是一种丰富的、全方位的存在,人具有理性,但理性不是人性的全部内容,除此之外,人还有想象、意志、直觉、情感等非理性因素。尤其作为教育生活主体之一的儿童,由于其所处的特定年龄阶段决定了他认识世界、认识教育的方式在很多时候是主观的、表浅的、形象的,只有理性的教育不符合未成年人的特殊发展状态。

"教学是学生的一种完整生活,既有他们的理性生活,又有他们的审美生活和道德生活,同时它是沟通现实生活与可能生活、人类或种族生活与个体生活的桥梁。"[189]教育有其自身的生命节律,受特定的活动规律所支配,任何违逆教育规律的教育行为都将对教育的发展造成不良影响,从这一意义上讲,教育是一个受科学规律支配的科学活动领域。同时,我们也应当看到，教育世界是人的世界，是和人的主观相联系的世界，其中充满情感、自我意识和内心体验，从这一角度上讲，教育又是一个具有高度主观性的领域。科学性和主观性是教育活动同时具备的两种属性，这意味着我们不仅要从客观方面去理解教育，还要从人的主观方面去理解教育。科学的维度和人自身的维度应是我们理解教育的两个必不可少的视角。但从根本上说，教育发展的根据还是人性，只不过是随着历史发展而变化了的人性。因为教育规律也是教育当中人性化的体现。

在以应试为导向的教育下，教育被异化成了灰色的、枯燥的、空洞的、无感情含量的理性世界，教育成了人的空场，只有技术，只有知识授受，而唯独不鼓励爱和沟通，造成了一个高度异化的教育世界。而在后现代主义及生活世界的视角下，教育变成了散漫、空疏的日常化的活动，教育的知识功能被弱化。这两者都没有体现出教育的本真状态。我们要反对教育领域中的唯科学主义倾向，提倡教育应实现对自然、社会和人生的现实性关怀，体现对知识世界和意义世界的执著追求。反对唯科学主义对教育的主宰并非意味着要排斥科学理性在教育中的地位，而是应该让理性回归现实世界之中，为人的发展和人生幸福服务。

教育生活应当建立在全面、人性的基础上，成为理性与感性相统一的生活形态。科学主义的教育形态和感性的教育形态都有自己的局限。前者将教育看做主体之外，不依赖于主体而存在的客观实在，后者将教育看做日常的感性活动。前者是无现实的真理，后者是无真理的现实。"只有在人们追求真、善、美时，才有可能获得真正的幸福和真正美好的社会"[190]，只有当教育将理性和感性结合起来进行时，才能抵消各自的局限，达成教育活动的理想状态。

4. 教育是科学化、逻辑化与审美化、艺术化相统一的生活

首先，教育是受科学规律支配的有组织、有计划的社会生活。其科学性集中体现在它是按照科学规律运行的生活。规律是不以人的意志为转移的客观存在，它是事物内部各要素以及事物与外部因素之间的本质的、必然的、稳定的联系。规律虽然看不见，摸不着，但是可以被人们了解和认识。事物的运行如果顺应了客观规律，就会走向昌荣；反之，就会导致事物发展过程中的退步。教育是按照科学规律运行的社会活动，而不是散漫的、无组织的生活形态，教育的发生、发展以及进步和倒退都有规律可循。教育是人发展的需要和可能与社会发展的需要和可能之间的契合点，这两个对立统一的矛

盾范畴支配着教育的发展过程，决定着教育的质量与功效。

其次，教育是真善美相统一的艺术化的生活形式。教育生活的艺术性首先体现在它是与真善美融为一体的生活，而与真善美相统一的生活就是艺术的。人类的潜力具有无限被开发的可能，教育通过传授知识，不断培养学生的理解能力和学习能力，从而授予人以真理，并为人指明通往真理的道路；教育通过日常教学实践，通过教育情境的熏陶与教师的身教，培养学生的道德能力，使教育可以处处体现人性的美好；教育通过启迪人的创造力、想象力，通过培育人的精神来改造人本身，并使人在教育实践中不断实现生成和发展。"人在这种自由境界中肯定自己、复现自己、观照自己，感受到自己的创造力量，即是引起了人的美感。美感实际上是一种创造的满足和愉悦，是由于人的自由的创造力得到肯定而获得的一种精神上的自由感。"[191]这最终使教育成为人的自由自觉的类生命活动，使人在教育中形成理想的生存方式——艺术化生存。"人的存在方式是有意义地'生活'而不是生物学的'活着'，人的存在场域远远溢出在身体之外"[192]，在艺术化生存态势之下，人不再是被动、消极地去适应教育，而是积极地融入教育当中，在教育中追求更加充实、更加有意义的生活。

教育生活的艺术性还体现在教育手段的艺术性上。教育活动的对象是人，人的生活环境和生活经历是复杂的，他们其实受到我们不知道的种种力量的驱使。这使教育的发展乃至整个社会都难以成为我们可以预期的世界。教育作为一种人类活动，它具有复杂现象所应具有的一切特征，而且随着社会的发展，其复杂等级在不断地提高。教育的内容、方法及指导理念都不是一成不变的，而是随着教育的发展在不断发生变化。因此，优秀的教育者仅仅传授知识是不够的，还要精通教育艺术，即能够针对不同的受教育对象及教育情境来采取相应的教育措施，能够掌握与人沟通的艺术，及时发现受教育者在发展中的问题，并及时制定解决方案。可以看出，整个教育教学过程都需要教育者有艺术化的教学手段，如此方可应对教育中随时出现的问题。

5. 教育生活是以求知为主要活动的共同体生活

"孩子的一种生活幸福就是渴望知识"（苏霍姆林斯基），学校教育生活与其他生活在内容上的最大不同就在于此。日常生活的内容停留于衣食住行，其目的是为了实现存活；而学校教育生活最主要的内容在于求知，最大的目的在于获取知识，养成能力。这样的内容和目的决定了学校教育生活绝不是散漫的、无目的的，而是在明确的活动目标导引下，师生通过有计划、有组织的活动达到教学目的的过程。师生因为有求知这一共同的活动内容而生活在学校这个共同体当中，他们具备共同的目的、信仰和期望，而爱和沟通是他们达到共同目标的方法。求知的过程又是在师生交流、生生互动、师生与环境作用的共同体情境中完成的。

综上，教育首先表现为一种生活形式，生活是教育的背景和目的，教育与社会生活及人的日常生活有着难以割舍的联系。倘若教育不能表现为一种生活，那么教育也就不是真的教育；倘若教育表现为日常生活，那么教育也不能称为"教育"；教育是一种特殊的生活过程，它应当表现为一种"真实而生气勃勃的生活"。（杜威）

（三）外部生活是教育活动进行的背景

这里的"外部生活"指的是教育身处的具体的、历史的社会环境，是除了教育生活之外的其他生活领域。

"教育只有一个主题，那就是色彩缤纷的生活。"[193]一方面，外部生活总是先在地规定了教育的价值态度和发展取向，任何教育总是包含着外部生活给予的某些隐蔽的前提。外部生活对好的教育作出了品质规定，那就是能够缔造幸福生活的教育方是好的教育。人类的确需要教育，但教育必须服务于人类的整体生活。另一方面，外部生活需要教育，教育是相对独立的，它承担着改造外部生活、引领外部生活的职责。当下某些"教育回归生活世界"的主张者尽管没有遗忘外部生活，却深陷入外部生活之中，与其说关注外部生活莫不如是依附外部生活，消解教育。现实社会中，我们可以看到很多时候教育放弃了自身的独特性，一味地依附和模仿社会生活，变成了外部生活的附庸。这是教育与生活的另一异化形态。教育成了现代社会规则和现象的复制者，而失去了对外部生活的批判和超越向度，变成了现实社会的应声虫。简单地说，许多儿童从幼儿园开始就站在社会分化的起点，社会生活中有什么，幼儿园就有什么，攀比、功利、等价交换甚至竞选等社会活动和风气都被直接地映射到教育之中。生活是真实的存在，却不是尽善尽美的存在形式。在当下人类生活状况中，犬儒主义、快乐主义、虚无主义、拜金主义等观念和思潮大行其道，以致有的学者认为，我们的社会进入了历史上一个"新黑暗时代"。① 不难看出,现实生活中的矛盾关系网络致使外部生活形态纷繁芜杂,其合理性与不合理性、事实与价值都应加以甄别。这既意味着教育要顺应现实生活,又意味着教育要批判地改造人的现实世界,而顺应和超越是教育与外部生活关系的必不可少的两个维度。其顺应性主要表现在赋予受教育者以知识和理性,以适应当下的社会生活环境;而教育的超越性则表现在培养人的创新精神与独立的人格,使其在适应外部生活的同时永远存有对外部生活的批判态度,进而产生对理想生活的无限向往与不懈追求上。这意味着教育要给人以理性的知识与眼光,也要给人以意义和理想,在教育中理性的启蒙与精神的陶冶、意义的追寻同样重要。

教育考量生活是为了确认教育的内在生活本性与价值;教育解读生活,不是为了数量化地描述生活,而是为了批判地超越、引导人类生活。在强烈的"回归生活世界"话语下,有些教育工作者失去了清醒的头脑,使教育活动成了外部生活的复制品,教育中充满了对外部生活的拙劣模仿和盲目跟风,如某些学校热选"超级教师",② 这一活动无论从名称到形式到内容,都是对娱乐界的模仿,只不过台下的 Fans 是小学生,教师成了取乐对象。这种教育与外部生活的联系方式不仅扭曲了教育,从长远来说也将毁灭人类的理想生活。因此,面对自身之外的生活领域,教育应当具备清醒的甄别能力,杜绝对外部生活的粉饰或有意无意的遮蔽。教育的生活功能不仅仅在于审视我们的外部生活,使生活达及协调、有序之态,更为深层的意味则在于检讨外部生活、重塑人类整体生活的未来纬度,使外部生活展现出教育韵味,使教育不断从外部生活中汲取滋养,形成教育与其他生活领域的良性互动。

现代教育陷入危机源于两个失误:一方面,唯科学主义成功地实现了理性与人的生活的分离,在教育中则体现为漠视教育的生活向度,教育生活变成了科学世界里的活动,与人的情感、态度及个人幸福毫无相关,殊不知情感或感性也是生活的表达方式之一。教育应然地包含个体的生活和幸福,但生活向度的丢失最终使教育变成了一个非人的世界,它否定了理性与感性的可沟通性,从而使教育遮蔽了人性,阻塞了人通向幸福的道路。另一方面,

---

① 程志敏. 谁杀死了荷马?[J]. 读书, 2006 (1): 29—35. 在当下的商品经济大潮下, 经济飞速发展, 人性却呈现漂浮无根的状态, 犬儒主义、怀疑主义、虚无主义、拜金主义和享乐主义大行其道, 人类社会处于畸形繁荣阶段, 走入了一个新的黑暗时代。
② 李婷婷, 胥茜. 成都热选"超级教师"[N]. 中国教育报, 2005-09-24 (2).

作为生活的教育自成目的、自成手段，日益漠视其他的生活领域和生活形式，试图成为一个孤立的世界。在这个世界生活的人都是围绕知识的获得来进行的，知识在这个世界里具有至高无上的地位。"知识确实是一种解放人的力量，但是，解放不只是求知的活动，知识只有与实践密切结合，成为实践的一个部分，才能通过诉诸生活实践而成为现实地解放人的力量。"[194]正是由于教育漠视自身的生活向度，同时割断了与外部生活的交流与沟通，它才成为一个被高度科学化的自存世界，这种现象阻滞了教育的健康发展，而这样的教育终将误导人类的生活。因为在复杂科学中，事物只有与外部世界保持能量与信息交换才能保持活力，教育这一系统是通过与外部生活的不断交流与沟通来保持其鲜活的生命力的。从这种意义上说，一个自成目的与手段的自存世界是缺乏生机的领域。简言之，教育即是按照生活的应然逻辑，批判性地陈述事实，引导性地规范现实，通过对现实的解构与确认，从而使人类生活的延续获得坚实的现实基础。

（四）教育内在承载着生活功能，但"美好生活"无法构成教育的目的

教育和生活具有天然的姻亲关系，二者的关系虽然密不可分，但教育并不直接地为了生活，教育直接为了人的素质发展。当下很多人沿用"生活世界"这一时髦词汇，置换了教育的根本问题，错误地理解了教育本身应当担负的职责和任务。早在很多年前，沛西·能就在其所著《教育原理》一书第一章"教育的目的"中，评论过以完满生活作为教育目的的主张。他说，"生活理想是永远不会一致的，它们的冲突将反映在教育理论中"。每个人的生活理想不同，对美好生活的认识也不同，以幸福生活作为教育目的，必然会引起教育的冲突。彼得斯则认为，完满生活是一个比较模糊，调子又很高的概念。斯宾塞可以把它作为教育的目的，但要把他认为应该包含的内容讲清楚。"问题在于他把幸福作为教育的目的。因为幸福是一个比较特殊的概念，作为一个可行的教育目的，就很成问题。"[195]这两位学者都提出了同一个问题：美好生活的获得可以作为教育目的吗？

功利化的教育将工程师、医生、律师等社会地位较高、职业声望较高、收入稳定的职业作为儿童的美好生活，并在教育中加大训练，使他们能够在若干年后成为社会和家长公认的有身份、有地位的人。社会想当然地认为获得高收入、高声望的职业就是儿童未来的完满生活。在这个问题上，功利化的教育所犯的错误是：第一，把儿童当下的幸福生活的获得完全忽视了，将

幸福生活看做未来的、遥不可及的事情；第二，将成人认为的理想生活强加于儿童，泯灭了他们对自身生活进行规划的权利；第三，将每个人对自己生活的设想都简单化成一个模式，不允许儿童过其他的可能生活。这样的教育目的便导致了儿童沉溺于书山题海，十年磨一剑，经过了残酷的竞争，过了独木桥之后，才发现原来自己对这种所谓的理想生活并不感兴趣。这样的场景似乎总在我们周围发生。

如果我们的教育只是出于功利性的目的，为了使获得教育的人得到一份好的工作，那么我们对教育的理解是肤浅和笼统的。"如果我们受教育只是为了成为科学家，成为死守书本的学者，或成为沉迷于某种知识的专家，那么，我们将助长世界上的毁灭与不幸。"[196]生活对于人而言，有着更高更广的意义，如果教育不能使人发现这一点，那么这样的教育是失败的和无价值的。有机会受教育的人经过长期的心智训练，大部分失败了，被中途淘汰出局，最后一小部分人拿到了高学历，但由于教育只训练某种技能，教人沿袭某种固定的模式，因而无法造就一个圆满的、完整的人。缺少了这一点，学历只是一张文凭而已，对于他们营造完满的生活无丝毫帮助。

如沛西·能和彼得斯所言，美好生活在每个人心中都具有不同的影像，教育想要使每个人都获得自己心目中的生活理想的确显得不那么现实。"美好生活"是比较模糊的概念，我们难以衡量什么是美好生活，因为它和每个人的内心感受密切相关。有的人面临困境，生活无以为继时，仍感觉自己的生活是完满的、令人满足的，并且能够在与困难抗争的过程中获得满足感；但有的人面对生活中的种种令人羡慕的物质生活条件和职业生活环境时，仍感觉对生活本身不满足，被强大的空虚感包围，感受不到生活的乐趣。这两种人，哪种获得了幸福生活呢？哪种人应当成为教育的培养目标呢？因此，美好生活常常缺乏统一的、行之有效的衡量标准，因而无法作为教育发展的最终标准。

良好的教育可以通过提高人的综合素质这一途径来改善生活，帮助人们更好地生活，提高人的生活质量。从这一意义上讲，教育是实现美好生活的必备手段。生活无时不在变化，当面临生活的变迁时，受过教育的人应当有能力调整自己的心态、知识结构和能力结构，勇敢驾驭生活中的种种变数，并能够积极地面对。教育要使人珍惜生活的幸福，培养珍惜幸福生活的能力，要为学生扬起风帆，借着这样的力量，使人看到生活目标，不断发展。为了培养学生珍惜幸福生活的能力，教育应与儿童敏锐的、坦诚的心灵相接触，并且最大限度地尊重人对幸福的追求。我们的教育可以通过培养学生对生活的感受力，通过培养学生对生活的创造力，培养人成为生活的主人，使他们拥有规划和驾驭自己生活的能力，具有积极、健康的生活态度。

二、在处理教育与生活的关系时应当谨防的几个倾向

（一）教育的内容和方式过于经验化

各种教育生活化的主张铺天盖地一般，有些学者反对将一大堆的道理植入孩子头脑中，这样的主张成为教育界的新宠。在当下的教育界，在处理教育与生活的关系时，强调二者的联系和融通，基本已成为教育界的共识。但是，强调二者的联系并不是要把当下的社会生活中的场景和因素不加选择地照搬到学校，更不是要使学校教育返回到自在、散漫的日常生活状态。"如果对学校教育的认识过于浪漫，在理论上会弱化学校的社会功能，在实践中会消解学校的边界，使学校失去其专门机构的特点，学生学业标准也将在低水平上徘徊，在理论和实践上都会带来负面影响。"[197]

日常生活固然自由自在，充满快乐的体验，但受日常生活本身的性质的影响，难免会存在形式的散漫性和内容的杂多性。这其中既有好的教育影响，又有坏的因素对身在其中的人产生不可避免的消极影响。对此，陶行知早在上世纪初就作了阐述："过什么生活，便是受什么教育；过好的生活，便是受好的教育；过坏的生活，便是受坏的教育；过有目的的生活，便是受有目的的教育；过糊里糊涂的生活，便是受糊里糊涂的教育；过有组织的生活，便是受有组织的教育；过一盘散沙的生活，便是受一盘散沙的教育；过有计划的生活，便是受有计划的教育；过乱七八糟的生活，便是受乱七八糟的教育。"[198]

因此，无内容、无导向的教育主张实际上并不是在优化学校教育，从长远来看会降低教育的质量和效能，这是在处理教育与生活的关系时，一些理想主义者容易犯的乌托邦式的错误。

（二）教育的目的过于世俗化，丢失了超越的向度

在非理性生活世界思潮的牵引下，唯主体论的单极思维有逐渐得到扩张的趋势。许多教育工作者从人的兴趣、需要、欲望等角度来理解和评价教育活动，认为凡是能满足学生需要的教育都是有价值的教育，凡是能使学生感到愉快的教育都是好的教育。而实际上，只有满足学生健康的、合理的需要

的教育才是有价值的、好的教育。如果一种教育只是按照人的主观偏好行事,将规则和理想放逐,一味迎合学生的欲望与要求,那么这样的教育是无价值的,甚至是负价值的。

强调教育的生活功能,内在包含着对学生当下教育生活质量的关注,在学校中要充分尊重和信任学生,使他们能够过一种高质量的教育生活,但对学生教育生活质量的关注,并不等于不能批评和纠正,不等于教育不要规训和惩罚。现实中,多少教育工作者打着关注学生教育生活的旗号,毁掉学生的高质量生活?学生的确需要尊重和鼓励,的确应当在教育中获得一种美好的生活,但这并不等于教育要一味地向教育对象献媚,取悦他们,以使学生在教育中得到短暂的满足和廉价的快乐。在关注学生校园生活质量的指引下,要充分发挥教育对人发展的促进功能,当学生犯了错时,要及时并严格地纠正,不可出于对学生校园生活的关注而丢失了教育立场和标准。这是对生活教育的曲解。

此外,对生活教育的强调,不可使教育目的世俗化,使教育成为获得某种理想职业或达到某种特定目的的手段,而应当在新的历史时期更加强调教育目的的超越性维度,全面提升学生的精神生活质量,使生活教育不可陷入功利性的目的。"通风良好的教室,如果空气的气流和风从中吹掉了高尚的精神生活、高尚的生活气息的话,也还不是完善的教室。"[199]通过教育,学生在体验美好生活的同时,通过对当下生活场景的改造,积极追求美好生活,并创造未来的可能生活。

(三)教育与生活只停留于理念上的联系,而缺乏行之有效的实践努力

教育内在地承担着生活功能,教育应当面向生活,通过生活,为了生活。优质教育自然地承担着如下的本体职责:帮助人学会适应生活,鉴别生活,选择生活,创造生活,享用生活。目前,重视教育与生活的联系这一主张得到了一致的肯认,并且被炒得沸沸扬扬,很多地区和学校的教育工作者作出了积极的践行。不可否认的是,在教育与生活之间桥梁的搭建上,有很多地区和学校的教育措施落到了实处,并积极付诸实践。由于缺乏必要的实践指导,很多教育努力则是用不得法,其结果不仅不利于通过生活进行教育,而且变成了另一种应试教育的手段。

从2007年9月开始,浙江高二学生都要学习这门叫做"通用技术"的新课程。这项课程内容涉及电子、精工、木工等,具体包括修马桶、做凳

子、换灯泡等日常生活常用技术，简单地说就是生活教育。开设通用技术课的目的，是为了培养学生的社会适应能力、实践能力和创新精神。这门课每周两节，并纳入省会考科目，不得免考。面对浙江省加强教育与生活的联系的努力，社会上叫好的声音和疑惑的声音都在意料中。

"叫好"，无外乎说学生掌握生活技能十分重要。此举将改变中学教育只关注书本知识不注重动手能力，高中生四体不勤、五谷不分的情况；而"质疑"，无外乎说将"通用技术"课程纳入会考科目没有必要，在当前的教育体制中，只会演绎为新的应试教育，增加学生的负担。

之所以说"意料之中"，因为这样的"叫好"和"质疑"，与以往诸多的改革惊人相似，比如教育部要求中小学开展阳光体育，重视体育教学，为此把体育纳入会考科目，对于这一政策的议论，与以上如出一辙。（应试教育能推进"生活教育"吗？新华网，2007-08-25.）

可以看出，在实际的教育中，要想做到与生活相融通并不是一件像喊口号那般简单的事情。虽然教育工作者怀着善良的目的作出了积极的教育努力，试图使我们的学生了解生活，学会必要的生活技能，为了表示对教育与生活之间关系的重视，甚至将生活教育课程纳入会考，以考试的方式表达在教育与生活之间建立连接的决心，但这样的教育努力与大家心目中的生活教育有相当的距离。在教育与生活之间建立联系，无非是想达到"教育通过生活生发出强大的力量"、"生活凭借教育得到改造与提升"的目标，但上述生活教育最终不是通过生活发力，又难以避免地通过应试的方式生发力量——不得不通过会考这一形式来确保学生能够联系生活。像杨贤江、陶行知等积极地在教育与生活之间建立连接的教育理论家和实践家，他们提出生活教育的动机无非都是为了对抗旧的死记硬背的功利性的教育。然而，半个多世纪过去了，生活教育需要考试这一形式确保实施。这种实践努力虽然积极，但想必这是以往主张生活教育的教育先辈最不愿看到的。

除了上述一些积极的教育努力之外，对于很多地区来说，"加强教育与生活的联系"现在更多地变成了一句教育口号，而忽视了理论向实践的转化，更多地只是停留于形式上对教育与生活关系的强调。

在教育与生活之间建立联系，发挥教育的生活功能的方法应当是具体的、实际的、可操作的，可以说，教育与生活的联系是内在的、天然的，教育可以通过生活生发出强大的力量，而生活也可以通过教育走入每名学生的内心和精神世界。

三、教育在生活世界视野下的提升与改造

（一）教育首先要从根本上肯认儿童的独特性和儿童生活的价值

有一位老师给学生们上课，主题是"我的幸福"。她说："同学们，现在我们每个人都被家人当做珍宝，每个人周围都有爸爸、妈妈、爷爷、奶奶爱着我们；在物质上，我们要什么就有什么；星期天可以游泳，放假了还可以旅游……那么，在这样的生活状态里，我们一定感到很幸福了……"

话音未落，学生们齐声回答："老师，我们不幸福！"

这个回答显然让老师很意外，也非常尴尬。她认为学生没听明白，想使学生回到她所给出的"我的幸福"这一主题上来，于是继续引导："老师小时候就不如你们了，因为经济方面的原因，连糖都吃不上。所以，老师那时候所向往的最幸福的事儿就是能够拥有很多很多的糖，一房子糖，甚至一间用糖做成的房子，连书桌、椅子、床、枕头也是用糖做成的，这样，当我想吃糖的时候就伸出舌头随便在哪儿舔一下就可以了。"

学生们一听，全都大笑起来，说："老师你怎么喜欢吃糖呢，还把拥有糖当做最幸福的事情？"

这下老师彻底懵了，她不明白这些孩子为什么会这样。她问道："那你们向往的幸福是什么呢？"

这一问，全班同学一下子活跃了，全都举起手来。其中一名同学在文化课学习方面是年级第一，他站起来说："老师，我的幸福是星期六、星期天的早晨可以躺在床上睡懒觉。"另一名同学也抢着喊："我的幸福是放长假，到沙滩上去玩……学生们渴望的幸福五花八门。"

孩子们太渴望幸福了，但是这样的幸福多少让成人感到不理解和吃惊。（魏薇，等．中外教育经典案例评析［M］．济南：山东人民出版社，2005：220—221．）

显然，教师认为的"幸福"和学生追求的幸福产生了分歧。学生们的确渴望幸福，但他们的幸福似乎和成人理解的大相径庭。教育给儿童设立的所谓的美好生活在很多时候并不是儿童认为的美好生活，而更多的是把成人认为的好的生活强加给儿童。

儿童认为的美好生活显然是感性的、非功利的、主观的。我想，在面对学生对幸福的五花八门的答案时，不少成人会感觉很肤浅，很不以为然，甚至很鄙夷：未成年人哪懂得什么幸福？！

成人有成人的生活，有他们对生活本身的理解，儿童亦不例外。教育不是成人生活的预备，也不是按照成人的需要和标准来规定学生的发展目标、内容和形式，而是要按照符合儿童年龄和身心特点来确定教育生活的内容和形式。教育不应为儿童的未来而牺牲儿童的现在，而应重视儿童当下的生活质量和幸福。

现代社会以前，儿童在社会中不被视为充分正式的成员，被看做成人社会的候补，相应地，儿童生活价值也并没有确立，儿童生活被认为是成人生活的缩影和预备，不具备独立的意义。教育也一直将儿童看做小成人来对待，这种状况自欧洲文艺复兴运动后逐渐发生了改变，儿童生活的独特性和价值逐渐被世人确证。卢梭在《爱弥儿》中明确提出，教育之所以出现诸多问题，很大程度上是由于我们看待儿童的观念发生了错误。从根本而言，儿童是独立于成人的个体，有自己的尊严和权利。儿童期是个体生命发展的重要时期，其重要意义不仅仅是成人生活的预备。儿童的现在和将来是一个连续发展的过程，儿童应该享受大自然赋予的童年生活，只有经过这样的阶段，儿童的身心才有可能更好地发展。因此，从教育与生活的关系的视阈来改造我们的教育，首先要做的就是确立儿童生活的地位，要对儿童及儿童生活的独特性进行确证。

杜威也对传统教育的目的进行了反思，认为传统教育仅是为了使儿童进入成人社会作预备，儿童生活被看成另一种生活的预备期，所预备的也是成人生活的种种职责和权利，缺乏对儿童自身未成熟状态的认可和尊重。但是，"一个人在一个阶段的生活和在另一个阶段的生活，是同样真实、同样积极的，这两个阶段的生活，内容同样丰富，地位同样重要。因此，教育就是不问年龄大小，提供保证生长或充分生活的条件的事业"[200]。

（二）教育的发展与变革须建立在适宜的生活土壤之上，否则将流于虚妄

原始社会没有文字，人类延续所需的劳动没有多少抽象的技术含量，因而完全可以通过两代人之间的模仿和口耳相传习得生存必备的经验，此时的教育是维系人类生活延续的手段。上述特定的社会生活状况决定了当时的教育是完全和生活统一的。人类进入阶级社会，由于社会生活中人们对生产资料占有的不平等，出现了统治阶级与被统治阶级，前者为了彰显自己的尊贵地位，用教育来使自己看起来比他人更有教养，比普通人更高贵；同时，使

被支配者也对这一现象深信不疑，从内心里接受自己当下的境况，甘于做顺民、良民。如果硬要使素质教育发生在封建社会，可想而知，是非常不实际的。这看似简单的道理，现代人却常常犯类似错误。人们常常用"盲目的改革、动荡的教育"来形容某些地区的教育发展状况，20 世纪 80 年代中后期刮素质教育旋风，它的确是应了我国教育质量提高的需要，张扬人的个性和创造能力，适应社会生活发展的方向，的确给我国的教育带来了不小的变化。但是也应看到，以素质教育为名的各种教育改革应接不暇，今天挫折教育，明天成功教育；今天提倡鼓励使人进步，给人以成长的信心，之后又倡导教育中的惩罚与规训……当然，寻找理想的教育形态的过程，在一定程度上是一种探索性的活动。这种探索性活动应当建立在真实的生活语境基础之上，应当建立在中国特色的生活语境基础上。那些以国外的生活现状和发展趋向为依据来革中国教育之命的做法，注定将是无根之木、水上浮萍。

因此，我们应当依据什么来确立教育的内容、形式与目的？那就是当下我国面临的生活世界的样态以及它的发展趋势。不能拿别国的生活世界来照量我国的教育改革，也不能盲目照搬他人的做法以求解决我国的问题。因为不同国家的教育有不同的生活基础，各自面临的生活世界不尽相同，由此对教育的理解和设定常常会相去甚远。确定了这一前提，很多问题就变得不言自明，很多争论就变得多余了。

西方有久远的个性解放的历史，创造性、探索性的学习活动更容易得以开展；而我国长期的封建统治决定了个性的解放需要一个循序渐进的、长期的过程。假如认为学生中心就是好的、进步的，而在我国实行学生中心论，相信那样的课堂在我国还难以想象。西方对于道德的理解与我国也有差异，如果抛开生活世界的差异，认为西方学生可以直呼教师姓名，那么我国为什么不可以，进而得出我国的教育师生间不平等、人格不平等这样的结论，让社会哗然。"对西方教育而言，东亚教育的特色，涉及对人性观、数学观、教学观及对教师角色的不同看法。核心的问题是，在教与学的过程中，何者为中心？西方学者似乎过分地强调以学生为中心，而东亚教育的定位可能应该是学生、教师及学科三者并重。"[201]各地面临的生活世界又不相同，某国或某地的经验、模式，并不是普适的。

陶行知早在上世纪 30 年代就作出结论，"教育改革从来都不是一种教育与另一种教育之间的较量，而是一种生活与另一种生活之间的较量"[202]。

不同生活的较量和发展趋向是教育发展的晴雨表，为人们认识和发展教育提供必不可少的视角。因此，在进行每一项改革举措之前，应当对所设想的新教育的生活基础作仔细的推敲，对新教育产生的可能性作确认。比如当下吵得火热的文理分科问题、吵吵嚷嚷的新课程改革、剪不断理还乱的素质教育以及轰轰烈烈的减负，仅仅停留于学理层面的探讨似乎难以梳理清楚，如果抛开理论论证，对这些教育行为和现象赖以存在的生活基础作一下考量，或许不难得出适宜的结论，而这种建立在实际生活基础之上的结论也许是最可以令人信服的。为何素质教育在某些地区举步维艰？为何儿童书包的重量只增不减？多半不能单就教育寻找原因，而根源则在于：某些地区实施素质教育的生活基础还没有具备，社会的人才观、评价制度为应试教育的存在提供了强大的生活根基，所以才出现"学校减负，家长增负"，甚至学校实施素质教育、家长出面干扰的现象。因此，我国当下的改革必须在不撼动升学率这一前提下进行，在高分与素质相互协调之下进行，使学生在艰苦的学习中也品尝着集体生活的乐趣、艺术健身的乐趣。如果改革忽视当下这一现实，将是举步维艰的。

2004年，南京考生的高考成绩再次落在了江苏不少兄弟城市之后。南京，从教育管理部门到各校校长，从任课老师到学生及家长，无不为此"受伤"。

据报道，南京2004年有26105人参加高考，其本科上线率为18%，而江苏今年本科录取的全省平均比例为35%左右，南京本科上线率之低可见一斑。高考，深深刺痛着南京。

一个奇特的现象出现了。拥有全省一流教育资源的南京，每年却有相当多的学生到南通、泰州、扬州等地高中"借读"。所谓"借读"，就是保留南京学籍，在高一或高二去那些地方的中学读书，在高考前夕返回南京，成为另一种意义上的"高考移民"。

由此，南京一些中学老师对高考不如人常不服气。他们认为南京推行的是素质教育，而农村中学搞的是应试教育。

比如，南京努力减轻学生负担，少布置或不布置家庭作业，让学生自主学习，自由支配课外时间；南京竭力禁止学校拖课和不按时放学，更禁止利用双休日、寒暑假补课；南京各中学引导学生开展研究型学习，作社会调查，写学术研究小报告；同时，针对学生的兴趣爱好，进行个性化教学；

等等。

南京家长对"素质教育"相当不领情。家长们埋怨说,让学生作社会调查,写研究报告,学吹拉弹唱,可高考并不考这些东西,浪费了时间,耽误了学业,影响了前程。孩子要发展,将来有点小出息,首先得迈进高校的大门。大门都进不去,素质教育又有何用?一些家长直言:还是先对付高考,考上大学以后再来搞素质教育吧!

于是,一些家长坐不住了,他们主动到社会上为孩子报特长班、强化班、奥数班、培训班,请大学生做家教。每逢双休日,人们都可看到穿梭于南京全城的补课大军。外地一些名校名师瞄准这一市场,把高考强化之类的短训班也开办到了南京。这让教育资源全省一流的南京又多了一分尴尬。

南京的出路到底在哪里呢?

南京把2004年定为"教育质量年"。2004年刚结束的学期期末考试,南京从市里到区里都在搞调研,三年级以上全部要参加,不少学校只好加班加点应付考试,各个学科都反复做模拟试卷,反复操练。全市统考——一个已被放弃多年的老办法,也在2004年重新加以应用。或许,这一切都是对南京高考成绩长期不尽如人意的一种深刻反省。

然而,教育专家和社会却认为这种反思实际上是对传统应试教育的回归,是对高考这一强势指挥棒和升学率这一最现实的教育评价体系的无奈屈服。他们呼吁南京千万不要放弃对素质教育的探索。从长远看,家长和社会会理解的。

南京教育部门显然是在冒着"两头不讨好,里外难做人"的双重风险而负压前行。

(丁茜. 升学率低 素质全面家长也不领情 [N]. 中国青年报,2004-07-23. 转引自:教育在线,http://bbs.eduol.cn/post_15_106082_1.html)

当然,社会不能以考分高低和升学率来评判一个地方的基础教育。然而,谁也回避不了高考的大背景下,除了升学,却又很难找到一个更有说服力的评价标准。南京的高考之痛足以给世人警示:对教育的改造是和对它所赖以生存的基础的生活世界的改造应当是同时进行的。否则,只在校园这一狭小空间里实现了素质教育,但是忽视了实际生活土壤,教育改革的实施会难上加难,甚至会重新回到原点。

(三)教育要在再现时代精神的同时,导引未来生活的走向

教育在处理与生活的关系上曾经走入了三个误区:教育无视自身的生活

特质，教育生活程式化、呆板化，不关注身体和精神生长，陷入越来越深的物化状况，无视人甚至与人直接对立；在生活世界话语下美化现实生活，回避对现实生活合法性的质疑与批判；在教育与生活的连接上，重视现实性而轻视超越性。

良好的教育可以使人不断更新与丰富生活经验，可以使人逐渐提升生活能力。在教育过程中，教师和学生都是校园中的生活者，他们之间平等互助，教师不压制、不操纵学生的行为和自由，但教师具有知识权威和人格权威形象，负有引导学生向积极的方向生长的责任。因为儿童对未来的认识是不完善的，甚至是模糊的，在这种发展阶段需要教师根据社会发展趋向和传统作出正确适当的引导与判断。无论在任何时候，都要承认师生在教育中所扮演的角色不同，在课堂教学中的地位不同，但他们之间的人格和尊严、价值是平等的。教育不能消除教师在教育生活中的独特地位，不能用"我—你"关系消融师生的角色差异和地位。目前，不少学校本着"教育回归生活世界"的精神，把课堂变成情景表演，把课程娱乐化。之所以会出现上述现象，是因为有些人对生活世界的理解缺乏确定性，将根本算不上"教育"的活动当做教育，使教师的角色产生了变异，主体地位遭到遗弃，结果便是荒废了真正的教育。

教育本身就是一种特殊的生活形态，它是生命活动的过程，内蕴着生命意义，良好的教育应当关注人的身体和精神成长。这决定了教育不仅要为人的生存和发展奠基，而且能使人充分感受到现实教育生活中的快乐和幸福。因此，高素质的教育生活可以引导整个人生，使生活于教育中的人能够有能力享受生活和人生，人类也可以通过优化教育生活质量来提升整个生命质量。如果教育主体仅仅将教育看做生活的手段，而非生活的过程，那就很容易把教育看成一种强迫的力量，生活于其中的人也就很难获得教育的幸福和快乐。

在与外部生活的关系上，教育对外部生活的关注是通过特有的方式实现的。教育对外部生活的把握并不是再现时代的诸种表象，而是把握时代精神的精华，并通过对生活中的各种因素和现象进行过滤来塑造和引导新的时代精神。这意味着教育要贴近现实生活，但同时要与外部生活拉开间距。因为在很多时候，教育关注得更多的是现实，而现实总是一个有限的、既定的世界，因而它在实现人类理想的同时又限定了人类的进步。教育与外部生活的贴近要以拉开间距为前提，在了解外部生活、诠释外部生活的同时，要体现超越外部生活的向度。因为缺失了超越之维，许多教育就难以获得合理的存在形式，生活也就失去了良好的推动力量。

教育应当全面观照人的整体生活，应教会学生与三个世界打交道。

首先是虚拟生活。网络的发明为人类提供了一个浩瀚无边的活动空间。数字技术改变了人的存在方式，重建了人的感觉方式和精神生活。数字时代、网络生活、虚拟现实、赛博空间成就了人类新的活动领域。无纸化阅读迅速崛起、虚拟现实技术既是人的虚拟实践活动的存在形式，又是人本身的新型存在状态，它为人的生存发展和价值实现塑造着新的自由空间。目前，网络由高科技手段演化为日常生活工具，数字技术对人类的生活方式是一次重大的调整，它以虚拟化、视像化、代码化的方式打破了人类传统的生活形式。数字技术在为人类提供了巨大的信息便捷的同时，高度发达的虚拟世界也降低了人对周围世界的最本真的感受力，造成了人与周围世界的疏离，人成了知识信息技术的奴隶。在数字技术空前强大的背景下，教育应当对人的虚拟生活作出正确的引导，使人在信息的海洋里学会辨别各类信息，并从中筛选真实的、有益的信息，剔除虚假的和对人的发展有害的信息。

其次，教育要关注学生的内心生活或者精神生活。人同时具有自然生命和精神生命，人身上存在着一种内在的独立的精神生命，这个精神生命是人的最高本质，是人类的"真正的自我"。人类的精神生命是超越性的，是人性的突出表现。这意味着人是寻求生存意义的动物，他与外界环境不断作用，并产生相应的感觉、体验与思想意识。因此，教育不能只关心生活的外部状态，忽视教育主体的内心生活。良好的教育不仅要对人的知识储备产生影响，而且要关注人的精神生活与内心世界。

再次，教育要关注的是现实的生活界。"教育应该是一种探索，使人理解人生的意义和目的，找到正确的生活方式。"[203]人通过教育获得生活能力，确定正确的生活理想。良好的教育应当教会人们正确理解生活，正视生活，获得内心的丰富，赢得有意义的人生。

（四）教育要在校内与校外、课内与课外建立连接

首先，应当发挥学校与周围环境的文化象征意义，使学校向社会敞开。所谓的教育向社会敞开，并非是主张拆除校门，使学校与社会之间在形式上融为一体，而是使学校在文化意义上对社会敞开，使教育的力量向社会生活

辐射，发挥学校的文化辐射作用，积极改善周围的文化氛围。学校不是"闲人莫入"的"重地"，而应当成为当地文化的中心，成为民众汲取文化营养的场所。教育可利用其自身资源为当地的民众做扫盲工作，或可以利用学校的场地和师资在假期做科学普及活动，或利用学校组织民众在各种重大的节日举行庆祝活动，或学校可在重大的社会事件中起到鼓动宣传作用……学校"将是破除迷信和旧习的大本营，它将是民众娱乐、民众集会的大会场"[204]。教育不应当使其中的活动者幽禁于校门之内，研读死书，与世隔绝，而要公开于社会生活，向外部世界敞开。

教育应当重视课内与课外的连接，使生活向学生敞开。除了组织课堂教学之外，学生的课外活动基本已经让渡给家庭和社会，而家庭和社会的影响有时是积极的，有时则因为父母等主要监护人缺乏教育时间或能力，而使学生的课外时间随意化。不少学生将自己有限的课外时间都交付给了网络游戏，还有些家长则为了约束子女，使各种辅导班、学习班占据了学生多数的课余时间。一项对中学生课余生活的调查显示，"34%的学生课余在看书学习、做题目，近62%的学生至少有一门校外课业辅导。其中有26%的同学有三四门功课的课外辅导，46%的同学每天有不到半个小时或根本就没时间顾及个人的兴趣爱好"[205]。"多数中小学生'几乎没有自己随意玩的时间'：孩子平均每天在校时间长于父母的工作时间，中学生平均每天在学校的时间长达9.5个小时，小学生平均每天在学校的时间长达8.5个小时。过多的作业、各类学习班和培训班占据了绝大部分课余时间，即便有一丁点儿的时间，孩子们玩得也并不开心，而且缺乏合适的场所等条件所限，有一半以上中小学生感到运动量不足，同时，课间活动在很大程度上被忽视了。"[206]

因此，要注重教育与生活的连接，一个很重要的渠道就是对学生的课余生活进行规划与组织。学校可以组织学生以个体或小组的形式参加一些有益并且有趣的学校教育计划中的自愿活动，也可倡导学生在课余时间参加必要的力所能及的劳动，如生产劳动、公益劳动、自我服务性劳动等。此外，鼓励学生在课余时间参加学生自治活动。这些课外活动可以以学分的形式，要求学生每学期参加一定数量、可供学生按照自己兴趣选择的活动。并且，学校要针对学生的课余生活，专门配备指导教师，对学生的课外生活进行指导，并且在学期末对学生的课外生活质量进行评价。学校教育可以积极介入学生的课余时空,并以此做渠道,使学生的教育生活和日常生活之间建立起有效的连接。

(五) 教育要找回丢失的生活向度,提升人的校园生活质量

教育中唯科学主义思维方式导致了教育的危机和人的危机。教育失去了人性的外观,恶化了人在教育中的生活质量。教育压力所导致的身心负荷使教育主体的身体健康正在经受考验:受教育者尤其是中小学生学习负担沉重,睡眠严重不足,课业负担、各种特长班、学习班吞噬了人的闲暇生活。儿童的活动空间被蚕食,体力活动严重不足,心理压力大,以致近年来高血压、糖尿病等成年病呈现出低龄化的趋势,肥胖症成为教育中的突出问题。教育主体的心理健康状况也不容乐观,近年来,精神紧张、过度焦虑、抑郁症、强迫症、偏执甚至精神分裂在教育主体中出现,并引发了许多社会问题,正逐渐引起社会的重视。讥讽、歧视、侮辱学生,体罚和变相体罚践踏着人的尊严,训诂式的教育和独白式的教学方式阻断了人与其生活的联系,使教育内部缺乏交流与对话,教育与外部生活也失去了联系。教育者将学校当做谋生的场所,将教学当做谋生的手段;受教育者将教育看做获取职业的工具。学校生活失去了吸引力,在很多情况下变成了令人畏惧的场所。

"专家指出,厌学的明显表现就是不愿意上学,喜欢把自己一个人关在家里,到了学校总觉得犯困,想打瞌睡;注意力涣散,学习被动,丧失学习兴趣,没有紧迫感;做功课不认真,精神不集中,边做边玩。一些严重厌学的学生一进学校就会出现拉肚子、低烧、胸闷等症状,甚至自愿放弃学习,选择逃学或离家出走……造成厌学的原因很复杂,但过重的课业负担,枯燥的学习和教学方式是大部分学生厌学的根本原因。"(注意化解孩子厌学情绪[N]. 中国教育报,2004-02-17)

厌学、心理倦怠、职业压力等问题的出现在一定程度上都是教育泯灭了自身的生活特点造成的。我们仅把教育理解成了育人的工具,而没有同时把教育看做一种鲜活的生活形态。"在人已完全'物化'的地方,在人已不再'自为'的地方,他的自由就最少、最小。例如,在他已经被贬低为一件物品、一种工具的情况中,在他几乎完全是作为肉体存在的地方,他的'自为'就丧失殆尽"[207],人的创造性、想象力也无从谈起。教育制定了人们必须遵守的生活方式,个人经验和情感是被排斥的。教育生活日益与人的生活常态告别,教育中缺少平等民主的对话空间。随着对异化的教育现实的批判,人们将"人"确认为教育发展的价值主体,人的全面发展和幸福也成为

教育的职责所在。人们认识到,科学和技术都要为人的幸福服务,要把人从异化的教育生活、从种种教条和枷锁中的奴役下解放出来。于是,克服异化状态、实现人的相对自由与解放就成为当时社会的主题。

教育本身不仅是一种人类活动,而且是人类当下经历着的社会生活的重要部分,它直接关涉人的生活质量。"十年寒窗无人问"的漠视人的教育生活质量的做法和观念应当被时代摈弃。教育以人作为发展的价值目标,它对个人自由、幸福、权利的尊重将使人在教育中获得另一种生存形态。教育工作者逐渐认识到,"教育之于幸福不是外在的,它是教育本身的应有之意"[208]。无论任何历史时期、任何类型的教育,都不能背离人对美好生活的追求与创造。因为丧失了生命的活力和生活的意义,就不是真正的教育,而假教育将会导致很多问题,并使自己陷入泥淖无法自拔。因此,教育要让生活于其中的人们找到幸福感。幸福感是人的需要得到满足、尊严受到重视、目标得到实现时所产生的稳定的、愉悦的心理体验,而非人的教育使教育变成了一种传道和解释,人成了教育中最大的弱势群体。由于唯科学主义的思维方式长期统领教育领域,教育中的排行榜文化及量化管理使得教育主体每时每刻都在承载着很大的精神压力,许多人正在受情绪障碍和行为问题的困扰。

人对幸福的渴望是与生俱来的,对此,马克思曾经指出"追求幸福的欲望是人生下来就有的,因而应当成为一切道德的基础"[209]。自古以来,对于什么是"幸福",不同的人有不同的认识,如伊壁鸠鲁将幸福理解为身体的无痛苦和灵魂的无纷扰,"经典精神分析理论认为幸福来源于压抑的解除,行为认知学派认为幸福是对积极思维的现实奖励,人本主义则认为幸福是伴随自我实现而产生的一种满足的体验"[210]。也有学者指出,幸福是人生重大的需要、欲望和目的得以满足和实现时所产生的完满的心理体验……从总体上说,我们可以认为幸福是一种完善和满足的心理状态,它是人主观的、内在的心理体验。因此,教育应当关注个体对幸福的要求,并使人能够在教育生活中找到意义与价值。教育"必须高度关注人的发展、人的完善和人的幸福,这应该成为教育始终如一的信仰"[211]。只有那种最大限度地按照人的方式来满足人的合理需要的教育,才是合乎人的本性的教育。

教育总是和人的发展、人的未来和人的解放这一理想联系在一起的。但在很长一段时间内,我们将教育精神化,逃避、排除或悬搁教育生活的感性与现实性特征。教育被剥夺了主观的、生活的特性,只剩下了客观的、科学的维度。人性及人的需要常常被扭曲、压抑、排斥、否定,教育以异化的需要——成绩来支配人的发展。这种教育观念曾经引发了一系列的教育问题,把教育推入了反思的洪流,迫使我们直面教育中的各种病理现象,也使我们逐渐认识到,教育的中心问题是人的发展问题。教育中人的命运,人的需要的满足程度都应当成为教育关注的基本问题。对于教育来说,真正重要的是如何使教育生活顺适平和,如何使人们能够真实而具体地感受到教育生活的乐趣。教育是人生重要的生命经历,教育主体很大一部分时间都是在校园度过的,教育应当从超出工具意义的更高层次对人予以关照,教育中的一切细节和手段都应为生命的自由发展服务,都应为了人的幸福、尊严、价值和自我实现服务。教育应当把人的童年、青春和幸福归还给人,还原生命的圆满性,使人的内心世界得到充分表达,使人在教育中拥有足够的舒展生命、自由发展的空间。这应当成为教育的一项现实责任,而且只有这样贴近人生、贴近人性的教育才能真正服务于人和现实生活本身,才能最大限度地开启人的生存的丰富性与可能性。因此关怀人必须从校园生活开始,使学校教育成为人的解放力量。

1. 教育生活应当体现为教育主体自由自觉的教和学

"'自由'是区别于受到限制、受到强制而言,意指人的活动包含了自主性和选择性;'自觉'是区别于自发、盲目而言,意指人的活动包含了目的性和计划性。"[212]自由自觉的教学意味着教育中的教和学不是异化和痛苦,不是强制和压迫,而是自由自觉的生命表现。这种自由自觉的生命表现有如下三方面的体现:

首先,自由自觉的教学体现为人的自由个性的发挥,教育主体具有独立自主和积极创造个性,并能正确、充分地运用自己的主体性。

其次,这种自由自觉的教学体现为:教师的教和学生的学都是一种自我实现的行为,是自我能力的自由、创造性发挥,是个性和特点的对象化过程。教育是人实现价值和成长的过程,是一种帮助个体价值实现的有意义的生活方式。人在教育实践活动中发生着双重的关系:一方面,教育主体同外部对象发生关系,通过与外部环境的交流与相互作用达到返身建构。另一方面,教育主体在教学过程中不断同自身发生关系,他通过教学活动和交往不断改造和影响着他人,也不断地提升自我素质,达到自我实现。

再次,自由自觉的教学是一种美的活动。人优越于动物之处,根本上在于他追求生活中的意义与价值。意义与价值是教育主体对教育世界"人化"属性的体悟,亦是人对生活理想的不懈创造与追寻。

2. 教育生活应当指向教育主体精神生活的优化

"从人学意义上看,所谓'解放'就是对人面向自由、自觉的生存之本真状态、方式和存在路径的敞显。换言之,解放问题的根本就是人的生存方式的彻底革命,即把人从异化和压迫的状态、情境之中拯救出来,还原人以本真的生存面目。"[213]任何一种解放都是把人的世界和人的关系还给人自己,而我们的教育要彻底解放人,就要把本真生活环境和自由的精神世界以及他与自然、社会的和谐的关系交付给人,只有这样,我们的学校教育才可以称得上是成功的、关怀人的。马克思在谈到人类解放的问题时指出,"彻底地扬弃异化应该包括两方面,即不仅要扬弃人的物质生活中的异化,还要扬弃发生在人的内心深处的意识异化"[214],因为人不仅仅生活在物质世界里,更生活在精神世界中。"人生是有觉解的生活,或有较高程度觉解的生活。"[215]在我们当下的社会进程中,精神生活的状况已成为制约人的全面发展的主要因素,因此,提升人的生活质量,促进人的素质发展,都应当以改善人们的精神生活作为重要手段与途径。

(1) 消除教育劳动中的异化状态,首先要使人从非本真的存在状态中收回自己,使人获得真正的主体性。保持自我是实现自主的前提,主体性的觉醒是被救赎的前提。在教育生活中,主体可以凭借自己的主动去克服非我对自身的限制,以达到行动的自主。这个过程即是人本身的去蔽,"人(主体)自身的去蔽既涉及认识世界与认识自我,又意味着人自身从自在走向自为"[216],去蔽是人对自身的本质异化的克服,亦即人的主体性的复归。

主体性是从能动性的角度而言的,主体表示一种对自己的自觉意识,没有自觉意识到自己的主体不是真正的主体,而是跟着感觉走的大众常人。人的主体性的另外一层含义便是做自己本身的主人。按照马克思主义的观点,人的实践活动应当是自由自主的活动,因为主体具备按照社会的需要及自身的需要,对自身的活动实行自觉的自我控制、自我调节、自我支配的能力,即自觉能动性。人在教育实践过程中不仅包括外部教育环境的"人化",也包括人内在自然的"人化",人不仅要确立人对外部教育环境的主体地位,而且确立起人对自身自然的主体地位。人内在自然的人化即是工具性人格的驱除和主体性的发展过程。它是一个受制于社会历史发展水平的实践过程,是人的自身素质不断得到显现和开发的过程。人是自主、自为、自觉、自由的存在物，人有能力改变异化的教育生活，成为自己本身的主人。

创造的行为和心灵自由能导致幸福。因此，教育主体首先应当改变在教育活动的存在状态和教学体验，应让教与学成为自己的精神需要，并能在教学中实现自我规划、自我调整，而不是处于一种外在的压力被动地从事教育教学活动。其次，教育主体应树立生命个体的独立性，提高在教育教学活动的个体动力。另外，教育本身也应采取一些措施以激励教育主体的个体动力的复活。随着社会的进步以及各种人性化的教育观念及的提升，人在教育活动中的选择能力和超越能力会相应地增强，教育活动的工具主义特质会逐渐改变，人的主体性也会在教育实践过程中向更高层次迈进。

（2）教育主体要在教育生活中逐渐养成高度的自省和自觉精神。长期以来，校园生活的重复性、固定化和模式化成了教育活动的突出特征。近年来倡导的教师专业化目的是为了提升教师的专业素养，但在实践中也呈现出很强的技术化倾向，将教师看做"高级技师"、"熟练工人"，教育和教学都按照严密的"科学化"的程式来进行，职业行为越来越程式化，而人的心灵却处于无序的状态。对于学生来说，很多时候教育也意味着一种重复性、枯燥乏味的生活，这种生活只有一项内容——学习知识，年复一年地上课、听讲、自习。"从人的经验角度来看，所有心有感觉的人都能体会到，永远'例行公事（routine）'是不可容忍的生命体验，人会疯掉，或者白痴化，只有创造才能拯救经验和思想。"[217]正是因为教育主体将教育教学看做例行公事，而非创造性活动，因此才引发了对教育的倦怠心理。

人在创造和实现价值的活动中，会不断地满足需要又产生新的需要，不断实现价值，又产生新的价值目标，这样才会产生积极参与教育生活的永续动力。因此，若想提升人的教育生活质量，教育主体首先应变革自身的教育活动方式，必须严肃地批判已有的经验和知识，具有高度的自省和自觉精神，而不像过去一样仅仅将教育教学生活看做一种传道和解释，从而突破其校园生活的单调性，而获得新的增长和拓宽。

（3）教育主体应具备调节自己精神生活的能力。生活质量在很大程度上是一种个人感受，涉及更多的是人的精神体验。没有情感的脑力劳动就会使人感觉疲劳和倦怠，相反，人在精神自由的环境中可以将压力转化为活动的动力，有利于提高活动的创造性。如果教育主体在教育活动中能够做到心灵舒展，在职业活动中追求精神的放松和舒适，就会减少在教育生活中的压力和疲惫感。因此若想感受到教育生活的吸引力，教育主体首先要在精神上解放自我，使自己成为具有饱满的自由精神的个体。教育主体在教学过程中不仅能贯彻国家合理的教育理念，积极地承担文化传承的指责，而且师生双方要有能力对教学过程和某个具体环节进行自主调试，以感受到教育生活丰富的人文情感内涵。只有教育主体本身是以自由的人的身份参与教学过程，才能凸现教学过程中的双主体，使教学过程成为智慧和智慧的交流、心灵和心灵的对话、人与人的交往活动，如此方可使身在教育生活的主体能够对教育世界有更为丰富、系统和深刻的认识，能使教育主体经常体验到教育活动中的喜悦，在教育活动中提升身心愉悦的程度、内心充实的程度和成就感。在这种情势下，教育主体方能由受动的、物化的教育生活形式转变为主动的、反省的和超越型的教育生活形式，由教师苦教、学生苦学型的教育生活转向情感型、智慧型的教育生活形态。

（六）教育要培养学生了解生活的意义

教育首先应当使人对生活持有一个完整的看法，并且唤醒人的潜能和智慧，在受教育的同时也在获得赢得幸福生活的能力。这就要求"凡是与教育有关系的人，都应当聪明地拉着孩子的手步入人的世界，不要蒙上他们的眼睛，使他们看不到人世间的快乐和苦难"[218]。教育要让学生有机会接触生活，感受生活，因为接触生活会产生对生活问题和现象的思考，产生生活问题，并不断在问题的发生和解答过程中走向成长，并获得生活的能力。从这种意义上来说，"决不能使孩子免受生活逻辑本身带来的那种不可避免的撞击，而应当激起他对自己生活的思维"[219]。因此，要建设正确的教育，"显然地，我们必须把生活当做一个整体来了解它的意义……了解生活，就是了解我们自己。而教育的全部内容就在于此"[220]。

教育的目的不应仅仅着眼于使人获得好的职业，因为生活时刻在变，没有人能够预测和控制未来的生活。学校教育力量之有限、作用时空之短暂都决定了它无法为一个人将来拥有的生活作出任何承诺，它甚至无法使受过教育的每一个人都谋得一份体面的工作。

这并不影响教育的生活作用。"教育的智慧就在于打开儿童的心智之门，生活之门，让他们即时地积极地获取智慧之思想与生机勃勃的精神，有效地充盈他们现时的生活。"[221]因为，通过一种为了生活的教育，人可以被注入一种勃勃的生机，这种生机勃勃的精神对他们战胜今后的生活困境、适应瞬息万变的生活都不无益处。通过与生活的磨合，人可以成为生活的主人，成为幸福生活的拥有者、享受者。

教育的目的应是使人过好当下的幸福的生活，进而赢得获得有意义的人生的能力。这样的人即使在面临困境时也能很快调整，充满信心地克服眼前的重重障碍，重新在生活中找到自己的位置，达到幸福生活的彼岸。这是对流动的、不断变化的生活的一种适应力，更是一种创造力，一种创造幸福生活的能力！

纽约市里士满区有所穷人学校，是贝纳特牧师在经济大萧条时期创办的。1983年，一位名叫普热罗夫的法学博士在做毕业论文时发现，50年来，该校毕业的学生在纽约警察局的犯罪记录最低。

对此，普热罗夫作了长时间的调查研究。凡是在该校学习和工作过的人，只要能打听到住址和信箱，他都给对方寄去了一份调查表，询问他们：贝纳特学校教会了你什么？在回收的答卷中，74%的人答道：母校让我们明白了"一枝铅笔有多少种用途"。

普热罗夫专门走访了调查对象之一，纽约市最大的一家皮货商老板。老板说："是的，当年贝纳特牧师教会了我们'一枝铅笔有多少种用途'，我们入学后的第一篇作文就是这个题目。当初，我认为铅笔只有一种用途——那就是写字。后来渐渐知道了，铅笔不仅能用来写字，必要时还可以用做尺子画直线，能作为礼物送人表示友爱，还能当商品出售获利。铅笔的铅芯磨成粉末后可以当做润滑剂，演出时可以充当化妆品。削下的木屑还可以做成装饰画。一枝铅笔按比例可以分成相等的若干份，可以做成一副象棋，当做玩具车的轮子。在野外遇险时，抽掉铅笔芯还可以当做吸管吮吸岩石缝里的水滴。在遇到坏人时，削尖的铅笔可以当做防身的武器……一枝铅笔有无数种用途，并且任何一种用途都足以使我们活下去。我本人原来是电车司机，后来失业了。现在，你瞧，我是皮货商人。"

普热罗夫后来又采访了一些贝纳特学校的其他毕业生，发现无论当年他们的成绩是好是坏，智商是高是低，如今都有一份职业，都生活得快乐而满足。(魏薇，路书红，王红艳，等. 中外教育经典案例评析[M]. 济南：山东人民出版社，2005：263—264.)

贝纳特牧师的高明之处就在于：他用朴素、平凡的故事向学生阐述了深刻的做人道理，点燃了学生生活的自信。人是一种渴望幸福的动物，每个人每时每刻都在真切地盼望着过幸福的生活。教育的目的可能并不仅仅在于使人适应和依从生活，更重要的意义在于：通过教育能够使每个受过教育的人热爱生活，进而获得一种幸福的生活。儿童的幸福生活是多种多样的，而我们的教育只认定将来能够出人头地，做科学家、工程师、律师、医生、记者，这样生活是幸福的；而儿童眼里的美好生活往往不是这样，这是大人为他们确立的幸福生活。儿童关注的是当下，可能是一周拥有两个休息日，也可能是希望老师少留点作业，也可能让同伴认可自己，远离体罚……儿童眼里的美好生活和大人认为的常常不是一回事。教育常犯的错误是：用成人认为的幸福生活来作为教育的目标。于是，教育常常怀着自以为善良的目的，逼迫儿童向这个目标努力进发。教育本来想成为制造幸福的事业，却沉沦为儿童眼中的地狱，使他们想方设法地逃离。一旦教育无助于身在其中的人感受到生活的价值与意义，无助于激发人参与生活的热情，那么，这样的教育无论如何都是失败的。

结　　语

　　教育是人类自我发展、推进文明的必不可少的活动。它为人类更进一步的自由敞开了充分的可能，是对人类自由与解放的守望。良好的教育"应致力于人类自身的改善"[222]，把人提升到理想的高度。因此，教育不仅要关心人的解放、人类的命运这些重大问题，而且对人类整体生活状态的关照理应成为教育活动存在的基础之一，但在被唯科学主义及技术至上主义支配的功利化教育场景之下，教育失去了关怀人的生活、促进人的完善的功能。人们对功利化教育导致的灾难一直有着足够清醒的危机意识，教育界对生活世界思潮的热衷与努力已经充分证明了这点。

　　令人失望的是，至少就目前来看，生活世界思潮并没有缔造出令人满意的教育现实。受生活世界思潮的冲击，教育实践中出现了一些非理性的教育行为，这些做法顽固地阻挠着教育为人的发展所作出的努力。为此，对"教育回归生活世界"的理论内涵加以清理，赋予其明确而合理的教育学解释是必要的。

　　在教育与生活的关系上否认了简单的"回归说"后，如何确证教育与生活的合理关系？历史将带给我们一些启示。站在历史的高度之上，现代社会二者的关系又将呈现何种样态，将是本文最后一部分予以说明的问题。

　　以上是本文的基本思路，本文的基本结论是：

　　第一，教育与生活不能简单化为"回归"的关系。"教育回归生活世界"原本想表达一种提升教育主体的校园生活质量，加强教育与生活的联系的思想倾向，而"生活世界"一词的使用使本来简单的问题复杂化、含混化了。教育与生活的关系是多重的，简单的"回归"并不能概括二者原本的关系样态。

　　首先，从教育的本质与活动特点来看，它与其他形式的生活是有严格区分的。教育是人的生活需要。教育是人的生活的一部分，是人类为了自己的生活需要而建构的一种生活样式。教育虽然是一种特殊的生活形式，但它与社会生活始终存在一个明晰的边界。学校不是社会生活的复制和照搬，而是选择和重构，这个过程要服从培养人的目标。

　　其次，从生活本身的特征来说，教育也不能简单地向任何形式的生活世界回归。人是高智能的动物，既有优点，又有缺点，既聪明，又愚蠢。人的这种矛盾存在决定了人类的社会生活中既有真善美，也有假恶丑，作为真善美表征的好人好事、慈善活动、社会救助等是生活；人类的假恶丑活动也是生活，如非正义的战争、各种非法的商业活动等。因此，"生活"是一个中性词汇，并非所有的生活都表征着美好。教育是先进的、美好生活的代表，是真善美的缩影，但教育不是生活的附属与臣民，它存在于超越的向度，是加工、提纯后的生活形态。教育不可能覆盖人的所有生活，只是对生活精华的凝聚与提炼。

第二，警惕"教育回归生活世界"遮掩下的各种非理性的教育做法。在生活世界视阈下，不少学者打着"生活世界"的招牌提出了"儿童中心课程"、"经验课程"、"活动课程论"和"教育生活论"等。其中，有些非理性的教育主张将教育看做不受约束的生命活动，倡导个性的绝对自由与解放。重视学生的自主性及其经验的重要性是必要的，但"重视活动、经验及学生个体的主观能动性，并非让我们将具有特殊内涵的学校教育还原为生活这一活动本身"[223]。"面向学生的生活"不等于使教育完全等同于生活，与生活重叠。面向生活是指教育中渗入生活性的因素，利用学生已有的生活经验，关注未来生活的发展趋势。生活为教育提供了丰富的教育资源，而良好的教育可以通过提高人的综合素质这一途径来改善生活，帮助人们更好地生活，提高人的生活质量。从这一意义上讲，教育是实现美好生活的必备手段，但无论如何教育都不同于生活，教育具有特殊的功能和特性。我们应当有意识地警惕教育实践中流行的非理性的教育做法，理性地确定教育的价值导向。

第三，生活是一种特殊的生活形式，包括日常生活在内的其他形式的生活是教育活动得以进行的背景。

这就要求教育的发展与变革必须建立在适宜的生活土壤之上。从大的范围而言，教育无法超越当下的生活，无时无刻不在受生活的规约和钳制，在决意进行每一项改革举措之前，应当对所设想的新教育的生活基础作仔细的推敲，对新教育产生的可能性作确认。

教育要在再现时代精神的同时，导引未来生活的走向。教育对外部生活的把握并不是再现时代的诸种表象，而是把握时代精神的精华，并通过对生活中的各种因素和现象进行过滤来塑造和引导新的时代精神。

教育要关注人的幸福与尊严，提升人的校园生活质量，使教育主体由受动的、物化的教育生活形式，转变为主动的、反省的和超越型的教育生活形式，由教师苦教、学生苦学型的教育生活转向情感型、智慧型的教育生活形态。

教育要培养学生了解生活的意义，进而赢得获得有意义的人生的能力。

第四，教育承担着生活使命，但生活无法构成学校教育的目的。教育和生活具有天然的姻亲关系，良性优质的教育自然地承担着如下的职责：帮助人学会适应生活，鉴别生活，选择生活，创造生活，享用生活。二者的关系虽然密不可分，但从根本上而言，教育并不直接地为了生活，而是直接地为了人的素质发展。当下很多人沿用"生活世界"这一时髦词汇，置换了教育的根本问题，错误地理解了教育本身应当担负的职责和任务。我们应重申教育只能以人的素质的良性发展为基本任务和行动原则，而不能以生活或其他对象来置换教育的功能与职责。

教育与生活的关系问题是一项未竟的研究，仍是一个有待阐明的开放的论题。希望本篇论文在理论上能够有哪怕一点点的收获。

参考文献

[1] 丁三东. 论黑格尔自由生活与世界历史进程思想[J]. 四川大学学报：哲学社会科学版, 2009 (3): 69—75.

[2] [154] [155] [156] [157] [200] [美] 约翰·杜威. 民主主义与教育[M]. 王承绪, 译. 北京：人民教育出版社, 1990: 3, 26, 42, 204, 55, 56.

[3] 赵详麟, 王承绪. 杜威教育论著选[M]. 上海：华东师范大学出版社, 1981: 273.

[4] 华中师范学院教育科学研究所主编. 陶行知全集：第3卷[M]. 长沙：湖南教育出版社, 1984: 180.

[5] 冯建军. 生命化教育与生活[J]. 教育评论, 2003 (6): 39—41.

[6] 马秋帆. 梁漱溟教育论著选[M]. 人民教育出版社, 1994: 263.

[7] [221] 刘铁芳. 试论教育与生活[J]. 教育理论与实践, 1996 (4): 18—23.

[8] [14] [15] [67] [71] [72] [73] [80] [81] [109] 李文阁. 回归现实生活世界[M]. 北京：中国社会科学文献出版社, 2002: 5, 123, 198—203, 92—100, 3—4, 123, 238—239, 82, 38—55, 231.

[9] [36] 金生鈜. 规训与教化[M]. 北京：教育科学出版社, 2004: 9, 3.

[10] 郭元详. "回归生活世界"的教学意蕴[J]. 全球教育展望, 2005 (9): 32—37.

[11] [110] [126] [131] 邹诗鹏. 生活世界话语的困限与生存论的自觉[J]. 教学与研究, 2000 (5): 19—24.

[12] 衣俊卿. 理性向生活世界的回归：20世纪哲学的一个重要转向[J]. 中国社会科学, 1994 (2): 115—127.

[13] 衣俊卿. 回归生活世界的文化哲学[M]. 哈尔滨：黑龙江人民出版社, 2000: 63.

[16] 李文阁. 生活哲学：21世纪的哲学观[J]. 天津社会科学, 2003 (2): 30—34.

[17] [20] [24] [25] [77] [191] [212] 夏之放. 异化的扬弃："1844年经济学哲学手稿"的当代诠释[M]. 广州：花城出版社, 2000: 243, 110, 116, 249, 320—326, 337, 249.

[18] 中央教科所, 厦门大学合编. 杨贤江教育文集[C]. 北京：教育科学出版社, 1982: 6.

[19] 熊川武, 江玲. 论教学世界与生活世界的基本差异[J]. 湖南师范大学教育科学学报, 2004 (5): 19—22.

[21] [85] [德] 康德. 历史理性批判文集[M]. 北京：商务印书馆, 1990: 22, 22.

[22] [86] 刘敬鲁. 海德格尔人学思想研究 [M]. 北京：中国人民大学出版社，2001：73，73.

[23] [美] 弗洛姆. 资本主义下的异化问题 [J]. 陆梅林，程代熙编选. 异化问题：下 [M]. 北京：文化艺术出版社，1986：44.

[26] [146] [147] 杨荣春. 中国封建社会教育史 [M]. 广州：广东人民出版社，1985：51—52，51—52，133.

[27] [德] 康德. 论教育 [M]. 任钟印. 世界教育名著通览 [M]. 长沙：湖北教育出版社，1994：499.

[28] [187] [196] [220] [印] 克里希那穆提. 一生的学习 [M]. 张南星，译. 北京：群言出版社，2004：23，29，5，8—9.

[29] 吴国盛. 现代化之忧思 [M]. 北京：生活·读书·新知三联书店：1999：54.

[30] 郑新华. 叙事研究与教师专业发展的个人经历与问题 [J]. 全球教育展望，2005 (12)：22—24.

[31] [32] [99] [207] [德] 赫伯特·马尔库塞. 现代文明与人的困境：马尔库塞文集 [M]. 李小兵等，译. 上海：上海三联书店，1989：324，328，11，30.

[33] 赵汀阳. 论可能生活 [M]. 第 2 版. 北京：中国人民大学出版社，2005：123.

[34] [84] [193] [英] 怀特海. 教育的目的 [M]. 徐汝舟，译. 北京：生活·读书·新知三联书店，2002：2，12，12.

[35] 鲁洁. 一个值得反思的教育信条：塑造知识人 [J]. 教育研究，2004 (5)：3—7.

[38] 刘琴. 课堂语言暴力莫轻忽 [N]. 中国教育报，2006—02—15 (1).

[39] 周春林. 10%中小学生存在学习障碍. [EB/OL]. http://www.nn8z.com/Article/ShowArticle.asp? Articleid＝94，2004—10—29.

[39] 韩娜. 开学焦虑综合症缠上孩子 家长应正确引导 [N]. 北京晨报，2008—02—22.

[40] 郭冬梅，张慧珍. 行政人员的角色冲突及其伦理调适 [J]. 河北大学学报：哲学社会科学版，2009 (1)：81—84.

[41] [57] [75] [82] [112] [214] 张尚仁等. 关于人的学说的哲学探讨 [M]. 北京：人民出版社，1982：157—158，164，55，109，102，212.

[42] [69] [70] 马克思恩格斯选集：第 1 卷 [M]. 北京：人民出版社，1995：32，18，37.

[43] [加] 查尔斯·泰勒. 现代性之隐忧 [M]. 程炼，译. 北京：中央编译出版社，2001：12.

[44] 许纪霖. 只眼观港 [EB/OL]. http://bbs.gter.net/bbs/archiver/tid—220612.html，2004—09—10.

[45] 阎孟伟. "感性世界"实践论诠释的认识论意义 [J]. 哲学研究，2005 (4)：15—21.

[46] [104] [105] 周宪. 20 世纪西方美学 [M]. 南京：南京大学出版社，1997：155—161，155，155.

[47]［德］伊曼纽尔·康德. 论教育学［J］. 赵鹏等，译. 上海：上海世纪出版集团，2005：11.

[48] 叶澜. "教育的生命基础"之内涵［J］. 山西教育，2004（6）：1—1.

[49] 李政涛. 教育学的生命之维［J］. 教育研究，2004（4）：33—37.

[50] 吴亮. 压迫、反抗、以及批判［EB/OL］. http：//www. culstudies. com/rendanews/displaynews. asp？id＝6463，2005—09—04.

[51] 潘知常. 诗与思的对话［M］. 上海：三联书店，1997：112.

[52]［德］雅斯贝斯. 什么是教育［M］. 邹进，译. 北京：三联书店，1991：1.

[53］[56] 段伟文. 被捆绑的时间：技术与人的生活世界［M］. 广州：广东教育出版社，2001：117，80.

[54] 孙正聿. 当代人类的生存困境与新世纪哲学的理论自觉［J］. 社会科学辑刊，2003（5）：9—16.

[55] 马克思. 马克思1844年经济学哲学手稿［M］. 北京：人民出版社，1979：53.

[58] 项贤明. 教育过程中人的异化及其扬弃［J］. 社会科学战线，1997（1）：244—253.

[59] 封毓昌，李文阁. 现实生活世界观：马克思主义哲学的生长点［J］. 哲学动态，1999（12）：27—30.

[60］[61]［加］大卫·杰弗里·史密斯. 全球化与后现代教育学［M］. 郭洋生，译. 北京：教育科学出版社，2000：7，1.

[62] 叶澜. 教育创新呼唤"具体个人"意识［J］. 中国社会科学，2003（1）：91—93.

[63] 丁钢主编. 中国教育：研究与评论［M］. 北京：教育科学出版社，2001：3.

[64］[203] 池田大作，汤因比. 展望21世纪［M］. 北京：国际文化出版公司，1985：23—25，58.

[65]［德］赫伯特·马尔库塞. 单向度的人［M］. 张峰，吕世平，译. 重庆：重庆出版社，1988：1.

[66］[83]［德］鲁道夫·奥伊肯. 生活的意义与价值［M］. 万以，译. 上海：上海译文出版社，1997：2，43.

[68] 杨善华. 当代西方社会学理论［M］. 北京：北京大学出版社，1999：17—186.

[74] 胡敏中. 论人本主义［J］. 北京师范大学学报：社会科学版，1995（4）：62—67.

[76] 黄慧珍. 此在生存之根的理论反思［J］. 北方论丛，2005（5）：105—109.

[78] 徐飞. 论马克思主义哲学的本体论特征［J］. 理论学习与探索，2006（1）：71—72.

[79］[115] 陈先达. 论哲学与科学和生活的关系［J］. 教学与研究，2006（3）：5—11.

[87] [97] [100] 夏甄陶. 人是什么[M]. 北京：商务印书馆，2000：9，9，105.

[88] 范碧鸿. 论人性化教育与人的全面发展[J]. 学术论坛，2006（2）：56—59.

[89] [90] [92] [96] 任平. 交往实践的哲学[M]. 昆明：云南人民出版社，2003：88，157—162，91，220.

[91] [美] 多尔迈. 主体性的黄昏[M]. 万俊人等，译. 上海：上海人民出版社，1992：36.

[93] [美] 约翰·杜威. 人的问题[M]. 傅统先，邱椿，译. 上海：上海人民出版社，1986：71.

[94] [巴西] 保罗·弗莱雷. 被压迫者教育学[M]. 顾建新等，译. 上海：华东师范大学出版社，2001：70.

[95] 鲁洁. 关系中的人：当代道德教育的一种人学探索[J]. 教育研究，2002（1）：3—9.

[98] 冯周卓. 论实践对人性的规定[J]. 求索，2005（3）：114—116.

[101] [106] [114] [124] 邹诗鹏. 生存论研究[M]. 上海：上海人民出版社，2005：234，18，117，8.

[102] 马克思，恩格斯. 马克思恩格斯选集：第1卷[M]. 北京：人民出版社，1972：30—31.

[103] 熊和平. 课程与生活[J]. 教育研究，2005（6）：79—83.

[107] 葛岩. 美国教授为什么是终身制[J]. 读书，2006（1）：115—119.

[108] [216] 杨国荣. 存在与方法[J]. 中国社会科学，2003（5）：138—148，138—148.

[113] 孙喜亭. 从"实践"的观点对"教学活动"的解读[J]. 高等教育研究，2002（4）：6—12.

[116] 张云. 教育：向生活世界回归：杜威教育哲学的启示[J]. 探索与争鸣，2005（4）：48—50.

[117] [121] 夏兰英. 艺术教育应回归儿童的"生活世界"[J]. 山东教育，2005（12）：41—41.

[118] [119] 王海英. 课堂生活中的受压迫者[J]. 江西教育科研，2003（7）：10—11.

[120] 邓威. 营造高品质的教育生态[J]. 人民教育，2003（21）：2—5.

[122] 杨学功，李文阁，邹诗鹏，等. 哲学与生活世界（专题讨论）[J]. 河北学刊，2004（2）：27—54.

[123] 陈瑞宝. 论生活世界与教育本体回归[J]. 泉州师范学院学报，2004（5）：63—67.

[125] 高伟. 教育回归生活世界问题的再追问[J]. 当代教育科学，2005（16）：24—28.

[127] 宋秋前. 新课程教学中应处理好的几个关系 [J]. 教育研究, 2005 (6): 74—78.

[128] 翟楠. 教育·生活·课程 [J]. 兰州学刊, 2005 (1): 310—311.

[129] 刘万海. 教学即德性生活: 走向新的教学理解 [J]. 全球教育展望, 2005 (7): 36—40.

[130] 潘斌. 论教育回归生活世界 [J]. 高等教育研究, 2006 (5): 7—12.

[132] [133] 姜义华. 理性缺位的启蒙 [M]. 上海: 上海三联书店, 2000: 67—84, 67.

[134] 张晓东. 生命哲学视野中的校本发展 [J]. 教育理论与实践, 2005 (5): 22—25.

[135] [136] 孙培青. 中国教育史 [M]. 上海: 华东师范大学出版社, 2000: 2—10, 2.

[137] [142] 杨贤江. 新教育大纲 [J]. 转引自: 中央教育科学研究所, 厦门大学合编. 杨贤江教育文集 [M]. 北京: 教育科学出版社, 1982: 472, 421.

[138] 张洵. 从"世说新语"看魏晋时期的清谈之风 [J]. 内蒙古电大学报: 哲学社会科学版, 1994 (2): 18—20.

[139] [140] 毛礼锐, 沈灌群. 中国教育通史: 第4卷 [M]. 济南: 山东教育出版社, 2005: 6—7, 2—3.

[141] 卢梭. 论人类不平等 [M]. 李常山, 译. 上海: 商务印书馆, 1982. 转引自: 许步曾. 西方思想家论教育 [M]. 北京: 人民教育出版社, 1985: 32.

[143] [144] 毛礼锐, 沈灌群. 中国教育通史: 第5卷 [M]. 济南: 山东教育出版社, 2005: 20—23, 138.

[145] 王长乐. 我国教育方针的精神主旨及形成原因 [J]. 国家教育行政学院学报, 2007 (5): 35—41.

[148] [149] [法] 卢梭. 爱弥儿: 下卷 [M]. 李平沤, 译. 北京: 人民教育出版社, 1985: 664, 609.

[150] [英] 斯宾塞. 教育论 [M]. 胡毅, 译. 北京: 人民教育出版社, 1962: 7—10.

[151] 华东师范大学教育系, 杭州大学教育系. 现代西方资产阶级教育思想流派论著选 [M]. 北京: 人民教育出版社, 1980: 102—106.

[152] 吴式颖. 外国教育史教程 [M]. 北京: 人民教育出版社, 1998: 506—508.

[153] 杜祖贻. 杜威论教育与民主主义 [M]. 北京: 人民教育出版社, 2003: 54.

[158] [159] 华中师范学院教育科学研究所主编. 陶行知全集: 第2卷 [M]. 长沙: 湖南教育出版社, 1985: 180, 184.

[160] 陶行知. 陶行知全集: 第5卷 [M]. 长沙: 湖南教育出版社, 1984: 105.

[161] [202] 江峰. 从"生活即教育"看当代中国教育改革 [J]. 南京晓庄学院学

报，2008（2）：1—4．

[162] 陶行知. 陶行知全集：第1卷 [M]. 长沙：湖南教育出版社，1984：123. 转引自：孙培青. 中国教育史 [M]. 上海：华东师范大学出版社，2000：473.

[163] 华中师范学院教育科学研究所主编. 陶行知全集：第2卷 [M]. 长沙：湖南教育出版社，1984：1.

[164][166] 华中师范学院教育科学研究所主编. 陶行知全集：第3卷 [M]. 长沙：湖南教育出版社，1984：288，182.

[165] 江苏省陶行知教育思想研究会，南京晓庄师范陶行知研究会. 陶行知文集 [M]. 南京：江苏人民出版社，1981：250.

[167] 华中师范学院教育科学研究所主编. 陶行知全集：第2卷 [M]. 长沙：湖南教育出版社，1984：117.

[168][169][204] 杨贤江. 新教育大纲 [J]. 转引自：中央教育科学研究所，厦门大学合编. 杨贤江教育文集 [M]. 北京：教育科学出版社，1982：419，556，555.

[170][171][175][176] 杨贤江. 学生生活改造论 [J]. 学术杂志，1926，13（8）. 转引自：中央教育科学研究所，厦门大学合编. 杨贤江教育文集 [M]. 北京：教育科学出版社，1982：240—258，240—258，247—250，257.

[172] 中央教育科学研究所、厦门大学合编. 杨贤江教育文集 [M]. 北京：教育科学出版社，1982. 6.

[173][174] 杨贤江. 我之学校生活 [J]. 学生杂志，1915，2（8）. 转引自：中央教育科学研究所，厦门大学合编. 杨贤江教育文集 [M]. 北京：教育科学出版社，1982：6—17，16.

[178] 王文凤. "教育与生活"关系理论的历史回顾 [J]. 太原大学教育学院学报，2008（2）：6—9.

[179][197] 刘旭东. 对教育与生活关系的思考 [J]. 教育研究，2007（8）：53—57.

[180][186] 李家成. 论个体生命立场下的学校教育 [J]. 教育理论与实践，2002（5）：8—11.

[181] 傅松涛. 教育社会学新论 [M]. 保定：河北大学出版社，1997：41.

[182] 侯怀银，王霞. 论教育研究的叙事学转向 [J]. 教育理论与实践，2006（3）：6—10.

[183] 晏辉. 当代生活世界的价值哲学批判 [J]. 江海学刊，2004（1）：5—10.

[184] 叶澜. 让课堂焕发出生命活力 [J]. 教育研究，1997（9）：3—8.

[185] [捷克] 夸美纽斯. 大教学论 [M]. 傅任敢，译. 北京：人民教育出版社，1979：35.

[188][190] [美] 罗伯特·梅逊. 西方当代教育理论 [M]. 陆有铨，译. 北京：文化教育出版社，1984：42，40—41.

[189] 徐智娟,徐福晋. 对教育回归生活世界的再思考[J]. 太原大学教育学院学报, 2008 (3): 4—6.

[192] 赵汀阳. "预付人权": 一种非西方的普遍人权理论[J]. 中国社会科学, 2006 (4): 17—30.

[194] 李淑梅. 知识及其在全球化时代的运作方式[J]. 学术研究, 2004 (8): 28—32.

[195] [英] 赫·斯宾塞. 斯宾塞教育论著选[M]. 胡毅,王承绪,译. 北京: 人民教育出版社, 2005: 44.

[198] 陶行知. 生活教育[J]. 生活教育, 1934 (1): 1. 参见: 华中师范学院教育科学研究所主编. 陶行知全集: 第2卷[M]. 长沙: 湖南教育出版社, 1984: 634.

[199] [德] 福禄贝尔. 人的教育[M]. 孙祖复,译. 北京: 人民教育出版社, 2001: 94.

[201] 梁贯成. 教育改革不能盲目西化[N]. 参考消息, 2001—01—19.

[205] 当今学生课余生活普遍残缺流行玩游戏[EB/OL]. http://games.sina.com.cn/y/n/2005—03—21/90682.shtml, 2005—03—21.

[206] 看看中小学生的课余生活[EB/OL]. 黄石日报, 2007—04—26.

[208] 冯建军. 教育的个体享用功能[J]. 上海教育科研, 2002 (1): 28—30.

[209] 马克思,恩格斯. 马克思恩格斯选集: 第4卷[M]. 北京: 人民出版社, 1972: 234.

[210] 唐若水. 幸福学家的科学新发现[N]. 光明日报, 2005—12—02 (2).

[211] 扈中平. 教育目的应定位于培养"人"[J]. 北京大学教育评论, 2004 (3): 24—29.

[213] 杨楹. 论马克思解放理论的伦理旨趣[J]. 哲学研究, 2005 (8): 11—18.

[215] 冯友兰. 三松堂全集: 第4卷[M]. 郑州: 河南人民出版社, 1986: 522.

[217] 赵汀阳. 思想的原创性要求[J]. 学术月刊, 2000 (1): 11—12.

[218] [219] [苏] B. A. 苏霍姆林斯基. 怎样培养真正的人[M]. 蔡汀,译. 北京: 教育科学出版社, 1992: 22—23, 25.

[222] 郭力. 话说德国的义务教育[J]. 教师博览, 2006 (5): 35—36.

[223] 容中逵. 科学、授受还是活动、探究[J]. 教育理论与实践, 2005 (11): 26—29.

后　　记

　　本书是在我的博士论文基础上修改而成的。它能够顺利得以付梓，要感谢马云鹏教授等学院领导对青年教师发展的关注与支持。作为一名求知者，东北师范大学教育科学学院为我提供了良好的科研环境与求知氛围，也时时鞭策着我的成长，让我不能止步。

　　本书的完成，要感谢我学术成长历程中的两位导师。步入教育领域已有些年头，最初充满了"跟风"的热情，今天研究德育，明天又将兴奋点转向教师教育……虽然散乱地收获了几篇没有重量的小文章，但并没有形成固定的研究兴趣。随着博士期间的学习，认真听了王逢贤先生系统地授课，逐渐对教育基本理论领域产生了浓郁的兴趣。在目前浮躁的教育领域，在去本质、消解规律的浪潮中，他孤独地坚守着教育原本应当承担的职责与使命，警惕地反思着人们认为是"新"、"异"的流派与思潮。他不倦的求学精神和严谨的治学态度以及他所患的"人类忧患症"，让我看到了老一辈教育工作者严谨认真的学术研究作风。感谢邬志辉教授，是他谨慎并且满怀耐心地把我引领进教育研究的门槛。在这些年中，他一路见证我的学术成长历程，宽容着我的一些过失，并且从未间断过对我的帮助。在学术之路上能蹒跚着坚持走到现在，得益于老师最初给予我的宽容与鼓励。

　　首都师范大学劳凯声教授、吉林大学车文博教授、北京师范大学袁桂林教授以及我校的柳海民教授、曲铁华教授、杨颖秀教授在论文开题或答辩过程中为我提出了很多建设性问题，使我更加清醒地认识到论文内容及架构中存在的理论缺陷，帮助我尽快地走出思维上的混沌状态，更加自觉地修补论文中存在的诸多问题。尤其要感谢于伟教授，他在艰难的选题阶段给予我点拨与指导，对此深表谢意。

　　由于能力的局限和写作时间的仓促，本书在内容上可能会存在这样或那样的不足和缺陷。对此，真诚地希望领域内的专家提出批评和建议。

　　美丽的东师校园见证了我的青春与成长，在这里我度过了人生中最重要的十年。十年中，身边的人、事、物都是东师馈赠于我的宝贵礼物，这些都将使我永远怀恋，并永存温暖与感激。

牛利华
2010 年 4 月 8 日
于南园陋室

学术成果
——近年内公开发表论文及著作情况

文章名称	发表刊物（出版社）	刊发时间	刊物级别	次序
教师职业压力与教育的生命关怀	《东北师范大学学报》，人大复印资料《教育学》2005（10）全文转载	2005年第2期	CSSCI	1
教育叙事研究：科学反思与方法论革命	《当代教育科学》	2005年第16期	核心期刊	1
教育学的困境与企盼	《教育理论与实践》，人大复印资料《教育学》2005（12）摘载	2005年第9期	CSSCI	1
教育学与相关学科关系的考辩：历史、现实与未来走向	《教育理论与实践》	2006年第9期	CSSCI	1
教育贫困与反教育贫困	《学术研究》	2006年第5期	CSSCI	1
适宜规模办学：教育发展的理性抉择	《外国教育研究》	2008年第3期	CSSCI	1
教师专业共同体：教师发展的新模式	《教育发展研究》	2007年第12期	CSSCI	1
略论美国教师专业共同体的若干实践问题及其出路	《外国中小学教育》	2009年第1期	CSSCI（拓展）	1

续 表

文章名称	发表刊物（出版社）	刊发时间	刊物级别	次序
教师职前培养中专业伦理教育的缺失与对策	《教育发展研究》	2008年第12期	CSSCI	1
基础教育中病理性分班的校长责任	《济南大学学报（哲社版）》	2009年第2期	CSSCI（拓展）	
校长引领：在互动合作中生成教师专业共同体	《湖南师范大学教育科学学报》	2009年第1期	CSSCI（拓展）	2
新课改视阈下的小学教师生存状态研究	香港联校论文计划奖一级项目	2005年4月		主持
教师专业共同体的教育价值及创建策略研究	全国教育科学"十一五"规划教育部青年专项课题	2008年8月		主持
组织理论视阈下的教师专业共同体研究	吉林省教育科学"十一五"规划2008年度滚动项目	2008年6月		主持